Jürgen Engel

MIT DEM WOHNMOBIL DURCH DIE PYRENÄEN

Die Anleitung für einen Erlebnisurlaub

Mit einem Dank an Evi, Manfred, Hans, Anne, Walter, Jan und Esther.

DER WOHNMOBIL-VERLAG
D-98634 Mittelsdorf/Rhön

Die Deutsche Bibliothek – CIP-Einheitsaufnahme

Bibliografische Information der Deutschen Bibliothek

Die Deutsche Bibliothek verzeichnet diese Publikation in der Deutschen Nationalbibliografie.
Detaillierte bibliografische Daten sind im Internet über <http://dnb.ddb.de> abrufbar.

Titelbild:
Gebirgstal in den Pyrenäen

5. Auflage 2012

Fotos:
Umschlagseite 2: René Schick, S.129 unten: Almut Kellermann
S. 140 & 141: Mit freundlicher Genehmigung der "Grottes de Bétharram"
Alle übrigen Fotos, Grafiken und Landkarten vom Autor

Druck:
Appel & Klinger, 96277 Schneckenlohe

Vertrieb:
GeoCenter, 70565 Stuttgart

Herausgeber:
WOMO-Verlag, 98634 Mittelsdorf
Position: N 50° 36' 37.3" E 10° 07' 56.3"

Fon: 0049 (0) 36946-20691
Fax: 0049 (0) 36946-20692
eMail: verlag@womo.de
Internet: www.womo.de

Autoren-eMail: Engel@womo.de

ISBN 978-3-86903-205-4

EINLADUNG

Pyrenäen,
Gebirge in SW- Europas, trennt Spanien von Frankreich; etwa 400 km lang und 100 km breit; geologisch jung mit wilden Hochgebirgsformen;...

So oder ähnlich nüchtern steht's im Lexikon.
Aber was Jürgen Engel daraus gemacht hat, ist eine einzige Liebeserklärung !

Er reist mit Ihnen durch bezaubernde Landschaften, die den Massentourismus kaum kennen. Unterwegs bietet er Ihnen alles, was diesen Urlaub zu einer Fülle unvergesslicher Erlebnisse machen wird:
Einsame Passstraßen mit überwältigenden Ausblicken, Spaziergänge und Wanderungen in unberührter, blumenübersäter Natur bis hinauf ins ewige Eis.
Er bummelt mit Ihnen durch alte Städtchen und Dörfer, die ihr mittelalterliches Flair bewahrt haben (natürlich fehlt auch die Zwergenrepublik Andorra nicht).
Neben den touristischen Hauptattraktionen findet er immer wieder nahezu unbekannte (und kaum besuchte) Kleinode - und bei ihnen natürlich freie Übernachtungsplätze und Trinkwasserstellen für die problemlose Wasserversorgung.

Aber auch zwei Meere grenzen an die Pyrenäen !
Folglich beginnt und endet die Liebeserklärung an des Gebirge mit erholsamen Badetagen - und Sie können sich auf eine abwechslungsreiche Urlaubsfahrt freuen.

Ihre

Waltraud Roth-Schulz

Sehr geehrter Leser, lieber WOMO-Freund!

Reiseführer sind für einen gelungenen Urlaub unverzichtbar – das beweisen Sie mit dem Kauf dieses Buches. Aber aktuelle Informationen altern schnell, und ein veralteter Reiseführer macht wenig Freude.
Sie können helfen, Aktualität und Qualität dieses Buches zu verbessern, indem Sie uns nach Ihrer Reise mitteilen, welchen unserer Empfehlungen Sie gefolgt sind (freie Stellplätze, Campingplätze, Wanderungen, Gaststätten usw.) und uns darüber berichten (auch wenn sich gegenüber unseren Beschreibungen nichts geändert hat).
Bitte füllen Sie dafür schon während Ihrer Reise das Info-Blatt am Buchende aus und senden Sie es uns sofort nach Ihrer Rückkehr zu (per Brief, Fax oder formlos als eMail).
Dafür gewähren wir Ihnen bei der nächsten Buchbestellung direkt beim Verlag ein Info-Honorar von 10%.
Aktuelle Korrekturen finden Sie unter: www.forum.womoverlag.de

Um die freien Übernachtungs- und Campingplätze auf einen Blick erfassen zu können, haben wir diese im Text in einem Kasten nochmals farbig hervorgehoben und, wie auf den Karten, fortlaufend durchnummeriert. Wir nennen dabei wichtige Ausstattungsmerkmale und geben Ihnen eine kurze Zufahrtsbeschreibung. "Max. WOMOs" soll dabei andeuten, wie viele WOMOs dieser Platz maximal verträgt und nicht, wie viele auf ihn passen würden (schließlich gibt es auch Einwohner und andere Urlauber)!
Übernachtungsplätze mit **B**ademöglichkeit sind mit hellblauer Farbe unterlegt. **W**anderparkplätze sind grün gekennzeichnet. **P**icknickplätze erkennen Sie an der violetten Farbe. Auf Schlafplätzchen, denen die gerade genannten Merkmale fehlen – also auf einfache **S**tellplätze – weist die Farbe Gelb hin. Empfehlenswerte **C**ampingplätze haben olivgrüne Kästchen. Wanderungen, die wir Ihnen besonders ans Herz legen möchten, haben wir ebenfalls grün unterlegt.

Und hier kommt das Kleingedruckte:
Jede Tour und jeder Stellplatz sind von uns meist mehrfach überprüft worden, wir können jedoch inhaltliche Fehler nie ganz ausschließen. Bitte achten Sie selbst auf Hochwasser, Brandgefahr, Steinschlag und Erdrutsch!
Verlag und Autoren übernehmen keine Verantwortung für die Legalität der veröffentlichten Stellplätze und aller anderen Angaben. Unsere Haftung ist, soweit ein Schaden nicht an Leben, Körper oder Gesundheit eingetreten ist, ausgeschlossen, es sei denn unsere Verantwortung beruht auf Vorsatz oder grober Fahrlässigkeit.

INHALT

Zeichenerklärung für die Tourenkarten

Touren / abseits der Touren

- Autobahn (Gebühr)
- 4-spurige Straße
- Hauptstraße
- Nebenstraße
- Schotterstraße
- Wanderweg
- 11 WOMO-Stellplatz geeignet für Übernachtungen
- W P B Wander-, Picknick-, Badeplatz
- 12 13 14 geeignet für Übernachtungen

Alle übernachtungsgeeigneten Plätze sind im Text und auf den Tourenkarten durchnummeriert.

- Kirche, Kloster
- Burg, Schloss, Ruine
- Berggipfel
- Ausgrabungsstätte
- Sehenswürdigkeiten
- Aussicht, Rundsicht
- Trinkwasser, Dusche
- VE Ver-/Entsorgung
- WC Toilette
- 15 Campingplatz
- Megalith
- Atomare Anlage

N 50°36'38.2'' E 10°07'12.5'' GPS-Daten

Anleitung für den Erlebnisurlaub

Sie mögen die Berge? Sie haben auch eine Vorliebe für Frankreich und für Spanien? Sie wollen mit Ihrem Reisemobil nicht nur Kilometer fressen, sondern ziehen zwischendurch auch mal gern die Wanderstiefel an? Dann können Sie dieses Buch unbesorgt kaufen.

Sie entdecken damit eine Landschaft, die noch weitgehend vom Massentourismus verschont blieb. Sie werden sich inmitten einsamer Nationalparks, auf kleinen Bergstraßen und an kristallklaren Seen wiederfinden. Wandertouren führen Sie auf kleinen Pfaden zu schneebedeckten Gipfeln und ewigem Gletschereis. Am Anfang und am Ende der Tour erwarten Sie jedoch auch zwei Meere in südlichen Gefilden. Am *Mittelmeer* möchte ich die Reise gleich mit Ihnen beginnen und nach der – zugegeben – anstrengenden Überquerung der Pyrenäen am *Atlantik* enden.

Wir werden dabei die französisch-spanische Grenze mehrmals überqueren und sogar einen Staat besuchen, der zu den ganz Kleinen Europas gehört: Andorra. Sie können uns auf den Spuren der Katharer folgen, die Kultur der Basken kennen lernen, mit einer fast schon legendären Eisenbahn fahren und einen prachtvollen Bahnhof bestaunen, der an einer Bahnlinie liegt, die es gar nicht gibt. Sie werden mit Ihrem Womo über Pässe fahren, die gut und gern 2500 Höhenmeter erreichen, und Täler durchqueren, aus denen Sie vor lauter Blumenpracht überhaupt nicht mehr heraus wollen.

Sie kennen allerdings auch das Sprichwort von dem vielen Licht und dem dazugehörigen Schatten. Den werden Sie auch in den Pyrenäen finden. Andorra la Vella bietet wohl das abstoßendste Beispiel dafür, was man aus einer Stadt machen kann. Hier reihen sich Supermärkte, Fotogeschäfte, Juwelierläden, Banken und Hi-Fi-Läden nahtlos aneinander. Alkohol und Nikotin gibt's dazwischen in Großhandelsmengen. Diese Auswüchse finden Sie jedoch nur in der Hauptstadt und in den Grenzorten. Warum das so ist, können Sie bei Tour 5 nachlesen. Der Rest Andorras ist jedoch uneingeschränkt sehenswert.

Carcassonne mit seiner mittelalterlichen Altstadt ist im Sommer hoffnungslos von Touristen überfüllt, aber trotzdem schön. Der Cirque de Gavarnie ist für den Womo-Fahrer ähnlich schrecklich — aber genauso sehenswert. Wenn Sie erst einmal das Panorama genossen haben, werden Sie den Trubel genauso tapfer ignorieren, wie wir das schon seit Jahren tun.

Sie selbst müssen auch eine gehörige Portion Lust am Autofahren mitbringen — und geduldige Mitfahrer. Die Fahrt über zwei Pässe kann Sie unter Umständen einen ganzen Tag beschäftigen. Schließlich wollen Sie nicht nur stumpfsinnig am Lenkrad kurbeln sondern noch etwas von der Landschaft sehen und sich zwischendurch auch mal die Füße vertreten (und den gebeutelten Mitfahrern im Heck Erholung gönnen).

Ich will Sie jedoch nicht schon auf den ersten Seiten von einem Pyrenäen-Urlaub abhalten. Nehmen Sie vor allen Dingen reichlich Zeit mit, und stellen Sie sich Ihre eigene Route zusammen, wenn Sie nicht mindestens vier Wochen lang bleiben können. Kürzen Sie ab, oder bleiben Sie mehrere Tage dort, wo es Ihnen gefällt. Die Übersichtskarte auf der vorletzten Umschlagseite hilft Ihnen dabei sicher weiter. Um Ihnen bei der Planung etwas behilflich zu sein, gebe ich Ihnen jetzt zu einigen Stichworten die Nummern der Touren an, die dafür besonders empfehlenswert sind:

Wandern	Tour 4, 5, 7, 8, 9, 11,12,15
Sehenswerte Orte	Tour 1, 2, 14, 11, 15
Burgen, Kirchen	Tour 1 - 5, 7, 13, 15
Beeindruckende Landschaft	überall
Pässe	Tour 5, 9 - 14

Bei meinen Recherchen war ich viele Jahre mehrmals ab Ostern bis in den Spätsommer unterwegs. Falls Sie in den Pyrenäen Wintersport treiben wollen, hilft Ihnen dieses Buch nicht weiter. Natürlich ist die Gegend ein hervorragendes Skigebiet, ein Wohnmobil-Urlaub — so wie ich ihn verstehe — kann allerdings im Winter dort nichts werden. Die meisten Pässe sind gesperrt, und damit beschränkt sich der Aufenthalt auf einen mehr oder weniger überlaufenen Parkplatz in der Nähe eines Skiliftes. Wenn das Ihr Traum ist, muss ich von dem Kauf dieses Reiseführers abraten.

Es bleiben also als Reisezeit der Früh- und Spätsommer und die sogenannte Hauptsaison. Damit Sie auch in dieser Zeit einen stressfreien Urlaub verbringen können, habe ich diesen Führer geschrieben. Es entfällt für Sie das allabendliche Problem, einen Stellplatz zu finden, denn ich habe bei jeder Tour Übernachtungsplätze in die Karten eingezeichnet. Sie brauchen auch nicht verzweifelt mit einem leeren Wassertank suchend in der Gegend herumzufahren, weil in den Karten auch die Ver- und Entsorgungsstellen markiert sind. Sie können sich also ganz auf Ihren Urlaub konzentrieren. Einige Stellplätze sind gebührenpflichtig, meist jedoch nur von Juni bis August. Die Preise werden sich vermutlich von Jahr zu Jahr ändern. Deshalb habe ich sie in drei Kategorien eingeteilt: Von einer „geringen Gebühr“ spreche ich, wenn nicht mehr als 4 Euro verlangt werden. Bei Preisen um 5 oder 6

Euro ist von „mittlerer Gebühr" die Rede. Eine „hohe Gebühr" liegt über 7 Euro.

Damit Sie nicht an den schönsten Plätzen vorbeifahren, beschreibe ich auf den folgenden Seiten in 15 Touren die großen und kleinen Sehenswürdigkeiten des französisch-spanischen Grenzgebietes. Da sind weltberühmte Attraktionen wie zum Beispiel der CIRQUE DE GAVARNIE, LOURDES oder die Altstadt von CARCASSONNE. Da sind aber auch Kleinode, die Sie selten in einem Reiseführer finden, wie die Kirche in STE-ENGRÂCE oder die Schluchten von KAKOUETTA. Auch hier wird von Preisen die Rede sein. Die Eintrittsgelder sind auf dem Stand vom Sommer 2011. Sie werden sich garantiert in den folgenden Jahren nach oben bewegen. Deshalb möchte ich alle Preisangaben als Anhaltspunkte verstanden wissen. Sie sollen lediglich dazu dienen, Ihnen eine Vorstellung vom Preisniveau zu geben.

Etwas muss ich Ihnen noch gestehen: In Wahrheit haben wir die Reise, so wie sie hier beschrieben ist, gar nicht gemacht. Es ist vielmehr eine fiktive Route, die durch die Erfahrungen, die wir bei vielen Besuchen in den PYRENÄEN gesammelt haben, entstanden ist. Mit „wir" meine ich viele unterschiedliche Personen, mit denen ich bei meinen Recherchen unterwegs war. Teilweise waren auch Kinder mit dabei, was Sie auf einigen Bildern sehen werden. Selbstverständlich wurden alle Hinweise im Sommer 2011 nochmals von mir überprüft und sind somit auf dem aktuellen Stand. Allerdings, das musste ich leider schon oft feststellen, kann sich die Situation für uns Wohnmobilisten sehr schnell ändern. Wo gestern noch Reisemobile ungehindert und ohne zu stören parken konnten, kann morgen schon eine Verbotstafel stehen. Obwohl ich mir große Mühe bei der Zusammenstellung dieses Büchleins gegeben habe, kann ich natürlich nicht garantieren, dass Sie alles so vorfinden werden, wie es hier beschrieben ist. Weder der Verlag noch ich können garantieren, dass das Übernachten auf allen angegebenen Plätzen auch weiterhin erlaubt ist. Sollten Sie Erfahrungen machen, die sich nicht mit unseren decken, würde ich mich freuen, wenn Sie mir das mitteilen, damit eine Neuauflage wirklich auf dem neuesten Stand ist. Da ich natürlich auch für Kritik ein offenes Ohr habe, schreibe ich Ihnen meine Adresse auf:

Jürgen Engel
Turnerstr. 2
67685 Weilerbach
Fax: 06374/4428
e-mail: Engel@womo.de

An- und Rückreiserouten

Die Pyrenäen bilden die natürliche Grenze zwischen Frankreich und Spanien. Von Frankfurt/Main – um einen Ort zu nennen – fahren Sie ziemlich genau 1000 Kilometer, bis Sie zum Beginn meiner ersten Tour kommen. Im Sommer begleiten Sie auf Ihrem Weg nach Süden Heerscharen von Fahrzeugen mit ähnlicher Zielrichtung. Glücklicherweise biegen viele Ihrer Begleiter entweder in der Nähe von Orange nach links ab, um die Strände der Côte d'Azur zu übervölkern, oder sie fahren weiter, um dasselbe mit den Stränden an Spaniens Küsten zu praktizieren.

Ich gehe einmal davon aus, dass Sie sich bereits eine Straßenkarte unseres Nachbarlandes gekauft haben. Wenn Sie meiner Tourenbeschreibung folgen wollen, schlage ich Ihnen für die Hinfahrt vor, sich zuerst einmal nach Beaune zu orientieren. Von dort aus können Sie entweder über Lyon durch das Tal der *Rhône* oder aber über die A 75 über Carcassonne und die Auvergne fahren. Unser Ziel ist in beiden Fällen Béziers.

Bei der *Rhône*-Variante können Sie wiederum zwischen der gebührenpflichtigen Autobahn A 7 oder der stressigen Nationalstraße wählen. Seit allerdings die A 75 durchgängig ausgebaut ist, ist sie meine Lieblingsstrecke. Sie fahren dabei über das Viaduc de Millau, immerhin die höchste Schrägseilbrücke der Welt. Ein wirklich imposantes Bauwerk, besonders schön anzusehen, wenn Sie über eine Doppelkurve darauf zufah-

Viaduc de Millau

ren. Lediglich diese Brücke kostet eine geringe Maut. Ansonsten rollen Sie gebührenfrei durch eine sehr schöne Landschaft.

Für die Heimreise kann ich Ihnen mehrere Varianten anbieten. Entscheiden Sie selbst anhand der Karte auf den folgenden Seiten.

Beaune erreichen Sie entweder über Metz — Nancy — Langres oder über Freiburg — Mulhouse — Besançon. Welche Route Sie bevorzugen, hängt in erster Linie von Ihrem Wohnort ab. Sie können jetzt tief Luft holen und die Strecke einfach hinnehmen oder aber, wie wir das machen, die Anfahrt bereits in den Urlaub mit einbeziehen. Auf der Heimreise schicke ich Sie ja sowieso an der *Loire* entlang, wo Sie neben diversen Schlossbesichtigungen natürlich auch einfach am Fluss spazieren gehen können. Selbst wenn Sie kein Problem damit haben, stundenlang am Steuer zu sitzen, fragen Sie mal Ihre Mitfahrer...

Da die Strecken kaum an einem Tag zu bewältigen sind, habe ich auf den nächsten Seiten die wichtigsten Übernachtungsplätze, sowie Ver- und Entsorgungsstationen eingezeichnet. Die Ziffern sind nachstehend näher erläutert. Dabei bedeutet die Abkürzung VE, dass es sich um eine Ver- und Entsorgungsstation handelt, Ü steht für Übernachtungsmöglichkeit.

Die Kurzbeschreibungen der Übernachtungsplätze und Servicestationen folgen den vorgenannten An- bzw. Rückreiserouten, wobei bis Beaune zuerst die Route über Metz und danach die Route über Mulhouse aufgeführt wird.

Metz — Beaune

A01 Landstuhl: (VE + Ü) [GPS N 49° 24' 56.5" E 7° 34' 15.3"] Die BAB 6 Mannheim — Saarbrücken an der Ausfahrt Landstuhl verlassen und weiter in Richtung Landstuhl fahren. Ab Ortseingang Landstuhl gut ausgeschildert: Zweimal rechts abbiegen, am Bahnhof vorbei, am Schild dann nochmals rechts. 4 Plätze in Zentrumsnähe. Abwasserentsorgung problematisch.

A02 Pont-à-Mousson: (VE + Ü) [GPS N48° 54' 09.4" E 6° 03' 40.6", Promenade Winston Churchill] Die gebührenfreie A 31 an der Ausfahrt 28 – Pont-à-Mousson – verlassen, in den Ort hinein fahren, und der Richtung „Centre Ville" folgen, nicht die Mosel überqueren, sondern unmittelbar vor der Brücke links abbiegen! Dann geradeaus weiter, bis die unübersehbaren Schilder zum Stellplatz auftauchen. Wenn Sie am Kreisel am Ortsende ankommen, sind Sie etwas zu weit ge-

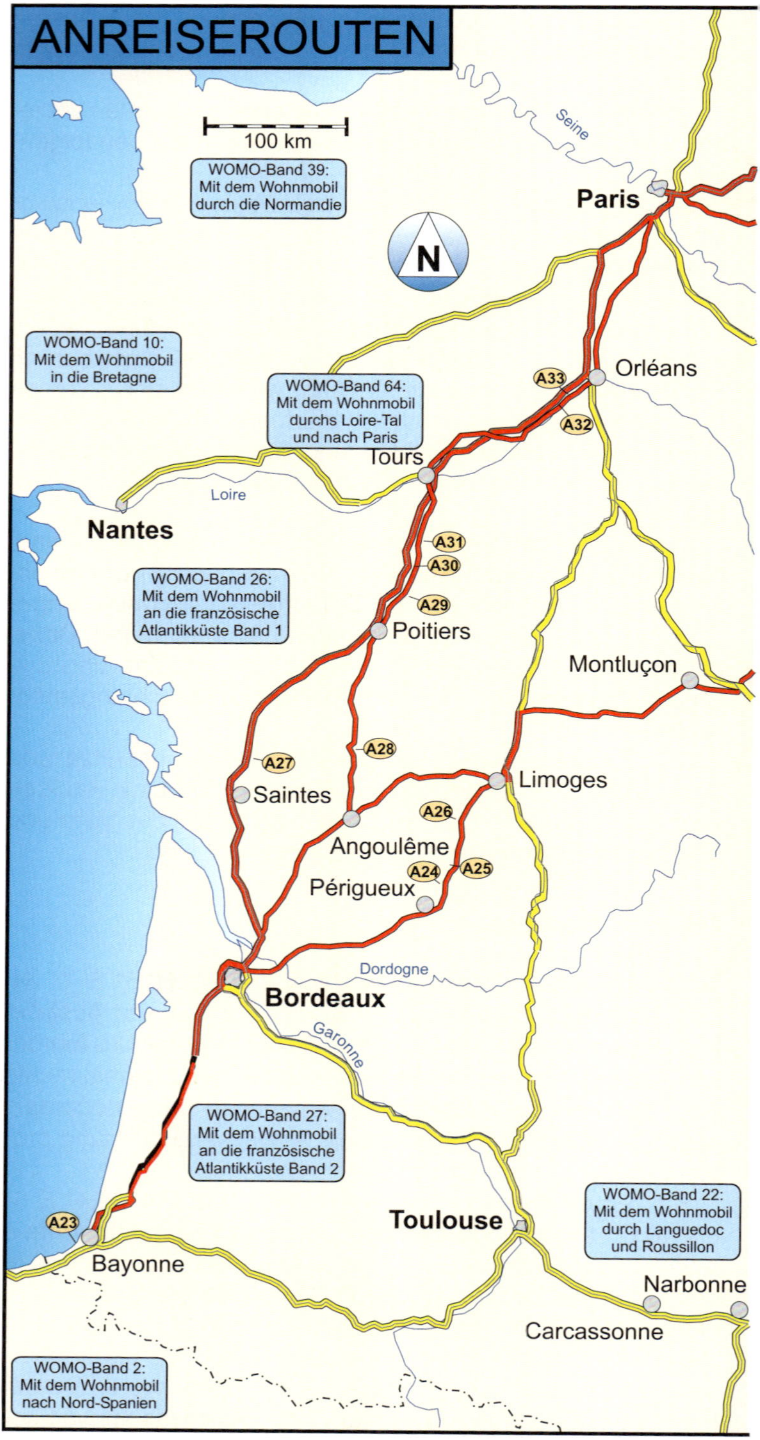
ANREISEROUTEN
100 km
WOMO-Band 39: Mit dem Wohnmobil durch die Normandie
Seine
Paris
N
WOMO-Band 10: Mit dem Wohnmobil in die Bretagne
WOMO-Band 64: Mit dem Wohnmobil durchs Loire-Tal und nach Paris
A33
Orléans
A32
Tours
Loire
Nantes
A31
A30
A29
WOMO-Band 26: Mit dem Wohnmobil an die französische Atlantikküste Band 1
Poitiers
Montluçon
A28
A27
Limoges
Saintes
A26
Angoulême
A24
A25
Périgueux
Dordogne
Bordeaux
Garonne
WOMO-Band 27: Mit dem Wohnmobil an die französische Atlantikküste Band 2
A23
Toulouse
WOMO-Band 22: Mit dem Wohnmobil durch Languedoc und Roussillon
Bayonne
Narbonne
Carcassonne
WOMO-Band 2: Mit dem Wohnmobil nach Nord-Spanien

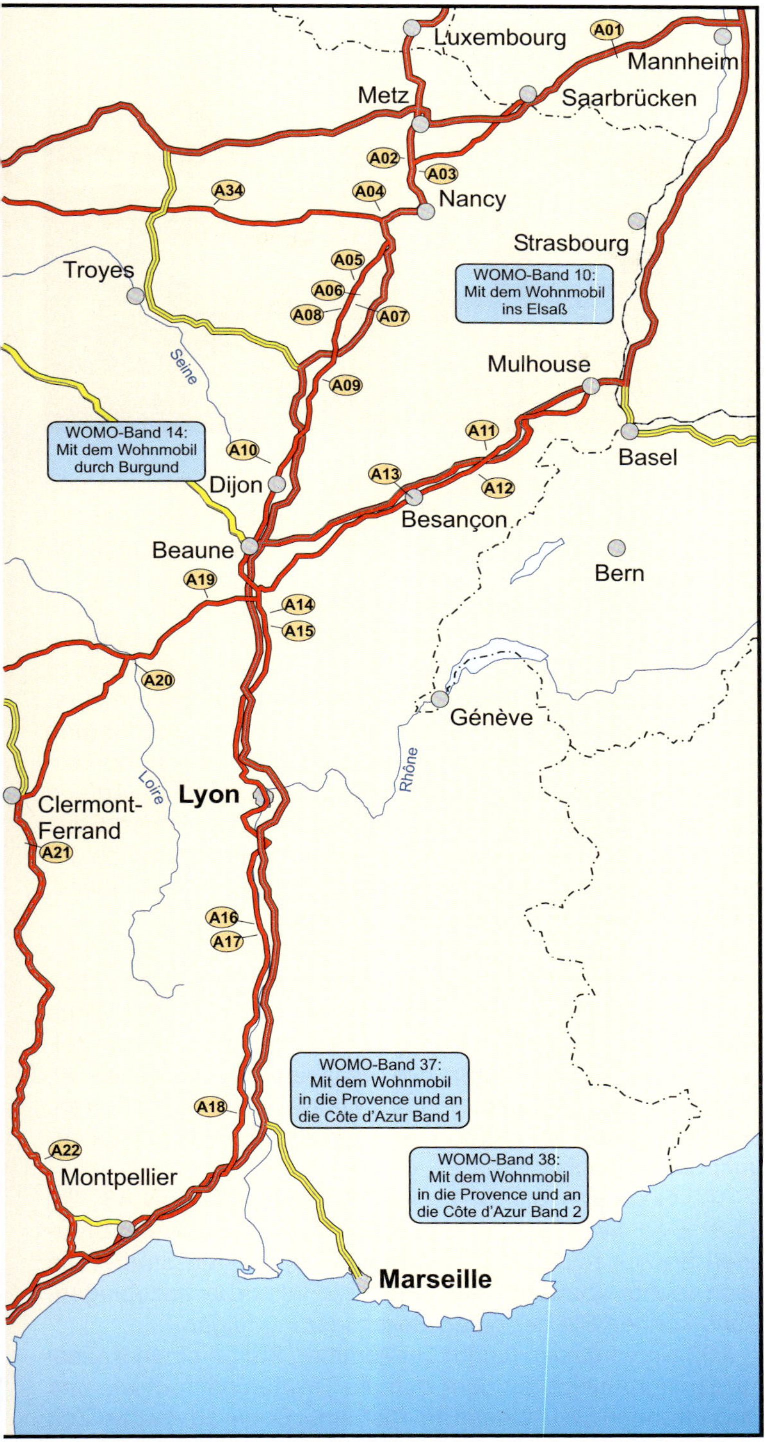

Luxembourg
A01
Mannheim
Metz
Saarbrücken
A02
A03
A34
A04
Nancy
Strasbourg
A05
Troyes
A06
A08
A07
WOMO-Band 10: Mit dem Wohnmobil ins Elsaß
Seine
Mulhouse
A09
WOMO-Band 14: Mit dem Wohnmobil durch Burgund
A11
A10
Basel
Dijon
A13
A12
Besançon
Beaune
Bern
A19
A14
A15
A20
Génève
Rhône
Loire
Lyon
Clermont-Ferrand
A21
A16
A17
WOMO-Band 37: Mit dem Wohnmobil in die Provence und an die Côte d'Azur Band 1
A18
WOMO-Band 38: Mit dem Wohnmobil in die Provence und an die Côte d'Azur Band 2
A22
Montpellier
Marseille

Stellplatz A03 in Toul

fahren, können dort aber einmal fast drumherumfahren und dann in die erste Straße nach links abbiegen. Kostet 7 € pro Nacht, darin enthalten sind Wasser, Strom, Entsorgung, Toilette und Dusche.

A03 MILLERY: (VE + Ü) [GPS N 48° 48' 57.8" E 6° 07' 38.0"] Abfahrt von der gebührenfreien Autobahn METZ — NANCY Nummer 25, dann Richtung POMPEY. Im nächsten Ort (MARBACHE) ist MILLERY ausgeschildert. Fahren Sie langsam, die Verkehrsführung ist ein bisschen kompliziert! Nach einer Unterführung müssen Sie scharf links abbiegen! Folgen Sie jetzt immer den Schildern nach MILLERY. Im Ort finden Sie ziemlich am Anfang die Einrichtungen auf einem Parkplatz auf der linken Seite zwischen der Straße und der *Moselle*. Am Wochenende Jugend-Moped-Treff, aber schön gelegen. Von Süden kommend, nach der Ausfahrt, gleich rechts abbiegen.

A04 TOUL: (VE + Ü) [GPS: N 48° 40' 45.4" E 5° 53' 16.6", Avenue du Colonel Péchot] An der Ausfahrt „TOUL Centre" von der A 31 abfahren. Zuerst Richtung „Centre Ville" fahren. Wenn Schilder zum Bahnhof (Gare SNCF) auftauchen, diesen folgen, bis rechts der Straße eine Wasserfläche zu sehen ist. Danach rechts abbiegen und am Wasserlauf entlang fahren. Der Platz ist auf der rechten Straßenseite zu finden, links gegenüber ist die Polizei.

A05 SOULOSSE-SOUS-ST-ÉLOPHE: (VE + Ü) [GPS: N 48° 24' 34.3" E 5° 44' 19.9"] In Richtung NEUFCHÂTEAU fahrend brauchen Sie nur nach dem Ortsschild an der ersten Straße, die nach rechts abzweigt, von der Nationalstraße abzubiegen. Dann können Sie der guten Beschilderung folgen.

A06 NEUFCHÂTEAU: (Ü) Im Ort kommen Sie an einen Kreisel mit Springbrunnen, an dem sich die Straßen nach ÉPINAL und DIJON trennen. Wir biegen in Richtung DIJON ab. Kurze Zeit später taucht auf der rechten Seite ein Parkplatz auf, der nachts leer ist.

A07 Bazoilles-sur-Meuse: (Ü) [GPS N 48° 18' 79.9" E 5° 39' 29.7"] Die Straße führt hier in einer Doppelkurve über die *Meuse*. Zum Übernachten überqueren Sie den Fluss jedoch nicht, sondern fahren kurz vor der Brücke nach links auf einer kleinen Straße an der *Meuse* entlang. Dort finden Sie einen schönen Platz.

A08 Goncourt: (VE + Ü) [GPS N 48° 14' 12.7" E 5° 36' 35.9", Rue des Lottes] Wenn Sie im Ort links abbiegen (ausgeschildert), erreichen Sie den Übernachtungsplatz mit Ver- und Entsorgungsstation.

A09 Langres: (VE + Ü) [GPS N 47° 51' 27.1" E 5° 19' 47.6", Espace Eponine] Die Stadt erreichen Sie über eine ansteigende Straße. Dann taucht links von Ihnen die Stadtmauer auf. Achten Sie nun auf das Womo-Symbol auf der rechten Seite. Ab der Abzweigung sind es etwa noch 200 m zum Platz.

A10 Savigny-le-Sec: (VE + Ü) [GPS: N 47° 26' 01.8" E 5° 02' 45.8", Chemin de Saussy] Etwas abseits unserer Route gelegen. Über Marsannay-le-Bois gut zu erreichen. Im Ort biegen Sie bei der dritten Straße rechts ab. Folgen Sie dann den Hinweisschildern zum Stellplatz.

Mulhouse — Beaune

A11 L'Isle-sur-le-Doubs: (Ü) [GPS: N 47° 26' 59.8" E 6° 34' 48.5", Rue de Lattre de Tassigny] Im Ort finden Sie direkt neben der Brücke über den *Doubs* auf der rechten Seite einen großen Parkplatz zum Übernachten.

A12 Baume-les-Dames: (VE + Ü) [GPS N 47° 20' 23.2" E 6° 21' 27.9", Quai du Canal] Vom Ortszentrum aus fahren Sie Richtung „Piscine", am Supermarkt „Super U" vorbei, dann geradeaus und den folgenden Kreisel so verlassen, dass Sie über eine Brücke fahren können. Danach bei der ersten Einmündung rechts abbiegen (Schild „Esnans"). Fahren Sie jetzt ein Stück am Kanal entlang, bis Sie links den Hinweis auf Ver- und Entsorgungsstation sehen. Sehr schöner Platz. Im Sommer allerdings meist überlaufen.

A13 Besançon: (VE + Ü) [GPS: N 47° 14' 13.3" E 6° 01' 00", Quai veil Picard] Orientieren Sie sich zuerst einmal Richtung Zentrum. Falls Sie die Schilder zum Stellplatz nicht sehen sollten, folgen Sie der Beschilderung zum „Centre Hospitalier Universitaire", überqueren aber nicht den Fluss. Sollte das trotzdem passiert sein, brauchen Sie nur zu wissen, dass der Stellplatz und das Krankenhaus auf gegenüber liegenden Seiten des Ufers liegen.

Beaune — Narbonne

A14 Sennecey-le-Grand: (Ü) Fast am Ortsausgang liegt ein Parkplatz zwischen der Stadtmauer und der Straße, auf dem eine Übernachtung gestattet ist.

A15 Tournus: (Ü) In diesem reisemobilfreundlichen Ort können Sie sogar zwischen mehreren Plätzen wählen. Der Parkplatz „L'Esplanade" ist ausgeschildert und aufgrund seiner zentralen Lage bestens geeignet, wenn Sie noch einen Lokalbummel machen wollen. Diejenigen, die mehr Ruhe suchen, sollten noch weiterfahren, bis eine Linksabbiegerspur zu den Quais abzweigt. Dort finden Sie mehr als 200 Plätze direkt an der *Saône*.

A16 Tain-l'Hermitage: (Ü) Auf der rechten Seite am Ortsausgang gelegener Platz, der mit einem „Picknicksymbol" ausgeschildert ist. Wäre eigentlich ganz akzeptabel, wenn er nicht direkt an der Nationalstraße liegen würde. Andererseits können Sie auf einem Deich an der *Rhône* entlangspazieren und für Ihre Kinder gibt's auch einen Spielplatz. Ein WC ist ebenfalls vorhanden. Der Platz war in den letzten Jahren sehr stark von Womo-Fahrern frequentiert, was eventuell zu einer Sperrung führen könnte.

A17 Tournon: (VE + Ü) [GPS N 45° 38' 27.2" E 4° 50' 34.9", Rue de Chapotte] Ein kurzer Abstecher führt Sie über die *Rhône*. Nach dem Überqueren der Brücke fahren Sie am Kreisel nach links und biegen dann rechts ab.Dort können Sie übernachten. Zur Servicestation biegen Sie am Kreisel nach der Brücke rechts ab. Ab dort ist die Station ausgeschildert. [GPS N 45° 44' 12.0" E 4° 49' 19.3", Chemin de la Beaume] In deren Nähe sind nochmals einige Übernachtungsplätze.

A18 Bagnols-sur-Cèze: (VE + Ü) [GPS N 44° 10' 06.1" E 4° 37' 09.37", Avenue de l'Europe] Am Ortseingang kommen Sie an einen Kreisel. Dort sehen Sie schon den Supermarkt „Casino". Auf dessen Parkplatz steht in einer Ecke eine einfache Ver- und Entsorgungsstation. Toilettenentsorgung ist nicht möglich. Übernachtung ist gestattet.

Variante über die A 75

A19 Ecuisses: (VE + Ü) [GPS N 46° 45' 37.1" E 4° 31' 20.6", Route du Bourg] Am Ortsausgang begleitet Sie auf der linken Seite der *Canal du Centre*. Achten Sie rechts auf einen Parkplatz. Dort finden Sie auch die Ver- und Entsorgungsstation.

A20 Digoin: (VE + Ü) [GPS: N 46° 28' 47.0" E 3° 58' 30.0", Place de la Grève] Kurz vor dem Ortsende kommen Sie an

eine große Kreuzung. Links davon liegt der Übernachtungsplatz mit Ver- und Entsorgungsstation. Biegen Sie an der Ampel links ab und fahren Sie dann nach rechts auf den Platz. Ziemlich laut!

A21 Issoire: (VE + Ü) [GPS N 45° 32' 48.8" E 3° 14' 59.6"] Fahren Sie an der Ausfahrt „Issoire nord" von der A 75 ab. Sie kommen dann über die D 716 in den Ort. Kurz vor dem Zentrum biegen Sie nach rechts ab. Achten Sie auf die Schilder zum Bahnhof (gare) und zum Schwimmbad (piscine).

A22 Le Caylar: (Ü) [GPS N 43° 51.796' E 3° 19.214'] Die A 75 bei der Abfahrt „Le Caylar" verlassen. In den Ort hineinfahren und im Zentrum die N 9 nach links verlassen, bis der Parkplatz auf der linken Seite in Sicht kommt.

Wenn Sie meiner Route bisher gefolgt sind, fahren Sie nun irgendwo zwischen Béziers und Narbonne. Jetzt wird es höchste Zeit weiterzublättern, sonst verpassen Sie die richtige Abfahrt!

Rückreise: Bayonne — Orléans

A23 Biarritz: (VE + Ü) [GPS: N 43° 27' 57.0" W 1° 34' 19.1", Avenue de la Milady] Von St-Jean-de-Luz kommend am Ortseingang auf der rechten Seite. Gut ausgeschildert. Maximal

Stellplatz A19 in Sorges

48 Stunden, für den schlichten Platz aber relativ teuer. (Parkscheinautomat!)

A24 Sorges: (VE + Ü) [GPS: N 45° 18' 20.6" E 0° 52' 20.2"] Von der Nationalstraße aus in den Busparkplatz des Trüffelmuseums links einbiegen, jedoch noch ein Stückchen weiterfahren und den Schildern „Camping Car“ folgen. Die Ver- und Entsorgungsstation liegt ebenfalls auf der linken Seite der Nationalstraße. Dazu müssen Sie jedoch schon früher abbiegen – wenn der Ort in Sicht kommt!

A25 Thiviers: (Ü) [GPS N 45° 25' 05.0" E 0° 55' 19.9"] Die Stadt wird auf der N 21 umfahren. Wenn links die Kirche zu sehen ist, fahren Sie noch ein paar Meter weiter den Berg hinunter. Ebenfalls links sehen Sie dann den Parkplatz zum Übernachten.

A26 Pageas: (Ü) [GPS N 45° 40' 42.0" E 1° 00' 07.4"] „Aire de Pageas“ ist schon lange vor dem Ort gut ausgeschildert. Schöner Rasenplatz. Die Abfahrt kommt trotz der vielen Hinweise etwas unverhofft.

A27 St-Jean d'Angély: (VE + Ü) [GPS N 45° 56' 43.3" W 0° 32' 14.5", Avenue de Marennes] Die A 10 bei der Ausfahrt 34 verlassen. In St-Jean d'Angély Richtung „camping municipal“ fahren. In der Nähe dieses Campingplatzes wurde ein Stellplatz für ca. 15 Mobile eingerichtet.

A28 Ruffec: (Ü) Von der Nationalstraße abfahren und in den Ort hineinfahren. Gleich am Ortseingang dann rechts abbiegen in Richtung „Aire de Rejallant“. Großzügige Freizeitanlage am Ufer der *Charente.*

A29 Val de Clain: (VE) [GPS: N 46° 42' 44.5" E 0° 24' 48.0"] Die Raststätte „Val de Clain” liegt direkt an der N 10 und ist

Stellplatz A21 in Pageas

frühzeitig ausgeschildert. In einer Ecke der Rastanlage steht eine Ver- und Entsorgungssäule.

A30 CHÂTELLERAULT: (Ü) [GPS: N 46° 48' 50.3" E 0° 32' 22.4", Rue de l'Angelarde] Im Stadtzentrum die Brücke „Pont Henry VI" überqueren. Dann den Schildern „Parking de l'Angelarde" folgen.

A31 STE-MAURE-DE-TOURAINE: (Ü) [GPS: N 47° 06' 42.0" E 0° 37' 01.0", Rue du Docteur Patry] In der Ortsmitte – den Schildern folgend – links abbiegen. Platz für ca. 20 Mobile.

A32 BEAUGENCY: (VE + Ü) [GPS N 47° 46' 46.3" E 1° 38' 12.9"] Am zweiten Wasserturm an der Ampel rechts abbiegen. Ab dann der „Womo-Beschilderung" folgen. Direkt an der *Loire* können ca. 10 - 15 Wohnmobile stehen. Allerdings ist der Platz im Sommer oft überfüllt.

A33 MEUNG-SUR-LOIRE: (Ü) [GPS N 47° 49' 28.3" E 1° 41' 51.7"] Fahren Sie fast durch den Ort durch. An einer Ampel ist nach rechts „Parking Cours St-Pierre" ausgeschildert. Biegen Sie dort ab und fahren Sie geradeaus, bis Sie an der *Loire* ankommen. Dort biegen Sie rechts ab und fahren am Fluss entlang. Bald sehen Sie eine Brücke über die *Loire*. Unmittelbar wenn Sie die Straße, die zur Brücke führt, geradeaus überquert haben, liegt der Parkplatz auf der linken Seite.

A34 VITRY-LE-FRANÇOIS: (Ü) [GPS N 48° 43' 28.0" E 4° 35' 08.2"] Verlassen Sie die Umgehungsstraße und fahren Sie in den Ort hinein. Wenn Sie sich dann in Richtung Ortsmitte orientieren, erreichen Sie die Kathedrale. Von dort aus können Sie zur Post fahren, ein großes Gebäude, das Sie nicht übersehen können. Fahren Sie am Postamt entlang. Dahinter finden Sie einen schönen großen Parkplatz. Nebenan liegt das Gebäude der Gendarmerie, so dass Sie gut bewacht sind.

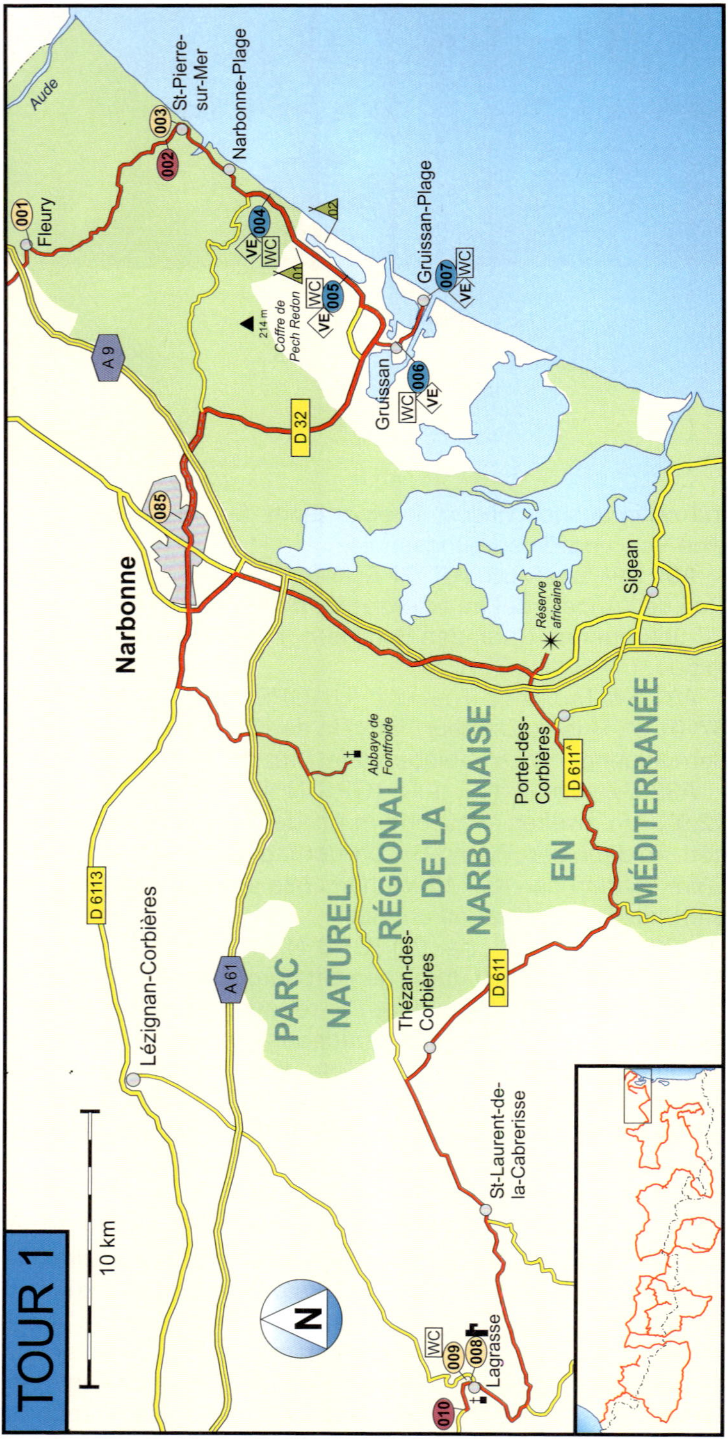
TOUR 1
10 km
N
Aude
001
Fleury
002
003
St-Pierre-sur-Mer
Narbonne-Plage
004
VE
WC
01
02
005
Coffre de Pech Redon
214 m
Gruissan-Plage
007
006
Gruissan
A 9
D 32
085
Narbonne
Réserve africaine
Sigean
Abbaye de Fontfroide
Portel-des-Corbières
D 611A
D 611
D 6113
A 61
Lézignan-Corbières
Thézan-des-Corbières
St-Laurent-de-la-Cabrerisse
Lagrasse
008
009
010
PARC NATUREL RÉGIONAL DE LA NARBONNAISE EN MÉDITERRANÉE

TOUR 1 (118 km)

Narbonne-Plage — Abbaye de Fontfroide — Sigean — Lagrasse

Übernachten:	Fleury, D 118, St-Pierre, Narbonne-Plage, Lac de Mateille, Gruissan, Gruissan-Plage, Lagrasse
Besichtigen:	Abbaye de Fontfroide, Wildreservat in Sigean, Zentrum und Abtei von Lagrasse
Baden:	Narbonne-Plage, Étang de Mateille, Gruissan, Gruissan-Plage
Campingplätze:	Soleil d'Oc, Les Ayguades

Es ist heiß! Unerträglich heiß! Seit fast zwei Tagen schwitzen wir in unserem Wohnmobil, obwohl alle möglichen Fenster und Luken offen stehen. Nicht einmal der Fahrtwind ist in der Lage uns abzukühlen, weht er doch gerade mal als laues Lüftchen durch die weit geöffneten Fenster. Ein Ventilator auf dem Armaturenbrett bläst abwechselnd dem Fahrer und dem Beifahrer heiße Luft ins Gesicht. Jetzt hilft nur noch Wasser! Da wir seit geraumer Zeit fast in Sichtweite des *Mittelmeeres* zwischen Montpellier und Béziers unterwegs sind, beschließen wir, den Nachmittag an einem der vielen Strände zu verbringen. Die Hinweisschilder nach La Grande Motte, Sète oder Agde, die allenthalben auftauchen, können mich bisher nicht von der eingeschlagenen Route abbringen. Zu sehr sind mir diese Orte von früheren Besuchen in schlechter Erinnerung.

Coursan, zwischen Béziers und Narbonne an der D 609 gelegen, scheint mir schon eher geeignet, um einen Abstecher zu einem „Plage" zu wagen. Wenn Sie auf der Autobahn unterwegs waren, müssen Sie sie bei der Abfahrt 36 verlassen und erreichen dann ebenfalls Coursan, wenn Sie in Richtung Narbonne fahren. St-Pierre und Fleury steht auf dem Schild, das uns zu einem – hoffentlich – einigermaßen akzeptablen Strand führen soll. Die Straße biegt links ab. Nach knapp acht Kilometern erreichen wir Fleury, ein Ort, der keiner Erwähnung wert wäre, gäbe es da nicht eine Übernachtungsmöglichkeit. Früher stand hier sogar eine Ver- und Entsor-

(001) WOMO-Stellplatz: Fleury

GPS: N 43° 13' 35.3" E 3° 07' 57.8" — Avenue du Stade
max. WOMOs: 4 - 5 — gebührenfrei
Ausstattung / Lage: Mülleimer / am Ortsrand
Zufahrt: In Fleury den Schildern nach St-Pierre bzw. Narbonne-Plage folgen. Am Kreisel am Ortsausgang liegt der Platz rechts der Straße.

gungsstation, die man bedauerlicherweise wieder abgebaut hat.

Mehr als 1000 Kilometer sind wir bereits gefahren, und doch erscheinen uns diese 20 Kilometer bis zum Strand unendlich weit. Wir fahren auf der D 1118, und trotz unserer Gier nach Wasser fahre ich links der Straße noch auf einen Parkplatz mit einer schönen Aussicht, der sich auch zum Übernachten eignet. Hier sind zudem viele Wanderwege ausgeschildert, von denen ich jedoch keinem gefolgt bin. Ich hätte mir die Sympathie der restlichen Mitfahrer in diesem Augenblick verscherzt.

(002) WOMO-Stellplatz: D1118

GPS: N 43° 11' 20.8" E 3° 10' 44.5"
max. WOMOs: > 5 gebührenfrei
Ausstattung / Lage: Mülleimer / außerhalb
Zufahrt: An der D 1118 zwischen Fleury und St-Pierre gelegen. Die Straße steigt leicht an. Wenn sie zum Meer hin abfällt, liegt der Platz auf dem Scheitelpunkt auf der linken Seite.

St-Pierre-sur-Mer steht auf dem Ortsschild. Endlich ist das *Mittelmeer* in greifbarer Nähe. Trotzdem muss ich unsere Erwartung noch bremsen. Auch hier gibt es nämlich ein Plätzchen für uns Womo-Fahrer.

(003) WOMO-Stellplatz: St-Pierre

GPS: N 43° 11' 28.4" E 3° 11' 48.4"
max. WOMOs: > 5 mittlere Gebühr
Ausstattung / Lage: Ver- und Entsorgung, Mülleimer / am Ortsrand
Zufahrt: In St-Pierre biegen Sie am ersten Kreisel links ab, am zweiten Kreisel geht's geradeaus weiter. Gleich danach fahren Sie nach links und sehen den Platz kurz darauf.
Sonstiges: Wasser in der Stellplatzgebühr enthalten.

Was sollen alle diese Umwege? Wir wollen nach Narbonne-Plage. Jetzt weht endlich eine richtige Brise durchs Fahrerhaus. Immer an der Küstenstraße entlangfahrend, ist Narbonne-Plage überhaupt nicht zu verfehlen. Der erste Parkplatz ist für Wohnmobile gesperrt, aber es gibt da eine lange Strandpromenade mit Parkbuchten. Leider stehen hier überall Verbotsschilder. Ich werde langsam sauer: Ein kleines Plätzchen sollte doch noch für uns Womo-Fahrer da sein! Wir finden es schließlich, nachdem wir hinter dem Ort links abbiegen und den Wegweisern nach Gruissan folgen.

Ab jetzt ist erhöhte Aufmerksamkeit geboten. Die Abfahrt nach links ist leicht zu übersehen. Zudem machen starker Gegenverkehr, Drängler von hinten und ein paar waghalsige Überholer die Sache nicht einfacher. Aber selbst, wenn Sie an der Abfahrt mangels Gelegenheit vorbeigefahren sind, habe ich noch weitere Stellplätze und zwei Campingplätze für Sie.

(004) WOMO-Badeplatz: Narbonne-Plage

GPS: N 43° 08' 50.2" E 3° 09' 14.7"
max. WOMOs: > 5 hohe Gebühr
Ausstattung / Lage: Ver- und Entsorgung, Toiletten, Mülleimer, Wertstoff-Behälter / direkt am Sandstrand
Zufahrt: Hinter Narbonne-Plage links in Richtung Gruissan abbiegen, dann auf die Womo-Beschilderung nach links achten!
Sonstiges: Wasser in der Gebühr enthalten

Gleich darauf können Sie nach rechts zu einem Campingplatz abbiegen. Der zweite Campingplatz liegt gar nicht weit entfernt, deshalb kommen hier jetzt beide Kästchen.

(C01) WOMO-Campingplatz-Tipp: Soleil d'Oc ***

GPS: N 43° 08' 42.5" E 3° 08' 33.8" Narbonne-Plage: Route de Gruissan
Öffnungszeiten: 1.4. - 15.10.
Ausstattung / Lage: Ver- und Entsorgung, schattig, Laden, Imbiss, Spielplatz / 700 m zum Strand
Zufahrt: Auf der Straße von Narbonne-Plage nach Gruissan rechts abbiegen. Gut ausgeschildert.
E-Mail: soleil-doc@wanadoo.fr
Internet: www.soleildoc.fr (deutsche Textversion)

(C02) WOMO-Campingplatz-Tipp: Les Ayguades ***

GPS: N 43° 07' 56.6" E 3° 08' 19.4" Gruissan: Av. de la Jonque
Öffnungszeiten: Ostern - Allerheiligen
Ausstattung / Lage: Ver- und Entsorgung, schattig, Laden, Restaurant, Spielplatz / direkt am Meeresstrand
Zufahrt: Zwischen Narbonne-Plage und Gruissan an einem Kreisel links abbiegen. Gut ausgeschildert.
E-Mail: loisirs-vacances-languedoc@wanadoo.fr
Internet: www.loisirs-vacances-languedoc.com

Zum Stellplatz am *Étang de Mateille* müssten wir eigentlich nach links abbiegen. Wir können die Womos schon links der Straße sehen. Ein plötzliches Bremsmanöver will ich vermeiden, und die Erfahrung mit dem Verkehr auf dieser Straße veranlasst mich, einfach weiterzufahren bis zum nächsten Kreisel und dann wieder ein Stückchen zurück. Nach rechts lässt es sich wesentlich leichter abbiegen.

Wir machen es uns hier auf jeden Fall gemütlich. Bei dieser Hitze und nach dieser Fahrt haben wir uns das auch verdient. Unser Urlaub hat begonnen! „Nein!", schreit da mein Autorengewissen, „Über die PYRENÄEN wolltest du schreiben, nicht über einen faulen Sandstrandurlaub irgendwo am *Mittelmeer.*" „Morgen," beschwichtige ich, „morgen fange ich an!".

Das Wasser wirkt angenehm kühlend, ein sanfter Wind trocknet die entstehenden Schweißtropfen; hier lässt es sich

(005) WOMO-Badeplatz: Étang de Mateille

GPS: N 43° 07' 13.0" E 3° 06' 52.7"
max. WOMOs: > 5 hohe Gebühr
Ausstattung / Lage: Ver- und Entsorgung, Toiletten, Mülleimer, Wertstoff-Behälter / direkt am See
Zufahrt: Von Narbonne-Plage kommend bis fast nach Gruissan fahren und dann links in einen unbefestigten Weg einbiegen.
Sonstiges: Wasser in der Gebühr enthalten, gegen Aufpreis auch Strom

aushalten. Auf einer Strandmatte liegend, sich den Bauch bräunen lassen, den Surfern zusehen – was kann es Schöneres geben? Wer mich kennt, beginnt spätestens an dieser Stelle zu schmunzeln. Da ich von Natur aus ein rastloser Mensch bin, halte ich es selbst am schönsten Strand nur wenige Stunden aus. Also schleppe ich alsbald eine Unmenge von Reiseliteratur und Prospekten aus dem Womo hervor und komme nach eingehendem Studium zu dem Schluss: Genau hier beginnt das Buch! Die Landschaft der Corbières, die vor uns liegt, die Burgen der Katharer, sie können nicht nur, sie müssen sogar in einem Pyrenäenbuch berücksichtigt werden. Sigean, Carcassonne, Lagrasse, der *Canal du Midi*, das alles sind Sehenswürdigkeiten, die unbedingt in diesen Reiseführer gehören.

Étang de Mateille

Also plane ich neu, ändere Routen, rufe Stellplätze in Erinnerung, ziehe Ratgeber zu Rate und informiere mich mittels Informationsbroschüren der Fremdenverkehrsämter. Wenn ich schon darüber spreche: Dieses Material sollten Sie ruhig vor Beginn Ihres Urlaubs anfordern. Die entsprechenden Adressen finden Sie im Allgemeinen Teil. Die Verkehrsämter schildern zwar ihre Region in den schillerndsten Farben, was ihr gutes Recht ist, aber das wissen Sie ja und können daher die Prospekte mit kritischen Augen betrachten. Andererseits werden Sie auf viele Kleinigkeiten hingewiesen, die Sie in keinem Reiseführer finden – vielleicht sogar in diesem nicht.

Die Route ist auf der Landkarte markiert, meine Mitfahrer haben von Sand, Strand und Sonne ebenfalls genug und finden sich nach und nach wieder am Womo ein. Wir können starten. Es geht weiter in Richtung Gruissan und von dort aus nach Narbonne. Sowohl Gruissan, als auch Gruissan-Plage haben Stellplätze für Wohnmobile eingerichtet. Wollen Sie noch länger am Meer bleiben?

(006) WOMO-Badeplatz: Gruissan

GPS: N 43° 06' 15.4 E 3° 05' 58.4" — Quai de la Tramontane
max. WOMOs: > 5 — hohe Gebühr Apr. - Okt.
Ausstattung / Lage: Ver- und Entsorgung, Toiletten, Mülleimer, Telefonzelle / direkt am Wasser
Zufahrt: In Gruissan zuerst einmal grob in Richtung „Rive droite" (rechtes Ufer) fahren. Folgen Sie jetzt den Schildern zum „Plage de Chalet" und achten Sie auf die schmalen Womo-Schilder. Es geht dann nach links zur „Aire camping-car 4 vents" ab. Direkt an der „Gendarmerie maritime".
Sonstiges: Wasser in der Gebühr enthalten.

(007) WOMO-Badeplatz: Gruissan-Plage

GPS: N 43° 05' 44.6" E 3° 06' 35.8" — Avenue de la Jetée
max. WOMOs: > 5 — hohe Gebühr Apr. - Okt.
Ausstattung / Lage: Ver- und Entsorgung, Toiletten in der Nähe, Mülleimer, Telefonzelle / direkt am Sandstrand
Zufahrt: Von Gruissan aus in Richtung Gruissan-Plage fahren. Am Ortsschild fahren Sie weiter geradeaus immer noch in Richtung „Plage de Chalet", rechts von Ihnen sehen Sie einen Kanal, dem Sie folgen. Am Ende einer Landzunge finden Sie den Platz direkt am Meer.

Wir umfahren jetzt die Montagne de la Clape, und so recht will uns die Landschaft nicht als Gebirge erscheinen. Schließlich haben wir „Höheres" vor. Der Coffre de Pech-Redon ist mit seinen 214 Metern zwar der höchste Gipfel in diesem Kalksteinmassiv, reizt uns aber nur wenig, da wir bereits am Horizont die ersten Berge der Pyrenäen ausmachen können. Besonders schön sind sie im Frühjahr, weil sie da, zur Freude der Fotografen, noch schneebedeckt sind.

Die Straße führt uns direkt nach Narbonne. Auch hier finden Sie einen Stellplatz.

(085) WOMO-Stellplatz: Narbonne

GPS: N 43° 10' 49.3" E 3° 01' 22.8" Avenue Maître Hubert Mouly
max. WOMOs: > 20 hohe Gebühr
Ausstattung / Lage: Ver- und Entsorgung, Mülleimer / am Ortsrand
Zufahrt: Wenn Sie von Gruissan aus kommen, müssen Sie, nachdem Sie unter der Autobahn durchgefahren sind, nach dem ersten Kreisel, kurz vor dem zweiten nach rechts abbiegen, und dann sind Sie schon fast am Ziel. Sie können auch ein paar Meter weiter fahren um am zweiten Kreisel in die erste Straße rechts einzubiegen. Das funktioniert auch.
Sonstiges: Zahlung mit Bankkarte, maximal 3 Tage

Wir folgen jedoch den Wegweisern nach Carcassonne, weil die Abbaye de Fontfroide ganz oben auf meinem Zettel steht. Eines der größten Zisterzienser-Klöster Europas lässt man nicht einfach links liegen!

Kaum haben wir nach unzähligen Kreiseln Narbonne hinter uns gelassen, ist unser Ziel auch schon ausgeschildert. Ein paar Kilometer noch, und wir stehen auf einem schattigen Parkplatz vor der Abtei.

Als ich am Strand meine Bücher wälzte, hatte mich vor allem die kunsthistorische Bedeutung der Anlage zu dem kleinen Umweg veranlasst. Ich konnte mich noch an einen kur-

Innenhof in Fontfroide

zen Fernsehbericht über das Kloster erinnern, der mir in angenehmer Erinnerung ist, und ich bin gespannt, was es hier zu sehen gibt.

Zu sehen gibt es zuerst ein verschlossenes Tor. Man wird in halbstündigen Intervallen geführt. Bei solchen Regelungen kommen wir meist etwa fünf Minuten zu spät. Wir lösen schon mal unsere Eintrittskarten, und glücklicherweise gibt es Eis und Getränke gleich nebenan. Hier stehen wir nun vor fast 1000 Jahren Geschichte und warten auf Einlass. Eine schlüsselgewaltige Frau öffnet uns schließlich Tür und Tor und führt sachkundig durch die Gebäude. Allerdings tut sie das ohne auf die Besucher Rücksicht zu nehmen. Monoton reiht sie geschichtliche Daten und architektonische Fachbegriffe gnadenlos aneinander und gibt mir keine Chance, den Erläuterungen lückenlos zu folgen. Es gibt allerdings mittlerweile glücklicherweise „audioguides", so etwas wie Walkmen, in deutscher Sprache. Also beschließen wir, abseits der offiziellen Gruppe die Reize der Abtei auf uns wirken zu lassen. Und da sind es vor allem die Innenhöfe und Gärten, die uns gut gefallen. Ihre Attraktivität liegt aber nicht nur in einer schönen Bepflanzung, sondern in ihrem gelungenen Zusammenspiel mit der Architektur. Sie werden diesem hochtrabenden Satz sicher zustimmen, wenn Sie das Kloster besuchen. Mittlerweile hat sich etwa die Hälfte der Besuchergruppe von der Führung gelöst und erkundet – wie wir – auf eigene Faust. Säulen und Durchblicke – genau das ist es, was mich an Fontfroide besonders begeistert. Böse Zungen behaupten, ich hätte einfach einen schlechten Tag erwischt. Leserbriefe zu den vorangegange-

Öffnungszeiten Abtei:
Führungen täglich: 10.00 - 12.00 Uhr und 14.00 - 16.00 Uhr halbstündig

Durchblick in Fontfroide

nen Auflagen bestätigen mir jedoch, dass besagte Frau noch immer in der gleichen Manier ihren Dienst versieht.

Noch ein paar geschichtliche Daten gefällig? Die Abtei ist knapp über 900 Jahre alt. Sie war eines der Zentren der Zisterzienser in SÜDFRANKREICH. Hier war auch ein Stützpunkt während des Kampfes der katholischen Kirche gegen die Katharer. Einige derer Zufluchtsorte lernen Sie im Verlauf unserer Reise noch kennen.

Verlassen Sie jetzt mit uns das Kloster, und fahren Sie auf dem bereits bekannten Weg zurück nach NARBONNE. Die Stadt brauchen wir nicht zu durchfahren, die Wegweiser nach PERPIGNAN leiten uns unkompliziert um den Ort herum. An die vielen Kreisel haben Sie sich sicherlich schon gewöhnt.

Die N 9 hat uns wieder! Also quälen wir uns weiter zwischen holländischen Caravangespannen und deutschen Spanienurlaubern in Richtung Süden. Warum? Weil wir nach AFRIKA wollen! Und das ist gar nicht so weit. In SIGEAN finden Sie nämlich einen Zoo ganz besonderer Art.

Unübersehbar stehen die Schilder zum „Réserve africaine" am Straßenrand. Deshalb brauche ich hier auch keine genaue Zufahrtsbeschreibung zu liefern. Sie kommen – wie wir –, den Schildern folgend, auf einen kleinen Parkplatz vor der Kasse. Nach der Entrichtung des nicht unerheblichen Eintrittsgeldes dürfen wir den fremden Kontinent betreten. Was schreibe ich da: Wir dürfen ihn befahren!

Öffnungszeiten Tierpark:
in der Saison 9 - 18.30 Uhr täglich ansonsten kann schon früher geschlossen sein.

Ziemlich eng geht es jetzt in der Fahrerkabine zu. Alle Mitfahrer halten durch die große Frontscheibe hindurch Ausschau nach Tiger und Löwe. Ein letzter Sicherheitshinweis wird uns

Im Réserve africaine

Im Réserve africaine

noch mit auf den Weg gegeben, dann können wir durch ein Tor ins Wildgehege fahren. Aussteigen, so erfahren wir, dürfen wir nicht. Das wäre uns auch angesichts des riesigen Bären, den wir zuerst treffen, nicht im Traum eingefallen. Auch die Fenster sollen wir geschlossen halten, was wegen der herrschenden Hitze schon weitaus schwieriger ist. Da wir die Wahrscheinlichkeit eines durch das geöffnete Seitenfenster hereinspringenden Panthers als relativ gering ansehen, muss ich gestehen, dass wir in dieser Hinsicht leicht sündigen. Gefahr könnte höchstens durch eine Riesenschlange drohen, die durch das geöffnete Fenster mal eben kurz hereinschaut. Der bereits erwähnte Bär hat auf jeden Fall nicht das geringste Interesse an der Blechlawine, die sich durch sein Gehege schiebt. In der Tat kann sich die Verkehrsdichte hier durchaus mit den einschlägigen deutschen Autobahnabschnitten während der Ferienzeit messen. Sogar Staus gibt es im Gehege: Mal hat sich ein Nashorn auf der Fahrbahn niedergelassen, mal müssen die so putzig miteinander spielenden Löwenjungen ausgiebig fotografiert werden. Artgerechte Tierhaltung zwischen Dieseldunst und Stickoxid? Ich weiß es nicht!

Beeindruckend waren für mich die Größe des Geländes und das Zusammenleben der verschiedenen Tierarten ohne Gitterstäbe. Der befahrbare Teil ist jedoch nur eine Hälfte des Tierparks. Der Rest ist eingerichtet wie ein konventioneller Zoo. Hier verbringen wir noch mehrere Stunden. Am späten Nachmittag verlassen wir das „Réserve africaine“. Dort, wo wir wieder auf die N 9 treffen, überqueren wir sie und fahren geradeaus in Richtung Portel-des-Corbières.

Die Corbières sind die ersten Vorboten der Pyrenäen. Es wird hügelig. Links und rechts der Straße stehen Weinreben auf dem kargen Boden. Die erzeugten Weine in diesem Gebiet sind allerdings größtenteils von bescheidener Qualität. Auf jeden Fall ändert sich das Gesicht der Landschaft. Die Straßen werden enger, kurvenreicher, die Verkehrsdichte nimmt schlagartig ab. Wo Sie eben noch kilometerweit den Straßenverlauf überblicken konnten, versperrt Ihnen hier immer wieder eine Kuppe die Sicht. Den Ort Portel-des-Corbières können Sie umfahren.

Lagrasse oder Abbaye de Lagrasse steht auf den Schildern, von denen wir uns jetzt leiten lassen. Die Straße bleibt eng und passt sich dem Gelände an, was Sie an den unzähligen Kurven bald merken werden. Ich muss gestehen, dass uns nicht die Abtei nach Lagrasse führt, sondern ein von früheren Besuchen in Erinnerung gebliebener Übernachtungsplatz, der wenige Kilometer westlich des Dorfes liegt. Wir erreichen den Ort jedoch früher als erwartet und wollen deshalb noch einen kleinen Bummel machen. Hierbei merken wir, was wir in den vergangenen Jahren versäumt haben: Lagrasse hat einen sehenswerten Ortskern und in dessen Nähe gleich zwei Übernachtungsplätze.

Suchen Sie sich auf einem der beiden einen Parkplatz und

(008) WOMO-Stellplatz: Lagrasse I

GPS: N 43° 05' 26.3" E 2° 37' 23.9"
max. WOMOs: > 5 gebührenfrei
Ausstattung / Lage: Wasser, Mülleimer / am Ortsrand
Zufahrt: Wenn Sie den Ort erreichen, richten Sie sich nach den Schildern „Parking Visiteurs“, die nach rechts weisen. Nach etwa 100 m geht's dann links ab auf einen 2-stöckigen Parkplatz neben der Feuerwehr.
Sonstiges: Wasser gibt es an einem Hahn zwischen der Lagerhalle und dem Feuerwehrhaus.

(009) WOMO-Stellplatz: Lagrasse II

GPS: N 43° 05' 33.8" E 2° 37' 12.3" Avenue des Condamines
max. WOMOs: > 5 gebührenfrei
Ausstattung / Lage: Toiletten in der Nähe, Mülleimer / am Ortsrand
Zufahrt: In Lagrasse Richtung Carcassonne fahren, dann aber noch vor der Brücke nach rechts abbiegen. Großes P-Schild (P_2). Hier den unteren Bereich ansteuern, von dem aus die Innenstadt leicht erreicht wird.

schlendern Sie mit uns gemächlich durch die engen Gassen. Auf die Idee, mit dem Womo da hindurch zu fahren, werden Sie hoffentlich nicht kommen; Sie würden kaum froh dabei werden. Ich darf da ein Erlebnis vorwegnehmen, das wir tags darauf beim Brotholen hatten: Die Müllabfuhr war unterwegs. Ein paar Mal schon hatte ich die Lenk- und Fahrmanöver des LKW-Fahrers bewundert, als der Müllwagen in einem spitzen Winkel in eine hoffnungslos zugeparkte Seitenstraße einbiegen musste. Zwei- oder dreimal musste der Fahrer zurück-

In den Gassen von Lagrasse

stoßen, dann setzte er unter den erstaunten Blicken der Passanten mit eingeklappten Außenspiegeln seine Fahrt fort. Rechts und links war gerade eine Handbreit Platz. „C'est juste!“– „Passt doch!“, kommentierte der Besitzer eines Tabakladens den Vorgang lakonisch.

Lassen Sie Ihr Womo also draußen! Über die Brücke, die

Blick auf Lagrasse und die Hügellandschaft der Corbières

zur Abtei Ste-Marie führt, können Sie sowieso nur zu Fuß gehen. Die Abtei hat stattliche 1200 Jahre auf dem Buckel und ist damit eine der ältesten Europas. Hier nimmt sich eine sympathische junge Dame unserer Besuchergruppe an. Obwohl wir ein Faltblatt in deutscher Sprache an der Kasse erhalten haben, bemüht sie sich, alle Erklärungen für uns in Deutsch zu wiederholen und zu vertiefen. Sie ist – wie sich später herausstellt – Studentin und jobbt hier in den Ferien, um ihre Sprachkenntnisse zu verbessern.

Lassen Sie mich dazu noch eine kleine Geschichte einfügen. Wir konnten hierbei nämlich auch unser Vokabular er-

Lagrasse - im Hintergrund die Abtei

Lagrasse - Kreuzgang der Abtei

weitern. In einem der Türme gibt es viele Fledermäuse. Das will sie uns erzählen. Allerdings weiß sie den deutschen Namen dieser „Flattertiere" nicht, und wir können uns auf ihre Erklärungsversuche keinen Reim machen, weil wir den französischen Ausdruck nicht kannten. Mittlerweile sind wir schlauer: Die Fledermaus heißt in Frankreich „chauve-souris" – wörtlich übersetzt also „glatzköpfige Maus". Das hat sie uns durch Gesten eindrücklich dargestellt. Allerdings – verstanden haben wir sie dadurch nicht besser. Glücklicherweise hilft die englische Sprache weiter, wenn man es mit Studenten zu tun hat. Sie hat ein neues Wort gelernt, wir haben ein neues Wort gelernt, und höchstwahrscheinlich haben auch Sie soeben Ihren Wortschatz erweitern können.

Aber kommen wir zurück zur Abtei, die übrigens mit vollständigem Namen Ste-Marie d'Orbieu heißt: Es wurde über Jahrhunderte hinweg viel an dem Kloster gebaut und in jüngster Zeit ebensoviel restauriert. Die Bäckerei im Keller, der Kreuzgang und die Abtskapelle gefallen mir sehr gut. Sie sollten auch die 250 Stufen auf den Glockenturm nicht scheuen. Sie wissen ja: Bewegung tut gut! Denn von dort oben hat man eine herrliche Aussicht.

Es gibt in Carcassonne eine Gründungsurkunde der Abtei, die von keinem geringeren als Karl dem Großen unterzeichnet wurde. Der Einfluss des Klosters wuchs durch Schenkungen enorm, und schon bald galt es als eines der wichtigsten Abteien Südfrankreichs. Dazu kam die geografische Lage am Schnittpunkt zwischen Frankreich und Spanien, was den Äbten auch eine starke politische Macht verlieh.

Die Französische Revolution hat, wie bei so vielen geistlichen Einrichtungen, der Macht der Kirche auch hier ein Ende gesetzt. Gerade mal ein Dutzend Mönche gab es in den letzten Tagen des Klosters in Lagrasse noch, die schlussendlich verjagt wurden. Zwischen Damals und Heute liegen eine Abtrennung von verschiedenen Gebäuden und eine Wiedervereinigung in jüngster Zeit, eine Umwandlung zum Altenpflegeheim und eine nochmalige Wandlung zum Seminar- und Gesundheitszentrum im vorigen Jahrhundert.

Wir verbringen noch den Rest des Nachmittags in Lagrasse und haben das Glück, dass gerade Markttag ist. So können wir uns mit den wichtigsten – und auch weniger wichtigen – Dingen des Lebens und ein paar Lebensmitteln versorgen. Ein Markt in Frankreich ist eben für die ganze Familie immer ein ganz besonderes und zumeist auch zeitfressendes Erlebnis. Unnötig zu beschreiben, wo die Markthallen sind, Sie werden sie finden!

Noch ein kleiner Tipp, bevor Sie den Ort verlassen: Wir werden bei unserer weiteren Fahrt kurz vor dem Ortsende eine Brücke überqueren. Falls Sie leidenschaftlicher Fotograf sind, werden Sie hier unbedingt ein Bild machen wollen. Leider gibt es da kaum Haltemöglichkeiten. Daher sollten Sie es sich gut überlegen, ob heute noch ein kleiner Fußmarsch drin ist. Vom Stellplatz Lagrasse II aus ist die Brücke jedoch zu Fuß gut zu erreichen.

Die Sonne beabsichtigt, sich in nächster Zeit hinter dem Horizont zu versenken. Also sollten wir zu „unserem" geplanten Übernachtungsplatz aufbrechen. Wir fahren jetzt weiter in Richtung Carcassonne. Durch das Tal des *Alsou* schlängelt

(010) WOMO-Picknickplatz: Lagrasse III

GPS: N 43° 05' 37.0" E 2° 34" 25.5"
max. WOMOs: 3
gebührenfrei
Ausstattung / Lage: Mülleimer, Tische und Bänke, Grillmöglichkeit / außerhalb
Zufahrt: Lagrasse auf der D 3 in Richtung Carcassonne verlassen. Nach 5 Kilometern liegt der Platz auf der rechten Seite. Aufpassen, die Einfahrt ist leicht zu übersehen.

sich die Straße, und ich muss aufpassen, den Parkplatz auf der rechten Straßenseite nicht zu verfehlen. Wenn ich meinem Kilometerzähler trauen darf, fahren wir dabei ziemlich genau 5 km auf der D 3, seit wir Lagrasse verlassen haben. Hier wurden ein Grill- und ein Spielplatz eingerichtet, der sich gut für eine Übernachtung eignet. Die Spieleinrichtung haben allerdings sehr gelitten.

Auf diesem Platz staut sich hinter den Büschen der *Alsou*. Man kann dort wunderbar Fische beobachten oder die Füße ins Wasser strecken oder den Anglern zuschauen – oder sich einfach nur nassspritzen.

Die Spielgeräte waren bei unseren letzten Besuchen leider in einem ziemlich schlechten Zustand, dafür wurde die Grillmöglichkeit restauriert.

Die Anreise haben wir nun hinter uns. Beim Abendessen sitzen wir auf den Steinbänken und genießen die Ruhe. Außer uns sind nur noch ein paar Grillen hier, die unsere Mahlzeit musikalisch umrahmen. Idylle pur! Es schmeckt hervorragend, was natürlich sowohl an meinen Kochkünsten als auch an der Atmosphäre liegt. Der Mond tut sein Möglichstes, diese Szenerie in ein fast schon irreal zu nennendes Licht zu tauchen. Man könnte das Ganze beinahe in die Kategorie „Kitsch-Roman" einordnen. Nachdem wir uns ins Womo zurückgezogen haben, lassen wir die Eindrücke dieser ersten Tour noch einmal Revue passieren: Ein Meer, zwei Abteien, eine Safari und ein mittelalterliches Städtchen. Wir haben uns einen tiefen Schlaf verdient.

Die Pyrenäen – von denen dieses Buch handelt – sie liegen noch vor uns. Wenn Ihnen die Landschaft bis jetzt gefallen hat und Sie eingehendere Informationen benötigen, möchte ich Ihnen das Buch meines Kollegen Dr. Ralf Gréus „Mit dem Wohnmobil ins Languedoc und Roussillon", das als Band 22 dieser Reihe erschienen ist, ans Herz legen. Wir aber machen uns, nach einer herrlich entspannten Nacht im Wohnmobil, auf den Weg in „höhere Gefilde".

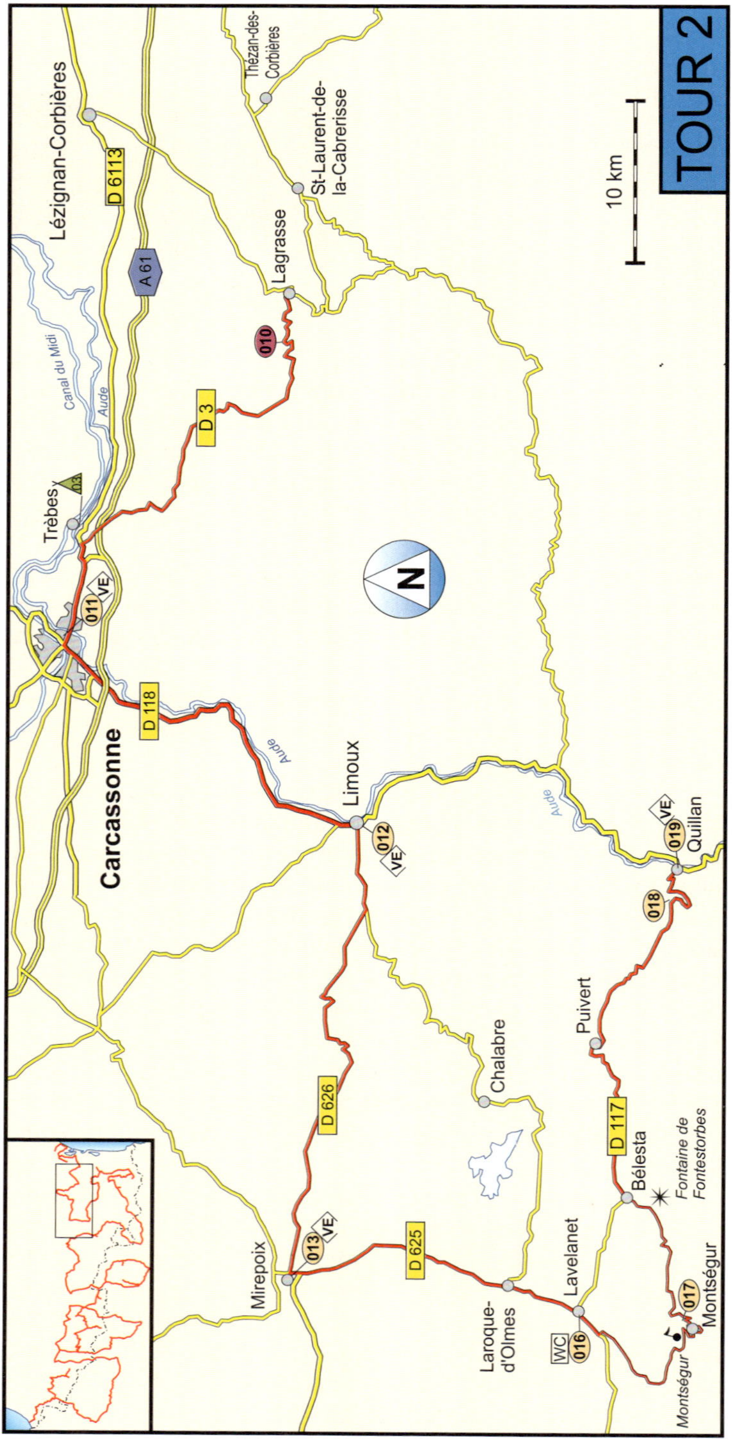
TOUR 2
10 km
Lézignan-Corbières
Thézan-des-Corbières
St-Laurent-de-la-Cabrerisse
Lagrasse
D 6113
A 61
010
Canal du Midi
Aude
D 3
Trèbes
03
VE
011
N
Carcassonne
D 118
Limoux
012
VE
Aude
019
VE
Quillan
018
Puivert
Chalabre
D 626
D 117
Bélesta
Fontaine de Fontestorbes
Mirepoix
013
VE
D 625
Lavelanet
Laroque-d'Olmes
WC
016
017
Montségur
Montségur

TOUR 2 (165 km)

Carcassonne — Limoux — Mirepoix — Montségur — Quillan

Übernachten:	Lagrasse, Limoux, Mirepoix, Lavelanet, Montségur, an der D 117, Quillan
Besichtigen:	Altstadt von Carcassonne, Mirepoix, Montségur, Fontaine de Fontestorbes
Markt:	Mirepoix (Do.), Lavelanet (Fr.)
Campingplatz:	À l'Ombre des Micocouliers

Heute Morgen werden wir von zwitschernden Vögeln geweckt. Ein Blick aus dem Fenster: Die Sonne scheint! Was will man mehr? Einen Nachteil hat unser Übernachtungsplatz allerdings: Es gibt hier kein frisches Brot zu kaufen. Also müssen wir ohne Frühstück aufbrechen. Um bei der Wahrheit zu bleiben, muss ich gestehen, dass wir zum Einkaufen zurück fuhren nach Lagrasse. Wenn Sie Ihren Appetit noch etwas zügeln können, habe ich jedoch einen besseren Vorschlag zu machen:

Setzen Sie Ihre Fahrt vom Parkplatz aus in Richtung Carcassonne fort. Der Charakter der Landschaft ändert sich nur wenig. Es bleibt hügelig, der Straßenverlauf ist nach wie vor kurvig. Nach knappen 30 Kilometern erreichen Sie in der Ortschaft Trèbes die D 6113, die direkte Verbindungsstraße zwischen Narbonne und Carcassonne.

Hier finden wir im Ort eine Bäckerei, und ich kann Ihnen auch einen Campingplatz empfehlen.

(C03) WOMO-Campingplatz-Tipp: À l'Ombre des Micocouliers ***

GPS: N 43° 12' 23.4" E 2° 26' 31.1" Chemin de la Lande
Öffnungszeiten: 1.4. - 30.9.
Ausstattung / Lage: Ver- und Entsorgung, sehr schattig, Laden, Restaurant, Spielplatz, beheizter Pool / in der Nähe der Ortsmitte
Zufahrt: Im Ort den Schildern zum „Centre Ville" folgen. Sie biegen von der D 118 nach links ab. Dann fahren Sie allerdings nicht über die Aude-Brücke, sondern biegen vorher nach rechts ab. Einfach zu finden.
E-Mail: info@campingmicocouliers.com
Internet: www.campingmicocouliers.com

Wir schlendern noch ein bisschen durch die Straßen. Dabei erreichen wir bald den *Canal du Midi*. Hier können Sie jede Menge Hausboote beobachten.

In gewisser Weise sind es Kollegen von uns, die da unterwegs sind. Sie bevorzugen statt der Landstraße eben die Wasserstraße. Die Ausstattung der Schiffe entspricht dem Standard, den auch wir Wohnmobilisten gewohnt sind. Aufgrund der Fahrtechnik vieler Bootsführer vermute ich, dass die meisten Schiffe für den Urlaub gemietet wurden.

Wenn Sie am Kanal nach rechts weitergehen, werden Sie meiner Vermutung zustimmen. Wir übersteigen eine Kette, die Fahrzeuge am Weiterfahren hindern soll. Vor uns liegt eine Schleusenanlage. Als Landratten sind wir natürlich begeisterte Zuschauer, wenn sich die verschiedenen Tore öffnen und schließen, sich die Boote heben und senken. Ein geschäftiges Treiben herrscht hier: Leinen werden durch Ösen gezogen, Kommandos schallen in vielerlei Sprachen von den Schiffen zu den an Land tätigen Besatzungsmitgliedern, und der Schleusenwärter drückt mit verschmitztem Lächeln auf die verschiedensten Knöpfe. Den ersten Durchgang der Boote durch die vier Stufen der Schleuse beobachten wir noch aus technischem Interesse. Ab dann sind wir Experten, und die nächsten Passagen, die wir uns anschauen (ich verrate nicht wie viele), dienen nur noch zu unserer Erheiterung. Schadenfreude soll ja bekanntlich eine der schönsten Freuden sein. Aber Hand aufs Herz: Was können wir doch froh sein, mit einer kleinen Bewegung am Schalthebel nahezu jeden Höhenunterschied zu meistern. Unser Fahrzeug reagiert prompt auf jede Bewegung am Lenkrad, und außer ein bisschen Seitenwind gibt es keine Strömungen, die unseren Kurs beeinflussen. Und vor allem: Es schaut uns bei schwierigen Manövern selten jemand zu! Langsam wird es Zeit zum Womo zurückzukehren. Schließlich wollen wir Carcassonne noch einen Besuch abstatten.

Ein kleines Stückchen müssen wir zurückfahren, um zur weiter oben bereits erwähnten N 113 zu kommen. Sie kennen den Weg ja! Ab hier geht's — ganz klar — in Richtung Carcassonne. Wir folgen dann den Schildern „La Cité", die bereits vor dem eigentlichen Ortsanfang auftauchen. Vor dem Eingang zur Altstadt sehen wir schon eine Menge Parkplätze, die uns

(011) WOMO-Stellplatz: Carcassonne

GPS: N 43° 12' 19.4" E 2° 22' 17.6" Chemin de Montlegun
max. WOMOs: > 20 Siehe unter Sonstiges
Ausstattung / Lage: Ver- und Entsorgung, Mülleimer / im Ort
Zufahrt: Folgen Sie, wenn Sie auf die Stadtmauer zufahren, der Beschilderung für Busse und Wohnmobile nach rechts. Nicht weit vom Zentrum finden Sie einen großen Parkplatz.
Sonstiges: Da es eine zeitlich gestaffelte Gebühr gibt, ist eine Übernachtung nur sinnvoll, wenn Sie spätabends ankommen. Ansonsten haben Sie für 5 € eine sehr gute Gelegenheit, die Stadt 6 Stunden lang zu besichtigen.

jedoch angesichts der gnadenlos scheinenden Sonne nicht schattig genug sind. Wir fahren deshalb weiter in Richtung „La Cité“ und finden bald einen Parkplatz für Busse, Caravans und Womos.

Über einen Fußweg erreichen wir von hier aus die Altstadt. Die Höchstzahl von drei Sternen vergibt der „Guide Bleu“ an diese Sehenswürdigkeit, und es wäre gelogen, wenn ich sagen würde, dass die Stadt das nicht verdient hätte. Aber es ist genauso, wie bei allen großen Sehenswürdigkeiten: Tausende von Menschen möchten genau dasselbe sehen wie Sie und laufen sich gegenseitig in den Füßen herum. Eben eine Touristenattraktion! Aber wollen Sie deswegen auf die wunderbare Cité verzichten? Na also! Sie ist es jedenfalls wert, besucht zu werden, und so reihen wir uns tapfer in den Menschenstrom ein, der sich langsam den Berg innerhalb der Stadtmauern hochschiebt. Zuvor statten wir allerdings dem Office de Tourisme noch einen Besuch ab und holen uns einen aktuellen Stadtplan. Das Fremdenverkehrsbüro finden Sie auf der rechten Seite, wenn Sie das Stadttor durchschritten haben.

Wir Touristen laufen dabei auf ausgetretenen Pfaden: Bereits im 1. Jahrhundert vor Christus war hier ein militärischer Stützpunkt der Römer. Im 5. Jahrhundert (diesmal nach Christus) begannen die Westgoten mit dem Bau der Befestigungsmauer, die die Stadt umgibt, und die Sie heute noch bestaunen können.

Die Dame Carcas

Zu der Zeit, als Carcassonne von den Truppen Karls des Großen belagert war, hat eine Frau das Schicksal der Stadt bestimmt. Die Sage berichtet von der Dame Carcas, die den hungernden Einwohnern einen riskanten Vorschlag machte: Mit den letzten Vorräten sollte das letzte Schwein gefüttert werden, um es dann wohlgenährt von der Stadtmauer zu den Belagerern hinabzuwerfen. Angesichts dieses Zeichens des offensichtlichen Nahrungsüberflusses innerhalb der Mauern, beschlossen die Truppen, die Belagerung aufzugeben. Die Dame Carcas hatte ihr Pokerspiel gewonnen und ließ die Trompeten erschallen: Carcas sonne (Carcas tönt).

Jetzt könnte ich anfangen, die einzelnen Sehenswürdigkeiten aufzuzählen, ich tu 's aber nicht! Die Stadt ist überschaubar, und ich kann Ihnen nur raten, so lange es Ihnen gefällt ziellos umherzuschlendern. Sie werden erstaunt sein, was es alles zu entdecken gibt! Und warum soll ich Ihnen erzählen, dass die Porte Narbonnaise und der Turm von Trésau aus

Carcassonne von außen

dem 13. Jahrhundert stammen? Wenn Sie kunsthistorisch interessiert sind, haben Sie sowieso Ihren speziellen Führer zur Hand, ansonsten ist es auch nicht schlimm, wenn Sie nichts über die Historie wissen, dann lassen Sie die ummauerte Altstadt ganz einfach in ihrer Gesamtheit auf sich wirken. – Und, klappt 's? So ein altes „Gemäuer" hat eben immer und überall eine ganz besondere Ausstrahlung!?

Treppauf – treppab an der Stadtmauer

Neben unzähligen Souvenirläden und kunstgewerblichen Geschäften finden Sie natürlich auch – wie könnte es in FRANKREICH, in dem Land der Gourmets, anders sein – Restaurants. Zum Essen und Trinken möchte ich Sie hier allerdings nicht verleiten. Warten Sie noch ein wenig, bis Sie aus dem touristischen Ballungsgebiet herauskommen.Dann nämlich findet man – wie so überall – die gastronomischen Lokalitäten, die auch von den Einheimischen geschätzt werden und in denen das Preis-Leistungs-Verhältnis stimmt.

Irgendwann kommen Sie zum dritten Mal an dem selben Postkartenstand vorbei, dann ist es Zeit, sich wieder auf den Weg zum Womo zu begeben. Sie sind jetzt sicherlich mit der Geographie des Ortes so weit vertraut, dass Sie unseren Parkplatz ohne größere Probleme und ohne Navigationssystem wiederfinden.

Bei uns ist es jetzt 14 Uhr, und wir haben noch eine Menge vor! Die Ruine einer Katharerburg und vor allem eine verrückte Quelle machen uns auf den weiteren Verlauf unserer Reise neugierig. Also fahren wir von unserem Parkplatz aus wieder den gleichen Weg, den wir gekommen sind, zurück, biegen am „Haupteingang" zur Cité links ab, folgen dann allerdings den Schildern nach LIMOUX.

Auf der gut ausgebauten D 118 haben wir, stets begleitet von der *Aude*, im Nu und völlig unproblematisch die 24 Kilometer hinter uns gebracht. Jetzt heißt es aufpassen! Im Ort müssen wir rechts nach Chalabre abbiegen. Bitte nicht verpassen, denn sonst wundern Sie sich im Folgenden, was der Herr Engel denn nun wieder für einen Quatsch erzählt, weil Sie sich auf einer ganz anderen Straße befinden. Falls Sie in Limoux übernachten oder Wasser zapfen wollen, können Sie das hier erledigen.

(012) WOMO-Stellplatz: Limoux

GPS: N 43° 03' 26.0" E 2° 12' 54.2" Rue Louis Braille
max. WOMOs: 4 - 5 gebührenfrei
Ausstattung / Lage: Ver- und Entsorgung, Mülleimer, Wertstoff-Behälter / im Ort
Zufahrt: In Limoux bleiben Sie auf der D 118, bis es auf der Fahrbahn eine Linksabbiegerspur gibt. Dort links abbiegen und dann gleich wieder links. Sie sehen dann schon das Womo-Schild. Lassen Sie sich nicht durch die Höhenbegrenzung von 2 m abschrecken. Die gilt für den nebenan liegenden PKW-Parkplatz.

Sechs Kilometer hinter Limoux müssen wir uns rechts halten, um nach Mirepoix, unserem nächsten Ziel, zu kommen. In diesem mittelalterlichen Städtchen gefällt uns besonders das Zentrum.

Aber erst mal langsam und der Reihe nach: Die Straße schlängelt sich durch eine Hügellandschaft, die immer mal wieder reizvolle Ausblicke zu bieten hat. Vielleicht nutzen Sie ja auch die ein oder andere Stelle, um das Panorama ein wenig ausgiebiger zu genießen!? In Mirepoix fahren wir zuerst einmal auf das Zentrum zu und suchen uns dann vor den Toren der Altstadt einen Parkplatz. Das ist nicht immer ganz einfach, und ich kann Ihnen hier auch keinen Geheimtipp verraten. Um den Ortskern führt eine Ringstraße, in deren Verlauf

(013) WOMO-Stellplatz: Mirepoix

GPS: N 43° 05' 07.5" E 1° 52' 23.0" Allée des Soupirs
max. WOMOs: > 5 gebührenfrei
Ausstattung / Lage: Ver- und Entsorgung, Mülleimer, Wertstoff-Behälter, Tische und Bänke, Spielplatz / am Ortsrand
Zufahrt: In Mirepoix folgen Sie den Schildern nach Lavelanet, bis Sie den Friedhof und eine Esso-Tankstelle sehen. Folgen Sie ab hier der Womo-Beschilderung. Sie kommen dann durch ein schmiedeeisernes Tor und fahren an einer Halle vorbei. Dahinter liegt der Stellplatz. Zum Entsorgen biegen Sie nach dem Tor links ab.

Eingang zum Zentrum von Mirepoix

wir bisher immer einen Platz gefunden haben. Mit 3000 Einwohnern bleibt Mirepoix auf jeden Fall überschaubar. Sie können auch auf dem Wohnmobil-Stellplatz parken und von dort aus in fünf bis zehn Minuten zum Zentrum spazieren. Tut gut und ist eine willkommene Abwechslung nach der langen Zeit hinterm Steuer.

Wir wollen jetzt erst einmal zum Place Général Leclerc, der mitten in Mirepoix liegt. Vom Stellplatz aus gehen Sie dafür ein Stückchen zurück, durch das Tor durch, und biegen dann links in die Avenue du Marechal Foch ein. Alles klar? Nun bitte stets geradeaus weiterlaufen. Gehen Sie jetzt immer geradeaus weiter. Nach etwa 500 Metern haben Sie dann Ihr Ziel – die Ortsmitte – erreicht. Eigentlich gar nicht zu verfehlen!

Von allen anderen Parkplätzen aus haben Sie nur wenige Schritte. Spazieren Sie mit uns durch die herrlichen Arkaden, und erfreuen Sie sich – solange man das noch kann – an den kunstvoll geschnitzten Holzbalken, an denen der Zahn der Zeit schon arg genagt hat. Aber, die Häuser, die den Platz einrahmen, stammen schließlich ja auch aus dem 13. bis 15. Jahrhundert, und in diesem Alter ist man eben nicht mehr so ganz taufrisch.

Die Kathedrale aus dem 14. Jahrhundert begeistert uns nicht so sehr. Auch die Tatsache, dass es sich hier um das breiteste gotische Kirchenschiff Frankreichs handelt, kann mich nicht längere Zeit fesseln. Lieber schlendern wir noch ein bisschen durch den kleinen Park und lassen uns dann in einem Café nieder.

Exakt 19 Kilometer trennen uns von Lavelanet und einem weiteren Stellplatz.

(016) WOMO-Stellplatz: Lavelanet

GPS: N 42° 55' 43.0" E 1° 50' 27.1" Place du 19 Mars 1962
max. WOMOs: 5 gebührenfrei
Ausstattung / Lage: Wasserhahn, Toiletten, Mülleimer, Wertstoff-Behälter / am Ortsrand
Zufahrt: Auf der rechten Seite unserer Route. Ausgeschildert Parking 19 Mars 1962.

Es wäre jetzt ein Leichtes, gleich nach Foix zu fahren. Aber so einfach wollen wir es uns nicht machen! Die Stadt erreichen wir erst auf unserer Tour 6. Die Richtung Foix müssen wir jedoch anpeilen, um Lavelanet auf der D 117 zu verlassen. Gerade mal ein Kilometer ist zurückgelegt, da sehe ich schon das Schild nach Montségur, eine der Katharer-Burgen, die uns auch bei der nächsten Tour beschäftigen. Wir müssen nach links abbiegen!

Die Straße wird eng. Aber keine Angst, Sie schaffen das schon! Es geht bergauf — und das recht steil! Aber Sie wollten ja ins Gebirge. Im zweiten Gang zuckeln wir gemächlich durch die Landschaft und überwinden dabei auf einer Strecke von 12 Kilometern einen Höhenunterschied von fast 700 Metern.

Bei einer Wegegabelung können wir einen ersten Blick auf die Burg werfen. Majestätisch thront sie auf dem Gipfel eines Hügels. So hat es jedenfalls von hier aus den Anschein. Über den „Hügel" lesen Sie gleich mehr.

Quälend langsam arbeiten wir uns auf der gewundenen Straße weiter empor, bis wir schließlich eine Art Passhöhe erreichen. Parkbuchten entlang der Straße zeigen an, dass dies wohl der geeignete Ausgangspunkt ist, um der Burg einen Besuch abzustatten. Zwischen vielen anderen Fahrzeugen finden wir an der abschüssigen Straße einen Parkplatz. Wenn Sie gerade stehen wollen, müssen Sie schon viel Glück mitbringen, denn mehr als drei oder vier Plätze erfüllen diese Anforderung nicht.

Von hier aus betrachtet ist der Hügel ja doch ziemlich hoch. Aber ich bin, trotz der herrschenden Temperaturen, hochmotiviert und beschließe, den Aufstieg zu wagen. Falls Sie mir folgen wollen, sollten Sie feste

Öffnungszeiten Burg:
Januar geschlossen
Februar 11 - 16 Uhr
März 10 - 17 Uhr
April 10 - 18 Uhr
Mai - August 9 - 19 Uhr
September, Oktober 10 - 17 Uhr
November 11 - 16 Uhr
Dezember 11 - 16 Uhr
bei sehr schlechtem Wetter immer geschlossen

Schuhe anziehen. (Ich hoffe, die haben Sie dabei, denn ich will noch öfters mit Ihnen wandern!)

Begleiten Sie mich beim Hinaufsteigen ein paar hundert Jahre in die Vergangenheit zurück. Der steinige Pfad und die herrschende Hitze erschweren den Weg. Das war übrigens bereits im Jahr 1244 so, als die Burg von 6000 Männern belagert wurde, jedoch nicht eingenommen werden konnte. Der Stellvertreter Gottes auf Erden hatte wieder einmal zu einem Kreuzzug aufgerufen, schließlich konnte man nicht dulden, dass es

Montségur

Die Katharer

Wir beginnen in der Mitte des 12. Jahrhunderts. Ein bulgarischer Priester namens Bogumil hatte urchristliche Ideale gepredigt und eine Anhängerschaft um sich geschart, die auszog, diese Lehre zu verbreiten. Abkehr von allem Weltlichen, strenge Askese und Ablehnung materieller Besitztümer wurde gefordert. Im Jahr 1167 sind im Languedoc bereits vier Bistümer von dieser katharischen Glaubenslehre überzeugt: In Agen, Carcassonne, Toulouse und Albi sitzen katharische Bischöfe. Aus diesem Grund werden die Katharer auch Albigenser genannt. Die Bevölkerung in der damals armen Region folgt dem neuen Glauben sehr gern, hatten die bisherigen katholischen Kirchenherren doch Wasser gepredigt und Wein getrunken.

Hinzu kommt, dass die Grafen im Languedoc ihre Herrschaft sehr selbstbewusst auszuüben wissen. Jegliche Abhängigkeit von Staat oder Kirche versuchen sie möglichst gering zu halten. Da kommt es ihnen natürlich sehr gelegen, wenn die Untertanen sich dem Einfluss der katholischen Kirche entziehen. Völlig ungelegen kommt das allerdings für Rom. Schließlich ist der Führungsanspruch der römischen Kirche in Gefahr, wenn diese Irrlehren weiter um sich greifen. Wie will man bei dieser Geisteshaltung seine Pfründe erhalten? Es muss also etwas geschehen. Krieg wäre in diesem christlichen Zusammenhang wohl das falsche Wort, also nennt man es Kreuzzug. Damit hatte man bereits im Nahen Osten recht gute Erfolge zu verzeichnen. Der Papst schickt seinen besten Killer, Simon de Montfort, los, der bereits nach wenigen Tagen mit seinem christlichen Heer in Béziers wahllos 15 000 Menschen abschlachtet. Das hinterlässt Eindruck. Viele schwören der Katharerlehre ab und liefern überdies noch ehemalige Glaubensgenossen den kirchlichen Folterknechten aus.

Das Durcheinander im Languedoc ist dann auch für die weltliche Macht ein Grund, den aufmüpfigen Grafen im Süden zu zeigen, wer der Herr im Haus ist. Frankreich schafft sich auf diese Weise einen ungehinderten Zugang zum Mittelmeer.

Andersdenkende gab.

Hier in Montségur hatte sich ein kläglicher Rest der Katharer, die die Massaker überlebten, verschanzt. Chancenlos mussten sie schließlich nach sechsmonatiger Belagerung aufgeben. Aus christlicher Nächstenliebe heraus wurde ihnen eine vierzehntägige Bedenkzeit eingeräumt, während der sie wählen konnten, ob sie ihrem Glauben abschwören oder lieber bei lebendigem Leib verbrannt werden wollten. Na, wäre Ihnen die Entscheidung schwer gefallen? – Überliefert ist, dass sich über 200 Katharer für den Scheiterhaufen entschieden. Ja, Sie haben richtig gelesen. Nun sind Sie erstaunt, was? Hätten Sie das gedacht?

Mittlerweile sollten Sie den Eingang der Burg erreicht haben. Ach ja, fast hätte ich es vergessen: Unterwegs kommen Sie noch an einem Kassenhäuschen vorbei. Sie erhalten dort für 4,50 € Euro einen Handzettel und eine Eintrittskarte, die auch für das archäologische Museum im Ort Montségur gültig ist. Ich denke, die Investition lohnt sich allemal.

Jetzt aber wollen wir endlich die Pforte zur Burg durchschreiten. Zuerst bin ich ja ein bisschen enttäuscht nach dieser Plackerei: Allzuviel erwartet uns hier nämlich nicht. Ein paar Mauerreste und einige Treppenstufen sind alles, was von dieser letzten Zufluchtsburg der Katharer erhalten geblieben ist. Und selbst das ist nicht ganz korrekt von mir ausgedrückt: Die Burg wurde nach der Belagerung umgebaut, allerdings hatte man das alte Baumaterial wiederverwendet. – Nachdem Sie den Aufstieg hinter sich haben, können Sie sich vielleicht auch vorstellen, warum man sich kein neues Baumaterial besorgte – und schließlich war ja auch noch nicht einmal OBI um die Ecke!

Schlendern Sie trotzdem mit mir auf der Burg herum. Dem Eingang gegenüber liegt eine Pforte, durch die Sie diejenigen Teile der Anlage erreichen können, die außerhalb der Festung lagen. Und hier beginnt sich auch der Eintrittspreis zu lohnen, denn das Schönste, was Sie hier oben vorfinden, ist die wunderbare Aussicht über die Cerdagne. Die sollten Sie auf jeden Fall noch eine geraume Zeit lang genießen, um ausgeruht den Abstieg anzutreten, denn der ist kaum leichter als der Aufstieg.

(017) WOMO-Stellplatz: Montségur

GPS: N 42° 52' 03.3" E 1° 49' 55.7"
max. WOMOs: 3 - 4 gebührenfrei
Ausstattung / Lage: Mülleimer, Wertstoff-Behälter / am Ortsrand
Zufahrt: An der Umgehungsstraße des Ortes Montségur (nicht an der Burg!) gibt es 2 größere Parkplätze. Der untere ist für eine Übernachtung geeignet.

Behalten Sie die Katharer aber gut in Ihrer Erinnerung. Zwei ihrer Burgen stehen nämlich noch auf meinem Reiseplan. Sie liegen alle recht hoch... Und auch sonst wird Ihnen dieses „Völkchen“ noch öfters überall in Frankreich über den Weg laufen.

Aber wir wollen heute unbedingt noch zu der verrückten Quelle. Hört sich verrückt an? Ist es auch irgendwie, und in-

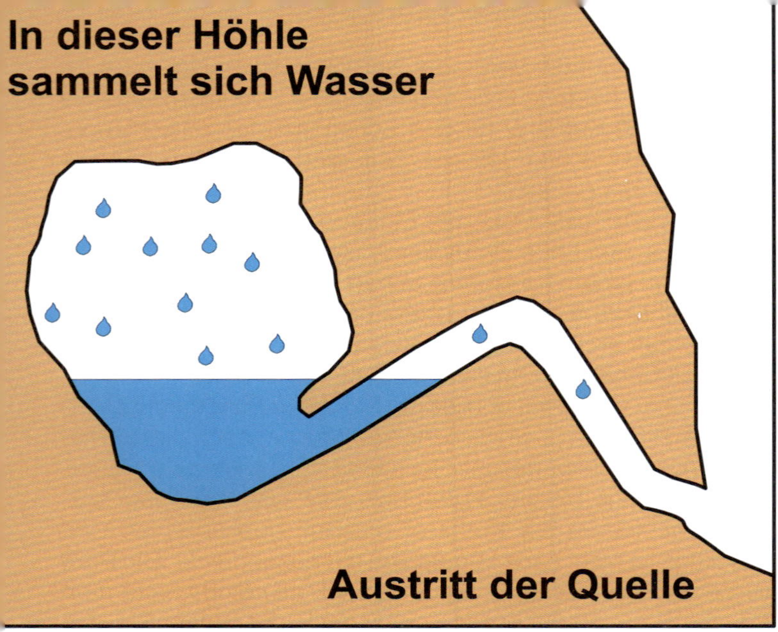

teressant genug ist das Phänomen der intermittierenden Quelle jedenfalls auch!

Also lassen wir den Besuch des archäologischen Museums aus, verschieben ihn auf den nächsten Urlaub und fahren durch den Ort MONTSÉGUR in Richtung BÉLESTA. Am Ortsende finden wir zudem noch einen Übernachtungsplatz für den Fall, dass Sie nach all der Geschichte ein wenig im Hier und

Fontaine de Fontestorbes im Hochbetrieb

Jetzt ausruhen möchten.

Sollten Sie aber mit uns weiterfahren wollen, so taucht die FONTAINE DE FONTESTORBES nach etwa 10 Kilometern auf der rechten Straßenseite auf. Sowohl davor als auch danach gibt es Parkplätze.

Auf den ersten Blick kommt sie uns für eine Quelle etwas zu groß geraten vor. Aus einer Höhle strömt eine Unmenge Wasser in einen Bachlauf. Keine Spur also von „Verrücktheit". Anhand einer Schautafel beginne ich den sogenannten intermittierenden Betrieb aber langsam zu verstehen, und mir wird die Bezeichnung „verrückt" allmählich klar. Um nicht mehrere Seiten mit Erklärungen zu füllen, habe ich eine kleine Skizze angefertigt – Sie finden sie nebenan –, die die Kuriosität zu verstehen hilft.

Der Clou der ganzen Geschichte ist eine Heber-Wirkung. Die machen Sie sich, ohne sich dessen genau bewusst zu werden, beinahe in Ihrem täglichen Leben zunutze, wenn Sie beispielsweise Kraftstoff aus einem Tank in einen Ersatzkanister füllen wollen: Schlauch in den Tank, ansaugen und dann schnell die Öffnung des Schlauches nach unten in den Kanister halten. Auf wundersame Weise fließt dann das Benzin zuerst aufwärts und danach abwärts in den Kanister. Stimmt's? Ähnlich funktioniert es auch hier: In einer Höhle sammelt sich nach und nach Wasser an. Der Abfluss der Höhle liegt zwar an ihrem tiefsten Punkt, aufgrund geologischer Gegebenheiten führt er dann jedoch wieder nach oben, um anschließend wenig später endgültig nach unten abzuknicken. Die Höhle – und damit auch ein Teil des Abflusses – füllt sich also dementsprechend mit Wasser, bis das obere Niveau des Abflusskanals erreicht ist. Während dieser Zeit treten nur geringe Mengen von Wasser, die sich in den Gängen sammeln, am Ausgang der Höhle an die Oberfläche. Aber selbst diese „geringen Mengen" sind schon enorm. Es ist eben alles relativ, wie bereits ein berühmter Mann vor Jahrzehnten feststellte.

Aber zurück zur FONTAINE DE FONTESTORBES. Hier können Sie auf den Steinstufen ein paar Meter in die Austrittsöffnung hineingehen, um dem verrückten Treiben ein wenig näher zu sein. Verfolgen wir nun den Wasserverlauf weiter: Nach einiger Zeit hat sich dann im Innern der Höhle so viel Wasser angesam-

(018) WOMO-Stellplatz: Col du Portel

GPS: N 42° 52' 47.5" E 2° 09' 21.8"
max. WOMOs: 2 - 3 gebührenfrei
Ausstattung / Lage: Mülleimer, Tische und Bänke / außerhalb
Zufahrt: Auf der linken Seite der D 117, 5 km vor Quillan (Straßenschild mit Kilometerangabe steht gegenüber der Einfahrt).
Sonstiges: Sehr schöne Aussicht!

melt, dass der obere Punkt des Abflusskanals überschritten wird. Und genau jetzt setzt die Physik ein und entleert die mittlerweile halb gefüllte Grotte aufgrund der bereits genannten Heber-Wirkung. Da wir es hier mit großen Wassermassen zu tun haben, geht das natürlich nicht in Sekundenschnelle über die Bühne. Je nach Niederschlagsmenge dauern beide Perioden etwa eine halbe Stunde. Manchmal länger – manchmal kürzer. Aber wir sind ja schließlich nicht auf der Flucht, sondern bekanntlicherweise im Urlaub. Also warten wir es ab und vertreiben uns die Zeit ein wenig.

Hat es in letzter Zeit oft geregnet, oder sind Sie zur Zeit der Schneeschmelze unterwegs? Dann sollten Sie es sich allerdings doch überlegen, ob Sie solange stehen bleiben und auf „La Fou" warten wollen. Denn dann kann es sein, dass die Quelle sich ganz und gar nicht verrückt verhält. Was mal wieder beweist: In jedem Verrückten steckt ein Funken Normalität – oder war das anders: In jedem Normalen steckt ein Stückchen Verrücktheit?

Egal, bleiben wir bei dieser Ausnahmesituation. Dann dringt nämlich in die Höhle soviel Wasser ein, dass der oben erwähnte Effekt ausbleibt: Die Quelle läuft ständig auf „Hochbetrieb". Und das heißt, sie schüttet pro Sekunde 3000 Liter Wasser aus. Unvorstellbar, wenn man das in Rotweinflaschen umrechnet! Im „intermittierenden Betrieb" sind es immerhin noch stattliche 1800 Liter pro Sekunde. Auch das würde mehr als einen normalen Weinkeller füllen!?

Das mit der Quelle und den Literangaben schreibe ich nur, weil ich es irgendwo gelesen habe. Man kann das wirklich nicht so einfach in seinem Wohnmobilurlaub nachmessen. Und wie Sie an meinen Bemerkungen über den Wein merken: Die Zahlen übersteigen eigentlich unser Vorstellungsvermögen. Das bedeutet im Klartext: Man muss das einfach gesehen haben!

Da es bei unserer Anwesenheit weder zuvor viel geregnet hatte noch gab es eine Schneeschmelze, können wir auch das regelmäßig wiederkehrende Ritual gut beobachten. Daher entschließen wir uns, da es uns so viel Spaß macht, bei Niedrigwasser über die Steinplatten in die Höhle zu gehen, noch eine Periode abzuwarten und gönnen uns, unter einem Sonnenschirm sitzend, noch ein kühles Getränk. – Nicht ohne uns dabei noch einmal die Wassermassen in Rotweinflaschen vorzustellen.

Dabei hole ich mir wieder einmal die Landkarte hervor, denn schließlich bin ich ja zum Arbeiten unterwegs und will Sie – liebe Leser – nicht enttäuschen.

Die Landkarten sind vor mir ausgebreitet, ich schaue mir

den weiteren Verlauf unserer Reise an und muss feststellen, dass wir uns langsam aber sicher dem Ende der Tour 2 nähern. Aber keine Angst, noch ist es nicht soweit. Ein paar Kilometer liegen noch vor uns.

Dennoch wird es Zeit, sich langsam auf die Gummireifen zu machen. Im wenige Kilometer entfernten Bélesta erreichen wir die D 117, der wir in Richtung Quillan folgen. Dabei kommen wir am Château de Puivert vorbei. Da ich den Büchern, die ich ständig im Womo spazierenfahre, nichts oder nur sehr wenig über das Schloss entnehmen kann, verzichten wir auf einen Besuch. Sollten Sie auf die Idee kommen, hier Halt zu machen und sich das Gebäude sowie die dazugehörige Gegend ein wenig genauer anzusehen, so bin ich dankbar für jegliche Rückmeldung. Meine Adresse haben Sie ja!? Nein? Dann sehen Sie doch noch einmal auf Seite 9 nach. – Zwei Burgen stehen sowieso noch auf unserem Programm. Aber ich merke beim Vorbeifahren auch: Zumindest einen Blick wert sollte Ihnen das Schloss schon sein, schließlich taucht es immer wieder — mal rechts, mal links — vor Ihnen auf.

Kurze Zeit später kommen wir in Quillan an. Dort, in Quillan möchte ich diese Tour beenden. Nicht jedoch, ohne Ihnen zuvor einen Stellplatz nennen zu wollen. Wo Sie dort übernachten können, steht aber auch schon gleich mal hier. Sie müssen sich hier allerdings entscheiden, ob sie ruhig und schief oder laut und gerade übernachten möchten. – Das bleibt allein Ihnen oder aber den freien Kapazitäten des Platzes überlassen.

Mir bleibt nur noch, Ihnen eine gute Nacht zu wünschen. Träumen Sie gut von verrückten Quellen und Tausenden von Rotweinflaschen. Versäumen Sie aber auch nicht, am nächsten Morgen gut ausgeruht wieder aufzuwachen, um nach einem ausgiebigen Frühstück uns auf die Tour 3 zu folgen,wo wir uns ins Land der Katharer wagen sowie eine überaus empfehlenswerte Schlucht besuchen möchten. In diesem Sinne: Bonne nuit!

(019) WOMO-Stellplatz: Quillan

GPS: N 42° 52' 29.5" E 2° 10' 55.7" — Boulevard Charles de Gaulle
max. WOMOs: > 5 — gebührenfrei
Ausstattung / Lage: Ver- und Entsorgung, Mülleimer / im Ort
Zufahrt: In Richtung Perpignan fahren, die Bahngleise überqueren, an der „Elf“-Tankstelle vorbeifahren, bis an einer Ampel rechts die D 79 abgeht. Hier rechts abbiegen und nach 10 Metern gleich wieder nach links fahren. Dort sind Parkbuchten, die allerdings alle leicht geneigt sind. Wenn Sie weiterfahren, kommen Sie zum Bahnhof. Diese Stellflächen sind waagerecht, allerdings geht es etwas lauter zu.
Sonstiges: Maximal 48 Stunden erlaubt. Mittwochs ist Markt auf dem Platz.

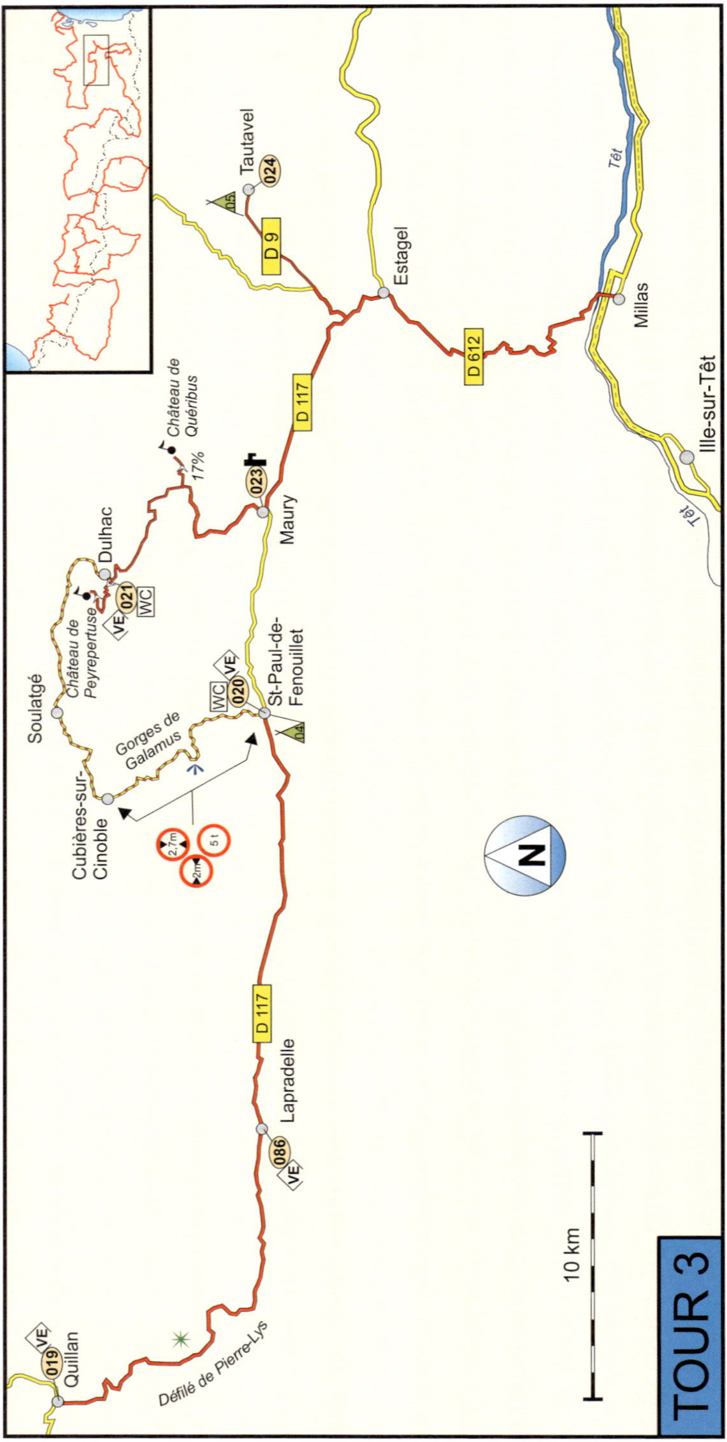
TOUR 3
Quillan
019
VE
Défilé de Pierre-Lys
086
VE
Lapradelle
D 117
Cubières-sur-Cinoble
2,7m
2m
5 t
Gorges de Galamus
Soulatgé
Château de Peyrepertuse
St-Paul-de-Fenouillet
020
WC
VE
04
021
WC
VE
Dulhac
Maury
023
Château de Quéribus
17%
D 117
Estagel
D 9
05
Tautavel
024
D 612
Millas
Ille-sur-Têt
Têt
Têt
N
10 km

TOUR 3 (112 km)

Quillan — Gorges de Galamus — Peyrepertuse — Quéribus — Millas

Übernachten:	Quillan, Lapradelle, St-Paul-de-Fenouillet, Dulhac, Maury, Tautavel
Besichtigen:	Gorges de Galamus, Château de Peyrepertuse, Château de Quéribus, Museum in Tautavel
Campingplätze:	Camping de l'Agly, Camping le Priourat

In Quillan müssen wir der Beschilderung nach Perpignan folgen. Kurz hinter dem Ort fahren wir durch das Défilé de Pierre-Lys. Beeindruckend türmen sich links und rechts hellgraue Felswände auf, zwischen denen die *Aude*, jetzt noch als springlebendiges Wildwasser, fließt.

Défilé de Pierre-Lys

An einer kleinen Parkbucht halten wir an. Ich will die Wucht der steilen Felsen bei einem kleinen Spaziergang auf mich wirken lassen. Daraus wird jedoch leider nichts. Die Schlucht ist zu eng, um auch noch Platz für einen Fußweg zu bieten. Entweder ich laufe auf der Straße oder ich lasse es sein. Angesichts des hier herrschenden Verkehrs entscheide ich mich für die zweite Möglichkeit. Aber im Verlauf unserer weiteren Route werden Sie immer wieder interessanten Felsformationen begegnen. Das hier vorherrschende Kalkgestein bildet sehr interessante Formen aus. Mitten aus einem Waldgebiet taucht da plötzlich eine steil aufragende – und sehr imponierende Felswand auf.

Wenn Sie mit mir jetzt weiterfahren in Richtung Perpignan, werden Sie das noch oft beobachten können. Nebenbei kom-

Felsen kurz vor Lapradelle

men Sie auch durch den Ort Lapradelle. Wer meine Bücher kennt, merkt natürlich sofort, dass ich den Ort nicht nur nebenbei erwähne. Natürlich gibt es hier einen Stellplatz!

(086) WOMO-Stellplatz: Lapradelle

GPS: N 42° 45' 37.3" E 2° 19' 02.6" Rue de la Devez
max. WOMOs: 3 - 4 gebührenfrei
Ausstattung / Lage: Ver- und Entsorgung, Wertstoff-Behälter / am Ortsrand
Zufahrt: In den Ort hineinfahren. Bevor Sie unter der Eisenbahnbrücke durchfahren, geht's direkt davor rechts ab. An der Feuerwehr vorbei und schon sind Sie angekommen.

In St-Paul-de-Fenouillet müssen Sie eine Entscheidung treffen: Sie können entweder die Gorges de Galamus besichtigen oder aber ab Maury meiner Route in entgegengesetzter Richtung folgen. Die Schlucht können Sie höchsten mit einem VW-Bus durchqueren. Sie können zum Nachdenken in St-Paul auf einem Stellplatz übernachten oder auf einem Campingplatz einige Tage verbringen.Von dort aus kann man die Gor-

(020) WOMO-Stellplatz: St-Paul-de-Fenouillet

GPS: N 42° 48' 37.7" E 2° 30' 15.7" Place St-Pierre
max. WOMOs: 3 - 4 gebührenfrei
Ausstattung / Lage: Ver- und Entsorgung, Toiletten, Wertstoff-Behälter / im Ort
Zufahrt: An der Ampel, an der Sie links zu den Gorges de Galamus abbiegen können, fahren Sie geradeaus weiter. Achten Sie hinter einem Knick der Vorfahrtsstraße nach rechts auf die Hinweisschilder mit dem Womo-Symbol, die Sie nach links auf einen Parkplatz leiten.
Sonstiges: Wasser oder Strom 3 EUR

(C04) WOMO-Campingplatz-Tipp: De l'Agly ***

GPS: N 42° 48' 26.2" E 2° 30' 08.6" Avenue du 16 août 1944
Öffnungszeiten: Februar - Dezember
Ausstattung / Lage: sehr schattig, Spielplatz / im Ort, in Flussnähe
Zufahrt: An der Ampel, an der Sie links zu den Gorges de Galamus abbiegen können, fahren Sie rechts ab. Ab dort dem Schild folgen.
E-Mail: contact@camping-agly.com
Internet: www.camping-agly.com (englische Textversion)

ges übrigens sehr gut besuchen.

Die Schluchten von Galamus sind mittlerweile für Wohnmobile gesperrt. Ebenso für Fahrzeuge über 2 m Breite, 2,70 m Höhe und 5 Tonnen Gewicht. Das ist auch sinnvoll. Vor einigen Jahren nahmen wir die Durchfahrt in Angriff. Ja, vor einigen Jahren: Da lag die Höhenbeschränkung noch bei 3 Metern. Unter diesem Gesichtspunkt ist folgende Geschichte zu verstehen:

Es war Sommer und außer uns kamen noch viele andere Autofahrer auf die Idee, die Schluchten zu besuchen. Wir erlebten Staus in beiden Richtungen. Rechts von uns türmten sich überhängende Felsen auf, links von uns war der Abgrund. Häufig mussten wir auf die linke Fahrbahn wechseln, um einer Felsnase auszuweichen. Bei dem herrschenden Verkehr war das nicht einfach. Glücklicherweise gab es jedoch viele hilfsbereite Franzosen, die mit Freude versuchten, das sich abzeichnende Verkehrschaos in den Griff zu bekommen, was ihnen auch gelungen ist.

Gorges de Galamus

Wir wurden rückwärts auf Ausweichparkplätze gelotst, streckenweise wurde die linke Fahrbahn für uns freigehalten, dann mussten wir in bedenklicher Schräglage ein Schotterfeld befahren, um wieder mehrere Fahrzeuge passieren zu lassen. Das war stressig!

Schließlich sind wir am Ende der Schlucht angekommen, ohne jedoch die beeindruckenden Ausblicke richtig wahrgenommen zu haben.

Diese Schilderung soll Sie schon ein wenig abschrecken. Trotzdem brauchen Sie auf eine lohnende Besichtigung der Schlucht nicht zu verzichten. Wie bereits erwähnt, geht das vom Campingplatz aus recht entspannt.

Als nächstes möchten wir zwei Katharer-Burgen besuchen: Peyrepertuse und Quéribus. In St-Paul folgen Sie den Schildern nach Perpignan. In Maury müssen wir nach links abbiegen. Zuerst fahren wir an der Abzweigung nach Quéribus geradeaus weiter. Diese Burg habe ich für den Rückweg vorgesehen. Ab und zu können wir schon einen Blick auf die nächste Burg werfen, die linkerhand der Straße liegt. In Dulhac, das wir wenige Kilometer später erreichen, biegt die Straße zum Château de Peyrepertuse links ab.

Hier wurde mittlerweile ein Womo-Stellplatz eingerichtet. Sie können allerdings weiter bis zur Burg fahren. Von einer durchschnittlichen „Geschwindigkeit" zu reden ist jetzt, trotz der neu ausgebauten Straße, schon sehr verwegen. Unsere „Langsamkeit" liegt momentan bei etwa 30 km/h im Schatten. Gewöhnen Sie sich daran, es kommt noch schlimmer!

(021) WOMO-Stellplatz: Dulhac

GPS: N 42° 51' 41.5" E 2° 33' 54.5"
max. WOMOs: > 5 gebührenfrei
Ausstattung / Lage: Ver- und Entsorgung, Toiletten, Mülleimer, Tische und Bänke / außerhalb
Zufahrt: Der Platz liegt seitlich einer Kurve an der die Auffahrt nach Peyrepertuse beginnt. Von Maury aus kommend, brauchen Sie nicht nach Dulhac hineinzufahren. Der Platz liegt direkt an der Straße und ist nicht zu übersehen.
Sonstiges: Auf dem Platz gibt es mehrere Wassersäulen, die allerdings mit Jetons gefüttert werden sollen, wobei niemand auf dem Platz wusste, wo die erhältlich wären. Viele Leser bestätigten mir auch, dass diese Säulen häufig defekt sind. Tipp: Verlassen Sie sich nicht auf die Wasserversorgung auf diesem Platz. Fahren Sie mit möglicht vollem Tank dorthin.

Irgendwie ist es schon beeindruckend, was ein Womo zu leisten vermag. Höher und höher schraubt sich die Straße zur Burg hinauf. Unendlich lang brauchen wir für die paar Kilometer bis zum Parkplatz. Unglücklicherweise stehen wir ziemlich schräg, da gerade Plätze rar sind. Jetzt schnell noch einen Schluck aus der kalten Mineralwasserflasche, ehe unser Kühlschrank seine Tätigkeit einstellt, dann wollen wir die „Bestei-

Château de Peyrepertuse

gung“ der Burg in Angriff nehmen. 8,50 Euro bezahlen wir pro Person am Kassenhäuschen und klettern dann über den gewundenen Weg weiter nach oben.

Verglichen mit dem Aufstieg nach MONTSÉGUR ist das hier ein Kinderspiel. Der Eingang zur Burg liegt auf der uns abgewandten Seite des Felsens. Wir müssen also einen kleinen Anmarsch in Kauf nehmen. Nach fünf Minuten ist der Berg umrundet, und wir haben die Eingangspforte erreicht. Als erstes wollen wir das langgestreckte Hauptgebäude besichtigen. Mauerreste, Torbögen und Treppen werden mir bestimmt noch lange in Erinnerung bleiben. Ein Raum wurde als Kapelle genutzt, was an dem Altar leicht zu erkennen ist. Die Aussicht brauche ich erst gar nicht zu erwähnen, die haben Sie sicherlich schon bei jeder sich bietenden Gelegenheit genossen. Um den schönsten Blick auf die Burganlage zu werfen, müssen Sie mir allerdings noch ein paar Meter folgen. Sie haben gewiss schon den etwas abseits stehenden Turm gesehen? Dort hinauf sollten Sie mich jetzt

Öffnungszeiten Burg:
Feb. 10 - 17 Uhr
März und Okt. 10 - 18 Uhr
April 9.30 - 19 Uhr
Mai, Juni, Sept.: 9 - 19 Uhr
Juli, Aug.: 9 - 20 Uhr
Nov., Dez.: 10 - 16.30 Uhr

begleiten. Na, ist das kein herrlicher Anblick? Bei aller Begeisterung muss ich allerdings einräumen, dass die Besteigung der Anlage nicht ganz ungefährlich ist. Ich habe in FRANKREICH schon oft erlebt, dass man es mit der Sicherung von Burgen nicht allzu genau nimmt. Geländer vor Abgründen sind Luxus. Besonders, wenn Sie kleine Kinder dabei haben, sollten Sie erhöhte Aufmerksamkeit walten lassen.

Lassen Sie Ihren Blick noch etwas schweifen. Dann können Sie von hier aus am Horizont unser nächstes Ziel schon erkennen: Nur etwa sechs Kilometer Luftlinie trennen uns von QUÉRIBUS. Die Burg ist in südöstlicher Richtung leicht erkennbar, weil sie von hier aussieht, als habe man einen übergroßen Felsklotz mit einer Krone geschmückt.

Da Sie sich ja bestimmt mittlerweile an die Straßen gewöhnt haben, ist es wohl kaum erwähnenswert, dass Sie die paar Kilometer nicht in wenigen Minuten hinter sich bringen werden. Das hat aber auch eine gute Seite: Nachdem Sie den Abstieg von PEYREPERTUSE hinter sich gebracht haben, können Sie sich auf der Fahrt nach QUÉRIBUS etwas ausruhen, bevor Sie dort den Aufstieg in Angriff nehmen, der der Besteigung von PEYREPERTUSE in nichts nachsteht. Oder wollen Sie etwa schon schlapp machen? [GPS: N 42° 50' 12.5" E 2° 37' 17.5"]

Die Burg war bis zum Jahr 1256 die letzte Bastion der Katharer, auf die sie 15 Jahre zuvor geflohen waren. Erst dann kapitulierten sie – 12 Jahre nach MONTSÉGUR. Natürlich ist es auch hier wieder einmal die Aussicht, weswegen ich Sie überreden möchte, den Schwindel erregenden Weg zur Burg zu besteigen. Im Gegensatz zu MONTSÉGUR und PEYREPERTUSE er-

Château de Quéribus

warten Sie hier oben allerdings auch ein paar architektonische Überraschungen. Von daher sollten Sie sich, wenn Sie schon mal heraufgekraxelt sind, auch wirklich überall umschauen und nicht eher gehen, bis Sie den sogenannten Säulensaal entdeckt haben. Am interessantesten sind meiner Meinung nach die „Kellerräume".

Öffnungszeiten Burg:
Feb.: 10 - 17.30 Uhr
März: 10 - 18 Uhr
April, Mai, Juni, Sept.: 9.30 - 19 Uhr
Juli, Aug.: 9 - 20 Uhr
Oktober: 10 - 18.30 Uhr

Nach soviel Kultur ist jetzt erst einmal ein kräftigender Imbiss im Wohnmobil angesagt. Hierbei möchte ich die Gelegenheit wahrnehmen und Sie damit beruhigen, dass dies die letzte zu besteigende Katharerburg im Verlauf unserer Reise war. Wandern werden wir noch öfters, aber auf bequemeren Wegen mit weniger abenteuerlichen Höhenunterschieden.

Sind Sie satt und ausgeruht? Dann folgen Sie mir weiter in Richtung MAURY. Hier treffen wir wieder auf die D 117, auf der wir links in Richtung PERPIGNAN abbiegen. Allerdings habe ich noch eine Übernachtungsmöglichkeit für Sie.

(023) WOMO-Stellplatz: Maury

GPS: N 42° 48' 36.5" E 2° 35' 47.1" Avenue Jean Jaurès
max. WOMOs: 4 - 5 gebührenfrei
Ausstattung / Lage: Wasserhahn / am Ortsrand
Zufahrt: Wenn Sie, von Quéribus kommend, in Maury die D 117 erreichen und dem Tourenverlauf folgen, sehen Sie nach 100 Metern ein Schild mit der Aufschrift „Parc Auto". Dort finden Sie direkt am Sportplatz wenige Parkplätze, die zum Übernachten geeignet sind. Trinkwasser gibt's an einem Wasserhahn daneben.

Während der nächsten acht Kilometer haben Sie Zeit, sich zu überlegen, ob Sie mir zu einem kleinen Abstecher nach TAUTAVEL folgen oder direkt über ESTAGEL nach MILLAS fahren wollen. Um Ihnen die Entscheidung etwas zu erleichtern, darf ich schon mal vorwegnehmen, was Sie in TAUTAVEL erwartet: Ein Mensch, um genau zu sein, der Mensch von TAUTAVEL. „Na und?", werden Sie sagen, „ist doch egal, ob der Mensch von PARIS, STAUFENBERG oder TAUTAVEL ist. Menschen gibt es überall." Recht haben Sie, aber „unser" Mensch ist etwas ganz Besonderes. Sie werden sehen. Bedauerlicherweise lebt er aber nicht mehr, ist gar mehr als schlappe 450 000 Jahre tot.

Spaß beiseite: Schädelknochen dieses homo erectus, einem Vorfahren von uns heutigen Menschen, hat man in einer Höhle in der Nähe des Ortes TAUTAVEL gefunden. Unterschieden hat er sich durch eine fliehende Stirn und einen vorstehenden Kiefer von einem unserer weiteren Vorfahren, dem 350 000 Jahre jüngeren Neandertaler.

Natürlich landeten die Knochen- und Werkzeugfunde in einem Museum – wie könnte das anders sein? –, und das steht – natürlich – in TAUTAVEL. Wenn Sie also Interesse für die menschliche Frühgeschichte mitbringen und sich ein wenig bei Ihren Ahnen umsehen möchten, dann ist dieser Abstecher auf jeden Fall ein Muss auf dieser Tour.

TAUTAVEL ist so klein und das „Centre Européen de Préhistoire" so berühmt, dass jede Wegbeschreibung unnötig ist. Folgen Sie einfach den Schildern. Am Ortseingang können wir links auf einen Parkplatz fahren, der sich auch für eine Übernachtung eignet.

(24) WOMO-Stellplatz: Tautavel

GPS: N 42° 48' 54.9" E 2° 44' 38.0"
max. WOMOs: 2 - 3 gebührenfrei
Ausstattung / Lage: Mülleimer, Wertstoff-Behälter / am Ortsrand
Zufahrt: Sie erreichen Tautavel über eine Brücke. Biegen Sie dann bei der ersten Möglichkeit links ab und richten Sie sich auf dem weitläufigen Parkplatz ein.

Wenn Ihnen die Frühgeschichte sehr zusagt und Sie auch die anderen prähistorischen Einrichtungen im Ort und in der Gegend besuchen wollen, ist der Campingplatz der geeignete Aufenthaltsort.

(C05) WOMO-Campingplatz-Tipp: Le Priourat **

GPS: N 42° 48' 52.9" E 2° 44' 22.9" Rue Constant Esparrac
Öffnungszeiten: 1.4. - 30.9.
Ausstattung / Lage: schattig, Laden, Spielplatz, Pool / am Ortsrand in einem Naherholungsgebiet
Zufahrt: Noch bevor Sie die Brücke am Ortseingang überqueren, geht es zum Platz auf der rechten Seite ab. Die Straßeneinfahrt ist recht schmal und die Beschilderung wenig auffällig. Zur Not wenden Sie auf dem oben genannten Stellplatz und nehmen einen zweiten Anlauf.
E-Mail: j.ponsaille@libertysurf.fr
Internet: www.le-priourat.fr (englische Textversion)

Das „Centre Européen de Préhistoire" liegt am entgegengesetzten Ortsende. Aber wie schon erwähnt, ist TAUTAVEL übersichtlich klein.

Jetzt möchte ich Ihnen etwas über das Museum berichten. Am Eingang erhalten wir telefonhörergroße Mini-Lautsprecher, die auf unsere Landessprache eingestellt werden. An allen Video-Schirmen, so erfahren wir, können wir also dem Text in Deutsch lauschen. Steinzeit und High-Tech gehen demnach Hand in Hand.

Öffnungszeiten Museum:
Juli, Aug.: 10 - 19 Uhr
Restliches Jahr: 10 - 12.30 und 14 - 18 Uhr

Etwa eineinhalb Stunden dauert der Rundgang, und am Ende sind wir eigentlich nicht so sicher, ob es uns gefallen hat oder nicht, denn zu Beginn lauschen wir an jedem Video-Bildschirm noch andächtig den wirklich sehr interessanten Erläuterungen, wir begutachten auch mit Eifer die Mittelhandknochen des Tautavel-Menschen, den Oberschenkel eines Bären und was es sonst noch in den Vitrinen zu sehen gibt. Aber es ist nach einiger Zeit von Allem etwas zu viel. Der zehnte Bildschirm kann uns schon nicht mehr fesseln. Ich glaube, man nennt das „Reizüberflutung"!? Egal, welchen Namen das Kind bekommt, nach einer Stunde Schädelknochen, Ellen, Speichen und Becken haben wir jedenfalls genug davon und wollen uns lieber wieder unseren eigenen Knochen und Fähigkeiten widmen.

Auch die nachgestellten Szenen des Lebens in der Steinzeit sind, wie in Frankreich üblich, etwas zu kitschig geraten. Eine Abwechslung bietet noch die im Untergeschoss nachgebildete Caune de l'Arago, die Höhle, in der die beeindruckenden Funde gemacht wurden. Hier wird mit Licht- und Toneffekten die Besiedlung der Höhle nachgespielt. Mein Fazit: Volle Punktzahl für die multimediale Umsetzung des Themas, aber eine Übermenge an Informationen, die man in dieser Fülle gar nicht verarbeiten kann. Auch für Kinder weniger geeignet. Die oben erwähnte Grotte liegt übrigens gerade mal 2 Kilometer nördlich von Tautavel und kann ebenfalls besichtigt werden.

Kommen wir zurück auf unsere Route. Ob Sie dem kleinen Umweg gefolgt sind oder nicht, in der Ortschaft Estagel müssen wir die Richtung Perpignan verlassen und rechts nach Millas abbiegen.

Langsam schlängelt sich die Straße hoch zum Col de la Bataille. Auf der Passhöhe taucht zum ersten Mal der Canigou vor uns auf. Für mich einer der schönsten Berge in den Pyrenäen. Wir erreichen jetzt das Tal des *Têt*. In Millas möchte ich diese Tour heute mit Ihnen beenden.

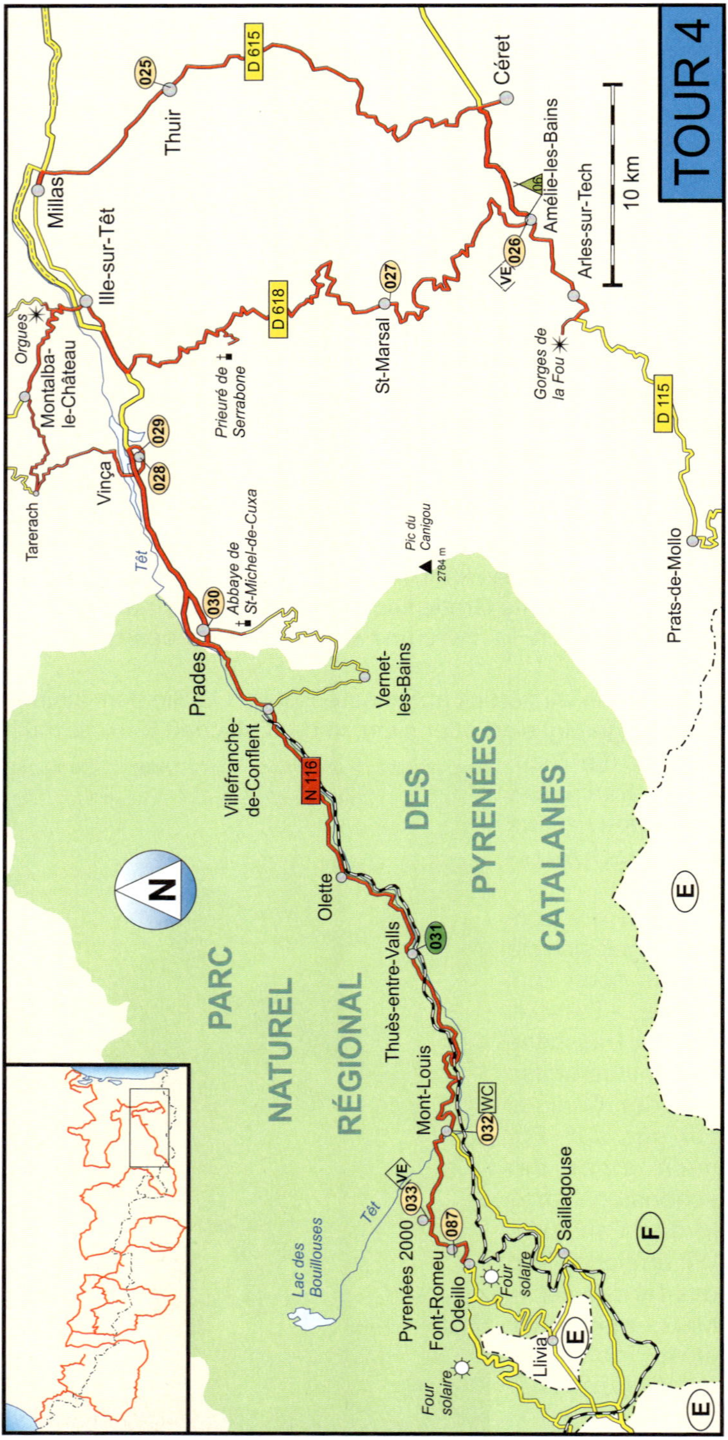
TOUR 4
10 km
D 615
025
Thuir
Céret
Millas
Ille-sur-Têt
Amélie-les-Bains
06
Arles-sur-Tech
VE
026
D 618
027
St-Marsal
Orgues
Montalba-le-Château
Prieuré de Serrabone
Gorges de la Fou
D 115
029
028
Vinça
Tarerach
Têt
Abbaye de St-Michel-de-Cuxa
Pic du Canigou
2784 m
Prats-de-Mollo
030
Prades
Vernet-les-Bains
Villefranche-de-Conflent
N 116
N
PARC NATUREL RÉGIONAL DES PYRENÉES CATALANES
Olette
031
Thuès-entre-Valls
E
Mont-Louis
032
WC
Saillagouse
F
VE
033
087
Pyrenées 2000
Font-Romeu
Odeillo
Têt
Lac des Bouillouses
Four solaire
Four solaire
Llivia
E
E

TOUR 4 (182 km)

Thuir — Céret — Ille-sur-Têt — Villefranche-de-Conflent — Odeillo

Übernachten:	Thuir, Amélie-les-Bains, St-Marsal, Vinça, Prades, Thuès-entre-Valls, Mont-Louis, Pyrénées 2000, Font-Romeu
Besichtigen:	Kellerei „Byrrh“, Museum der modernen Kunst in Céret, Gorges de la Fou, Prieuré de Serrabone, „Orgelpfeifen“, Montalba, St-Michel-de-Cuxa, Four solaire in Odeillo
Bahnfahren:	Mit dem „Petit Train Jaune“ durch das Tal des Têt.
Campingplatz:	Camping Municipal Amélie-les-Bains
Markt:	Thuir (Sa.), Céret (Sa.), Vinça (Di., Do.), Prades (Di.)

Kurz hinter MILLAS verlassen wir die Hauptrichtung PERPIGNAN und biegen ab nach THUIR. Wir wollen hier der Kellerei Byrrh einen Besuch abstatten. Es ist gerade die richtige Zeit für einen Aperitif, und wie das so bei einer Besichtigung ist, erwartet uns am Ende die „dégustation“. Das Gebäude ist im Ort nicht zu verfehlen.

Wenn Sie in Richtung der Stadtmitte fahren, taucht es auf der linken Seite auf. Sie kommen nun am Besuchereingang (Schild „Visiteurs“) vorbei, danach müssen Sie nach einem Minikreisel links abbiegen und erreichen dann auch gleich den

(025) WOMO-Stellplatz: Thuir

GPS: N 42° 38' 05.5" E 2° 45' 30.5" Avenue de Docteur Ecoiffier
max. WOMOs: > 5
gebührenfrei
Ausstattung / Lage: Mülleimer, Wertstoff-Behälter / zentrumsnah
Zufahrt: Am Besuchereingang der Kellerei Byrrh vorbeifahren, am nächsten Minikreisel links abbiegen und dann in die nächstmögliche Straße rechts hineinfahren. Dort finden Sie ein weitverzweigtes Parkplatzgelände.
Sonstiges: Da im Sommer in Thuir an vielen Ecken Kunst zu bewundern ist, werden natürlich auch die Parkplätze in dieses Konzept mit einbezogen. Freuen Sie sich über die kompetente Bewachung. Da kann ja gar nichts passieren!

Bahnhofshalle der Kellerei Byrrh

Übernachtungsplatz, der Ihnen zudem gute Dienste beim Besuch der Kellerei leistet.

In wenigen Minuten erreichen wir vom Parkplatz aus die Kellerei. Wo Sie den Besuchereingang finden, haben Sie ja bereits bei der Herfahrt gesehen. Wir warten im Eingangsbereich auf den Beginn der nächsten Führung. Sie müssen schon sehr gut Französisch sprechen, um alle Fachbegriffe, die bei der Aperitifherstellung eine Rolle spielen, zu verstehen. Das wissen auch die Manager von Byrrh, und so erhalten Sie auf Wunsch an der Kasse eine kostenlose „Führungsbeschreibung in deutcher Sparche". Da kann ja jetzt nichts mehr schiefgehen!

Öffnungszeiten Kellerei:
Führungen
Apr., Mai, Juni, Sept., Okt.: 9 - 11.45 und 14.30 - 17.45 Uhr
Juli, Aug.: 10 - 11.45 und 14 - 18.45 Uhr
Nov. - März: 10.45 - 15.30 Uhr, dabei montags geschlossen

Das einstige Familienunternehmen gehört mittlerweile zum Pernod-Ricard-Konzern, und es wird auch weit mehr als nur Byrrh erzeugt. Am bekanntesten dürfte in Deutschland noch der Cinzano sein.

Gleich zu Beginn der Führung beeindruckt die ehemalige Bahnhofshalle. Kein geringerer als Gustave Eiffel – Sie kennen Ihn aus einigen anderen meiner Bücher, aber auch als Erbauer des berühmten Eiffelturms in Paris!? – war hier am Werk. Ab jetzt gibt es Fässer, Fässer und nochmal Fässer zu sehen. Als Attraktion wird das größte

Fass der Welt mit einem Inhalt von 1 Million Litern vorgeführt. Als Pfälzer weiß ich natürlich, dass das nicht stimmt. In Bad Dürkheim steht bekanntermaßen das größte Fass der Welt mit einem Inhalt von 1,7 Millionen Litern. Das war allerdings, im Gegensatz zu dem Fass, vor dem wir jetzt stehen, noch nie mit Flüssigkeit gefüllt, sondern dient als Weinstube. Also lassen wir den Franzosen ihren Glauben! Interessant ist auch die Umfüllanlage, die stattliche 100 Jahre auf dem Buckel hat. Und dabei sieht man ihr das Alter so gut wie gar nicht an.

Historische Umfüllanlage

Aber genug der Vorreden: Es wäre jetzt so langsam an der Zeit, zum Probierstand zu kommen, meinen Sie nicht auch? Ein Video ist noch hinzunehmen, und dann endlich wird der Stand geöffnet. Man ist großzügig. Bei der schier unüberschaubaren Menge an Alkoholika, die hier lagern, auch kein Wunder. Und jetzt wissen Sie auch, warum ich zwei Seiten zuvor von einem Übernachtungsplatz sprach. Ach ja, für die Jüngsten wird hier ebenfalls bestens gesorgt: Für Kinder gibt's nämlich Traubensaft – stilecht, damit wenigstens der Grundstoff stimmt.

Nach überstandenem Kellereibesuch und/oder einem Erholungsschlaf werden Sie schnell merken: Thuir hat noch mehr zu bieten als Byrrh. Die Stadt steht nämlich jedes Jahr im Sommer voll mit den unterschiedlichsten Skulpturen. Eine Ansammlung haben Sie ja sicherlich schon am Parkplatz gesehen. Schlendern Sie einfach mit uns noch ein bisschen durch das Städtchen, Sie werden noch wesentlich mehr bewundern können.

Aber weiter geht's! Wir fahren die paar Meter vom Parkplatz aus wieder zurück zur Straße und biegen dort rechts ab. Es geht also gerade so weiter, als seien wir nicht zum Parkplatz abgebogen. Für kurze Zeit müssen wir den Schildern nach Elne folgen, an einem Kreisel aber abbiegen, wenn dort „Llupia-Centre" auf einem Schild steht. Dann geht's noch 20 Kilometer auf der D 615 entlang, bis wir Céret und damit das Tal des *Tech* erreichen.

Die Kultur treibt uns hierher, aber wir haben den 14. Juli – den Nationalfeiertag der Franzosen – erwischt, und da ist die Hölle los. Das sollten Sie übrigens immer und überall bedenken: Nichts scheint den Franzosen wichtiger zu sein als dieser nationale Gedenktag! Da wird gefeiert und getanzt – ge-

gessen und getrunken. Und Sie sollten – so es möglich ist – mitmachen. Es ist ein tolles Erlebnis!

Eine Ess- und Trinkmeile wurde auch hier – längs der D 618

Sardana

– aufgebaut. An ein Durchkommen ist gar nicht zu denken. Also parken wir weit außerhalb und orientieren uns an dieser Straße. Sie trennt übrigens das Museum der Modernen Kunst, das wir besuchen wollen, und die Altstadt, die wir ebenfalls besuchen wollen.

An diesem Tag rennen auch noch Stiere durch die Gassen, und junge Männer beweisen ihren Mut, indem Sie ein Stück mitrennen. Ein Spektakel, das wir eigentlich nicht besuchen wollten. Aber wenn wir schon mal da sind...

Die Vorbereitungen zum Stierrennen

Kaum zu glauben, wir fühlen uns hier mehr in Spanien als in Frankreich. Aber schließlich ist es ja auch eigentlich kein Wunder, denn wir sind in Katalonien, und da gibt es einfach grenzüberschreitende Traditionen.

Viele spanische und französische Künstler haben sich in Céret, zumindest zeitweise, niedergelassen. Picasso, Braque, Chagall, Max Jacob, Manolo Hugué und Pierre Brune waren nur einige von ihnen. Auf Initiative von Pierre Brune wurde 1950 das „Musée d'Art moderne“ eröffnet. Dort finden Sie Exponate der Künstler, die sich in Céret aufhielten. Für einen Besuch des Museums folgen Sie den Schildern „Centre Ville“, bis Hinweistafeln zum „Parking Musée de l'Art moderne“ auftauchen. Die paar Euro, die wir für den Eintritt bezahlen, lohnen sich auf jeden Fall, und wir verbringen einige Stunden im Museum. Nicht weniger sehenswert ist jedoch auch die Altstadt. Sie ist leicht zu finden, wenn Sie vom Museum aus die „Avenue d'Espagne“ überqueren und dann durch die engen Gässchen schlendern.

Öffnungszeiten Museum:
1. Juli - 15. September: 10 - 19 Uhr
16. September - 30. Juni: 10 - 18 Uhr
täglich vom 2. Mai - 30. September
dienstags geschlossen vom 1. Oktober - 30. April

Über das Stierrennen schreibe ich nichts. Die Straßenabsperrungsmaßnahmen ziehen sich endlos in die Länge, das

Spektakel selbst ist in wenigen Sekunden vorüber. Da fahren wir doch lieber weiter zu den Gorges de la Fou, den engsten Schluchten der Welt. Da ein Besuch heute zeitlich nicht mehr in den Rahmen passt, macht es sich gut, dass wir unterwegs noch eine Übernachtungsmöglichkeit gefunden haben. Wir müssen von Céret aus weiter das Tal des *Tech* hinauffahren und kommen dabei durch Amélie-les Bains. Dort gibt es einen Womo-Stellplatz und direkt nebenan einen Campingplatz.

(026) WOMO-Stellplatz: Amélie-les-Bains

GPS: N 42° 28' 44.5" E 2° 40' 27.0" Avenue Beausoleil
max. WOMOs: > 5 mittlere Gebühr
Ausstattung / Lage: Ver- und Entsorgung, Mülleimer, WLAN / am Ortsrand
Zufahrt: In Amélie-les-Bains Richtung Prats-de-Mollo fahren, bis auf der rechten Seite der Camping Municipal ausgeschildert ist. Zum Campingplatz von der Durchgangsstraße abbiegen, jedoch noch vor dessen Einfahrt gleich wieder rechts auf den Womo-Platz fahren. Er liegt zwischen Campingplatz und Hauptstraße.

Sonstiges: Jetons für Wasser und Strom gibt's beim Campingplatz.

(C06) WOMO-Campingplatz-Tipp: Camping Municipal Amélie-les-Bains-Palalda **

GPS: N 42° 28' 45.1" E 2° 40' 25.8" Avenue Beausoleil
Öffnungszeiten: 1.2. - 1.12.
Ausstattung / Lage: Ver- und Entsorgung, sehr schattig, Spielplatz / am Ortsrand
Zufahrt: Wie oben beschrieben, direkt neben dem WOMO-Stellplatz.

Der nächste größere Ort heißt Arles-sur-Tech, und ab hier sind die Gorges de la Fou bereits gut beschildert – dort wollen wir hin. Ein paar Kilometer fahren wir noch auf der D 115, bis wir rechts in eine kleine Privatstraße abbiegen. Ein Angestellter lotst uns auf den ersten Parkplatz, und wir sind anfangs etwas enttäuscht, weil die PKWs noch weiterfahren dürfen. Nach unserem Besuch wissen wir jedoch, dass wir direkt am Eingang der Schlucht zum Verkehrshindernis geworden wären. Parken Sie also am ersten Platz, es ist nicht weit zu laufen bis zum Eingang.

Öffnungszeiten Schluchten:
April - November: 10 - 18 Uhr täglich

An der Kasse erhalten wir einen Helm und können so die schmalste Schlucht der Welt besichtigen. Ob dieser Superlativ gerechtfertigt ist, sei nun einmal dahingestellt. Wer geht schon mit dem Zollstock durch alle Schluchten der Erde? Beeindruckend ist ein Besuch auf jeden Fall. Auf Stegen laufen wir auf einer Länge von eineinhalb Kilometern zwischen Fels-

In den Gorges de la Fou

wänden entlang. Zu unseren Füßen gurgelt das Flüsschen *Fou*. An manchen Stellen stehen die Felsen so eng zusammen, dass wir die linke und die rechte Wand gleichzeitig mit den Händen berühren können. Ein paar Meter weiter tut sich eine Grotte vor uns auf, und an anderer Stelle haben sich herabstürzende Felsbrocken in der Schlucht verkeilt. Angesichts deren Größe scheint uns das Tragen der Schutzhelme eher symbolischen Charakter zu haben.

Am Ende der Schlucht können wir uns auf Bänken etwas

Die Katalanen

Die Katalanen leben in einem grenzüberschreitenden Gebiet, das von Salses im Roussillon bis nach Valencia in Spanien reicht. Im Westen liegt die Grenze bei Andorra.

Obwohl die Katalanen im Lauf der Zeit wesentlich mehr Auseinandersetzungen mit der spanischen Zentralmacht hatten als die Basken, war Gewalt für sie selten ein Mittel zur Durchsetzung ihrer Forderungen. Ihre Methode war die Sturheit, mit der sie ihre Ziele verfolgten. Hier ein Häppchen, da eine weitere Konzession – ergibt summa summarum auch ein kleiner Erfolg. Die Geschichte gibt ihnen dabei recht.

Was unterscheidet nun die Katalanen von den Spaniern? Da ist wohl als erstes die Sprache zu nennen, die keineswegs ein spanischer Dialekt ist, wie es die spanische Propaganda so gern verbreitet hatte. Sie bildet einen eigenen Zweig innerhalb der romanischen Sprachfamilie. Immerhin sprechen weit mehr als 6 Millionen Menschen katalanisch.

Dazu kommt ein Gefühl der Zusammengehörigkeit, das sich über die Pyrenäen hinweg erstreckt. Man hält an der eigenen Tradition fest. Dazu gehören die Tänze, allen voran die Sardana, die zu den Klängen einer Cobla-Kapelle getanzt wird, dazu gehören auch die Castells, zirkusreife Menschenpyramiden. Wenn Sie Gelegenheit haben, einem katalanischen Volksfest beizuwohnen, lassen Sie sich das nicht entgehen!

ausruhen. Zurück geht's auf dem selben Weg – allerdings jetzt abwärts, und das fällt ja meist leichter.

Ab hier wollen wir wieder nach Norden fahren, um ins Tal des *Têt* zu kommen. Dazu müssen wir zurück nach Amélie-les-Bains und dort links abbiegen. Wenn Sie die Schilder nach Palalda sehen, folgen Sie ihnen. Ihr Ziel muss es sein, den Fluss zu überqueren. St-Marsal und Taulis sind ebenfalls Orte, die hilfreich sein können, um den rechten Weg zu finden. Wenn Sie auf der D 618 sind, haben Sie gewonnen. Wir wollen dieser gewundenen Straße bis Ille-sur-Têt folgen. Wir befinden uns jetzt auf der „Route des Cols". Da ist viel Arbeit am Lenkrad erforderlich. Belohnt wird das aber durch sehr schöne Aussichten. Aber die sind ja mittlerweile nichts Neues mehr für Sie.

St-Marsal kann in einer zweiten Hinsicht interessant für Sie sein. Nämlich dann, wenn Sie vorhaben, zu übernachten oder zu ver- und entsorgen. Mit einem Stellplatz hätte ich in dieser abseits gelegenen Region nicht gerechnet.

(027) WOMO-Stellplatz: St-Marsal

GPS: N 42° 32' 15.6" E 2° 37' 23.3"'
max. WOMOs: > 5 geringe Gebühr
Ausstattung / Lage: Ver- und Entsorgung, Toiletten, Mülleimer / am Ortsrand
Zufahrt: In der Ortsmitte nach rechts abbiegen, am Parkplatz vorbeifahren und dann der Womo-Beschilderung folgen. Gut beschildert.

Ich hätte fast ein schlechtes Gewissen, dass ich Sie 45 Kilometer lang dieser Straße aussetze, wäre da nicht noch ein Priorat zu besichtigen. Ein Priorat ist ein Kloster, dem kein Abt vorsteht. Die Fachleute mögen mir diese, für sie selbstverständliche Erklärung verzeihen, ich musste erst nachschlagen. In unserem Fall handelt es sich um das Prieuré de Serrabone.

Von außen lässt das Kloster nicht vermuten, welche wunderbaren Bildhauerarbeiten uns erwarten. Besonders die Kapitelle der Säulen, die die Empore tragen, haben es uns angetan. Vergessen Sie nicht am Eingang eine Beschreibung in deutscher Sprache zu verlangen.

Öffnungszeiten Kloster:
täglich 10 - 18 Uhr

Jetzt geht's aber endgültig ins Tal der *Têt*. Nur noch wenige Kilometer trennen uns von Bouleternère. Dort biegen wir ab nach Ille-sur-Têt. Dieses Städtchen war bisher für uns persönlich der Ort, von dem aus wir abbiegen mussten, um Freunde in Montalba zu besuchen. Eigentlich kein Thema für einen

Himmel und Hölle in dem Prieuré de Serrabone

Reiseführer. Nach mehreren Besuchen haben wir jedoch festgestellt, dass dieser kleine „Umweg" durchaus lohnend ist. Da gibt es steinerne Orgelpfeifen, eiserne Ziegen und eine schöne Aussicht auf einen See und einen Berg.

Aber der Reihe nach: Um die Abfahrt nach Montalba nicht zu verpassen, müssen Sie schon aufpassen. Zuerst fahren Sie ins Zentrum von Ille-sur Têt und folgen dort den leicht zu übersehenden Schildern zu den „Orgues" und Montalba. Nachdem Sie mit uns die *Têt* überquert haben, kommen Sie an einen Kreisel und sehen dort die Wegweiser zu den „Orgues". Wir folgen jetzt einer kleinen Straße bis zu einem Parkplatz. Hier werden auch die Eintrittskarten verkauft. Einer kurzen Unterhaltung miteinander haben wir es zu verdanken, dass wir als Deutsche identifiziert werden. Sofort wird uns ein Bogen Papier überreicht, auf dem in unserer Landessprache die Entstehung der Felsformationen und auch sonst einiges Wissenswertes erläutert wird. Jetzt, da Sie wissen, dass diese Informationen erhältlich sind, können Sie natürlich auch gezielt danach fragen. Sie gehören selbstverständlich zu den ehrlichen Zeitgenossen, die die Exemplare beim Verlassen der Anlage wieder abgeben! Ansonsten sind bei Ihrem nächsten Besuch vielleicht alle deutschsprachigen Ausgaben in den Sammlungen der Souvenirjäger verschwunden...

Ab jetzt müssen wir uns auf Schusters Rappen weiterbewegen. Angesichts der herrschenden Temperaturen ist das kein wahres Vergnügen. Ich kann Ihnen jedoch guten Gewissens versichern, dass Sie den Besuch nicht bereuen werden. Wenn Sie im Sommer unterwegs sind, können Sie sich mit ein bisschen Glück in regelmäßigen Abständen eine Dusche

Die „Orgues“

aus den Beregnungsanlagen der angrenzenden Grundstücke gönnen, die erfreulicherweise so eingestellt sind, dass sie auch noch Teile des Fußweges bewässern. Wir haben die willkommene Abkühlung auf jeden Fall genossen.

Öffnungszeiten Orgelpfeifen:
1.11. - 31.1.: 14 - 17 Uhr
1.2. - 31.3.: 10 - 12.30 und 14 - 17.30 Uhr
1.4. - 30.6. : 10 - 18.30 Uhr
1.7. - 31.8.: 9.30 - 20 Uhr
1.9. - 30.9.: 10 - 18.30 Uhr
1.10. - 31.10.: 10 - 12.30 und 14 - 18 Uhr

Oben angekommen, können wir uns dann an einem prächtigen Panorama erfreuen. Ich weiß gar nicht, was ich als erstes fotografieren soll, und dirigiere meine Begleiter von einem Punkt zum nächsten. Diesen wird es jedoch bald zuviel, und sie fliehen in den Schatten. Der ist beim derzeitigen Sonnenstand identisch mit einem kleinen Rundpfad, an dem allerlei bekannte und exotische Bäume und Sträucher angepflanzt wurden. Das ist genau die richtige Umgebung, um endlich unsere Informationsbroschüre zu lesen. Hier merken Sie, dass Sie nicht unbedingt ein solcher Felsenliebhaber zu sein brauchen wie ich es bin, auch ein Botaniker kommt da auf seine Kosten.

Noch eine gute halbe Stunde verbringen wir bei den Orgelpfeifen, ehe wir zum Womo zurückgehen. Wenn Sie den Parkplatz bei der Ausfahrt verlassen, fahren Sie ein Stück an der *Têt* entlang, um dann den schon bekannten Kreisel zu erreichen. Diesmal verlassen wir ihn in Richtung MONTALBA. In den Ort kommen wir kurze Zeit später. Er ist so klein, dass Sie gar nicht an der verkehrten Stelle parken können. Suchen Sie sich ein Plätzchen, und erkunden Sie den Ort zu Fuß.

Nach spätestens 10 Minuten sollten Sie die ersten Ziegen gesehen haben. Auf ein Meckern werden sie allerdings lange warten können. Die Tiere sind nicht aus Fleisch und Blut sondern aus Keil und Pflug. Die Hintergründe erfahren Sie jetzt: In MONTALBA gab es früher sehr viele dieser Tiere. Wegen einer ausgebrochenen Seuche durften dann aber in diesem Gebiet für lange Zeit keine Ziegen mehr gehalten werden. Die arbeitslos gewordenen Hirten mussten sich nach neuen Erwerbsquellen umschauen, und die Ziegenzucht hatte hier keine Chance mehr.

Vor einigen Jahren ließ sich Walter Graser, ein deutscher Künstler, hier nieder und beschloss, die Tiere wieder anzusiedeln – in einer seuchenresistenten Form. Er erbat sich von den Bauern ausgediente landwirtschaftliche Geräte und schweißte daraus Ziegen. In allen Lebenslagen sind die Tiere

Walter Graser mit seinen Ziegen

zu sehen und an verschiedenen Stellen im Ort zu finden.

Erinnern Sie sich an die Ziege, die ein Weinfass hinter sich herzieht? Genau an dieser Stelle fahren wir aus Montalba heraus. Die nächste Ortschaft heißt Tarerach. Kurz bevor wir die jedoch erreichen, müssen wir scharf links abbiegen. Bald darauf sehen wir den Stausee *Lac de Vinça* zu unseren Füßen liegen, malerisch überragt vom Gipfel des Canigou. Ein wirklich schöner Anblick.

Eine Brücke führt uns über den See, und wir erreichen nun

Lac de Vinça und Canigou

wieder die N 116 bei Vinça. In diesem Ort gibt es zwei Übernachtungsplätze. Da uns die Stadt nicht besonders zusagt, möchte ich die Zufahrtsbeschreibungen nur der Vollständigkeit halber erwähnen.

(028) WOMO-Stellplatz: Vinça I

GPS: N 42° 38' 40.1" E 2° 31' 48.7" Rue du 19 Mars 1962
max. WOMOs: 3 gebührenfrei
Ausstattung / Lage: – / im Ort
Zufahrt: Ins Zentrum von Vinça reinfahren. An der Post folgen Sie nicht der abknickenden Vorfahrtsstraße nach links, sondern fahren geradeaus weiter. Dann finden Sie den Übernachtungsplatz gegenüber dem Friedhof.
Sonstiges: Dienstag und Donnerstag ist hier Markt.

(029) WOMO-Stellplatz: Vinça II

GPS: N 42° 38' 44.7" E 2° 31' 56.2" Rue du Château
max. WOMOs: 5 gebührenfrei
Ausstattung / Lage: Mülleimer / im Ort
Zufahrt: Im Gegensatz zum vorherigen Platz biegen Sie hier an der Post links ab. Nach kurzer Fahrt sehen Sie rechts einen Parkplatz. Davor biegen Sie rechts ab und fahren an diesem Platz vorbei. Sie erreichen dann einen weiteren Platz auf dem Sie übernachten können. Ruhig gelegen, recht großzügig angelegt.

Um unserem weiteren Tourenverlauf zu folgen, fahren Sie, wenn Sie auf die N 116 treffen, rechts ab in Richtung Prades. Diese Stadt können Sie locker links liegen lassen, weil die Umgehungsstraße daran vorbeiführt. Ich möchte Sie jedoch dazu verführen, das Einbahnstraßensystem des Ortes näher zu erforschen, und dafür gibt es zwei Gründe:

Kennen Sie Pablo Casals? Zu Ehren dieses weltberühmten Cellisten, der vor dem Franco-Regime hierher floh, und dessen Wahlheimat seitdem Prades war, wird jedes Jahr ein Musikfestival mit hochkarätigen Musikern in der nahegelegenen Abtei St-Michel-de-Cuxa veranstaltet. Dieses Kloster liegt nur ein paar Kilometer südlich von Prades und avancierte schon früh zum Vorbild für andere Sakralbauten im Roussillon.

Schon allein deshalb kommen wir an einem Besuch gar nicht vorbei. Ein Abt namens Oliva, nebenberuflich Architekt, hat um das Jahr 1000 das Kloster nach seinen Vorstellungen umgebaut. Das ist ihm deshalb sehr gut gelungen, weil er zugänglich für neue Ideen war. Er hat über den Pyrenäenkamm geschaut, katalanische Stilmerkmale einfließen lassen und war sogar offen für lombardische Architektur. Die Abtei könnte also ein einzigartiges Schmuckstück sein, gäbe es da nicht ein einschneidendes Ereignis in unserem Jahrhundert: Ein Marmorkreuzgang wurde 1907 an das „Metropolitan Museum of New York" verkauft und abtransportiert. Der Kreuzgang wurde jedoch wieder aufgebaut, und da man für die Rekonstruktion Originalteile der ursprünglichen Anlage verwendet hat, sieht

Glockenturm der Abtei St-Michel-de-Cuxa

das Ganze immer noch stilecht aus.

Der Besuch von St-Michel-de-Cuxa ist jedoch nur **ein** Grund, warum ich Sie nach Prades geschickt habe. Wenn Sie jetzt wieder zurück zur N 116 fahren und dann den Schildern nach Perpignan folgen, finden Sie auf der rechten Seite einen Übernachtungsplatz.

(030) WOMO-Stellplatz: Prades

GPS: N 42° 36' 52.6" E 2° 25' 27.7" Avenue de Beausoleil
max. WOMOs: 3 gebührenfrei
Ausstattung / Lage: Mülleimer, Wertstoff-Behälter / im Ort
Zufahrt: Von St-Michel-de-Cuxa kommend, den Schildern nach Perpignan folgen, bis Sie das Schild „Hôtel des Impôts" nach rechts zeigen sehen. Dort abbiegen und dann gleich nach links auf den Parkplatz fahren. Ein paar waagerechte Plätze lassen sich finden. Wenn Sie die abschüssige Straße weiterfahren, erreichen Sie die N 116 und damit wieder unsere Tour. Sie müssen dann in Richtung „Andorre" fahren.

Mittlerweile haben Sie – mit oder ohne Übernachtung – die N 116 erreicht. Da wir nicht nach Perpignan wollen, müssen wir in Richtung Andorra fahren. Es geht bergauf, aber das ist ja mittlerweile nichts Neues. Nach wenigen Kilometern erreichen wir Villefranche-de-Conflent, eine mittelalterliche, von einer mächtigen Mauer umgebene Stadt. Und wie das bei solchen Orten so üblich ist, tummeln sich dort in der Saison Unmengen von Touristen. Das ist jedoch nicht der Grund, aus dem wir an dem Ort vorbeifahren. Es hängt mit einem kleinen gelben Zug zusammen. Doch darüber lesen Sie später mehr. Wenn Sie die Bahnfahrt, die ich am Anfang des Kapitels erwähnt habe, nicht mitmachen wollen, sollten Sie jetzt den Ort besuchen, ansonsten haben Sie morgen genügend Zeit für einen Stadtbummel.

Wir fahren also weiter und erreichen schließlich Thuès-entre-Valls. Hier gibt es einen schönen Übernachtungsplatz.

(031) WOMO-Wanderparkplatz: Thuès-entre-Valls

GPS: N 42° 31' 21.1" E 2° 13' 18.8" Parking Cerança
max. WOMOs: > 5 mittlere Gebühr
Ausstattung / Lage: Ver- und Entsorgung, Mülleimer / außerhalb
Zufahrt: Fahren Sie am Ortsanfang gleich links über die Brücke. Dann folgen Sie den Schildern zum Parking Cerança. Dort erhalten Sie einen Parkschein und folgen den Schildern zum „Womo-Teil“ des Platzes. Obwohl Sie ohne Parkschein gar nicht rein kommen, müssen Sie den Schein sichtbar hinter der Windschutzscheibe deponieren, sonst werden Sie am nächsten Morgen geweckt.
Sonstiges: Wasser in der Parkgebühr enthalten.

Sowohl bei der Hin- als auch bei der Rückfahrt dürfen Sie sich nicht von solchen Kleinigkeiten wie Pfeile auf der Straße oder Durchfahrverbote für Fahrzeuge über 3.5 Tonnen beeindrucken lassen. Folgen Sie einfach der Zufahrtsbeschreibung.

Vom Platz aus können Sie verschiedenen Wanderwegen folgen. Deshalb habe ich ihn als Wanderplatz gekennzeichnet. Allerdings sind wir keinem dieser Wege gefolgt. Vielmehr haben wir uns fahren lassen. Damit komme ich zu der bereits erwähnten Bahnfahrt zurück. Der Oberlauf der *Têt* wird von einer Bahnlinie begleitet. Auf ihr fährt der „kleine gelbe Zug“, von den Einheimischen auch liebevoll „Canari“ genannt. Eine

Le Petit Train Jaune

Haltestelle dieses Kultobjekts liegt direkt neben dem Stellplatz. Keine Angst vor Lärmbelästigung. Der Zug kommt nur etwa alle Stunde hier vorbei – und das auch nur tagsüber. Dabei pfeift er kurz am Bahnübergang. Mit seinen paar Wägelchen ist er in kurzer Zeit schon wieder verschwunden. Gehen Sie abends schon zur Haltestelle, und planen Sie Ihr morgendliches Aufstehen nach den Abfahrtszeiten des Bähnleins.

Sie können von hier mit dem Zug nach Villefranche zurückfahren und sich dort ohne Parkplatzsuche einen schönen Tag machen. Sie können jedoch auch unserer Tour vorgreifen und sich in Richtung Latour de Carol weiter ins Hochgebirge vorarbeiten. Dabei bleibt es allerdings bei der reinen Bahnreise, denn wirklich sehenswerte Orte werden Sie auf dieser Streckenvariante nicht finden. Wir selbst sind auch schon von Odeillo bis Villefranche gefahren. Ein beeindruckendes Erlebnis; aber so schön wie hier in Thuès konnten wir dort nicht stehen.

Sie haben sich auch für die Zugreise entschieden? Dann sollten Sie zuerst wissen, dass der „Petit Train Jaune“ auf einer der malerischsten Bahntrassen Frankreichs fährt. Über gewagte Brückenkonstruktionen und schwindelerregende Abgründe hinweg schlängeln sich die Schienen von Villefranche-de-Conflent bis nach Latour-de-Carol. Bei schönem Wetter sind einige offene Waggons angekuppelt, die eine ungestörte Aussicht versprechen.

Beginnen möchte ich mit der Fahrt in Richtung Latour-de-Carol. Sie ist von der Streckenführung her die interessantere. Langsam setzt sich der Zug in Bewegung. Etliche Höhenmeter hat er noch zu überwinden, bis er in Bolquère in 1593 Metern den am höchsten gelegenen Bahnhof Frankreichs erreicht. Ab jetzt geht es bis zur Endstation nur noch bergab. Dabei erleben Sie neben unvergesslichen Ausblicken auf die Landschaft der CERDAGNE auch die abenteuerlich anmutende Überquerung der Pont Gisclard, die sich in 80 Metern Höhe über die *Têt* spannt. Nicht weniger beeindruckend ist die Fahrt über das geradezu filigran wirkende Viaduc Séjourné. In den Abteilen ist die Streckenführung skizziert, so dass Sie keine Angst zu haben brauchen, dass Sie eine Sehenswürdigkeit verpassen. Besonders schöne Orte gibt es dabei aber nicht zu besichtigen. Wenn Sie nicht nur einmal hin und dann wieder zurück fahren wollen, kann ich Ihnen empfehlen, von einer Station zur nächsten zu wandern, bevor Sie die Rückreise antreten. Diese Tour lebt eindeutig von ihrem landschaftlichen Reiz.

Wir wollen jedoch in die andere Richtung fahren: Nach VILLEFRANCHE, um dort ein wenig zu bummeln. Vom Bahnhof in VILLEFRANCHE-DE-CONFLENT gelangen wir über einen Fußweg ins Ortszentrum. Eine mächtige Stadtmauer umgibt das Städtchen. Das mittelalterliche Flair, das die alten Häuser und engen Gassen ausstrahlen, haben sich jede Menge Kunsthandwerker zur Förderung des Umsatzes zu Nutze gemacht: Kaum ein Haus, in dessen Erdgeschoss kein Laden zu finden ist. Zwei parallele Straßen prägen das Ortsbild. Sie können also eine Straße hinauf- und die andere wieder hinunterlaufen. Etwas mehr Abwechslung verspricht ein Rundgang auf der Stadtmauer. Wir selbst verlassen den Ort durch eines der beiden großen Tore, und da wir noch Zeit haben, bis uns der nächste Zug wieder zurück bringt, haben wir noch die Möglichkeit, eine Kleinigkeit zu essen.

Da VILLEFRANCHE eine Endstation ist, ist der Andrang der Passagiere am Bahnhof sehr hoch. Eine halbe Stunde vor Abfahrt des Zuges sollten Sie schon am Bahnsteig sein, wenn Sie noch einen halbwegs akzeptablen Sitzplatz ergattern wollen – besonders während der Saison. THUÈS-CARENÇA ist übrigens eine sogenannte Bedarfshaltestelle. Sie müssen sich bemerkbar machen, damit der Zug hält. Am einfachsten geht das, wenn Sie dem Schaffner Bescheid sagen. Gerne auch mal, indem Sie aus dem Fenster winken. Auf dem Bild auf der vorherigen Seite sehen Sie den Schaffner noch während der Einfahrt in den Bahnhof auf Signale achten. Die Zugbegleiter sind übrigens sehr nett! Erlauben Sie mir hierzu eine kleine Geschichte: Da wir wussten, dass es nötig ist, zeitig am Bahnhof zu sein, sind wir diesmal eine gute halbe Stunde vor der Abfahrt da. Pech gehabt! Der Zug ist schon fast überfüllt! Nur unseren damas noch kleinen Kindern und der Barmherzigkeit eines zusammenrückenden älteren Ehepaares haben wir es zu verdanken, dass wir zu viert auf eineinhalb Sitzen Platz nehmen können. Aufgrund der Enge verläuft die Fahrt jedoch sehr kommunikativ. Unendlich langsam kommt der Zug in Fahrt. Die Gänge sind mit Passagieren vollgestopft, die herrschende Hitze und auf den Beinen sitzende Kinder tragen nicht zum Wohlbefinden bei. Und was macht das Personal, das den ganzen Tag diesem Andrang ausgesetzt ist? Der Schaffner kämpft sich durch die Massen, knipst Fahrkarten, scherzt mit den Kindern und verteilt Komplimente an die weiblichen Fahrgäste. Der Zugführer versucht in seinem ebenfalls überfüllten Führerhaus ein Minimum an Bewegungsfreiheit zu verteidigen und erklärt den anwesenden Kindern die Funktion von Hebeln und Schaltern. Die Rückfahrt dauert etwas länger, schließlich geht's bergauf.

Müde und erschöpft erreichen wir wieder Thuès. Alle weiteren Pläne für den heutigen Tag sind ab sofort gestrichen. Wir bleiben noch eine Nacht hier, schmieden Pläne für den nächsten Tag und gönnen uns und Ihnen einen geruhsamen Abend.

Am nächsten Morgen fahren wir – diesmal mit dem Womo – weiter bergauf. Die Straße windet sich langsam nach Mont-Louis hinauf. Wir sind jetzt im sonnenreichsten Gebiet Frankreichs. Durchschnittlich 3000 Stunden im Jahr spendet die Sonne Licht und Wärme. Deshalb wurde just hier das erste Sonnenkraftwerk in den Pyrenäen gebaut und diente zunächst Versuchszwecken. Weitere solcher Anlagen werden uns hier noch begegnen.

Wir stehen jetzt an der mächtigen Stadtmauer und haben

(032) WOMO-Stellplatz: Mont-Louis

GPS: N 42° 30' 27.5 E 2° 07' 19.7"
max. WOMOs: 5 geringe Gebühr
Ausstattung / Lage: Toiletten, Mülleimer, Wertstoff-Behälter / im Ort
Zufahrt: Im Ortseingangsbereich von Mont-Louis biegen wir rechts zum „Parking des Remparts" ab. Übernachtungsplatz direkt an der Stadtmauer. Guter Ausgangspunkt zum Besichtigen des Ortes.
Sonstiges: Nicht für sehr große Womos geeignet.

einen schönen Ausgangspunkt zum Besuch des Ortes. So dicke Mauern kann in Frankreich nur einer geplant haben: Vauban. Er hat sein Lebtag nichts anderes gemacht als kreuz und quer in Frankreich seine Spuren in Form von Festungen zu hinterlassen. Das Militär ist auch heute im Ort noch präsent. In der sogenannten Citadelle wurde ein Trainingscamp der französischen Armee eingerichtet. Es gibt sich, im Gegensatz zu den meisten französischen Militäranlagen, recht offen, darf sogar im Rahmen einer „geführten Stadtbesichtigung" betreten werden. Journalisten sind sogar besonders willkommen, kann man doch an einem „Überlebenstraining für Kriegsberichterstatter" teilnehmen. Was nun nicht nach meinem Geschmack ist.

Wesentlich interessanter ist da der „Sonnenofen“, das erste Solarkraftwerk der Welt. Wobei das Wort Kraftwerk nicht zutreffend ist. Es handelt sich um eine Versuchsanlage. Es ging damals hauptsächlich um die Erzeugung sehr hoher Temperaturen, wie sie zum Schmelzen von Bronze und zum Brennen von Keramik gebraucht werden. Das klappte hier ganz gut. Nachprüfen können Sie das, wenn Sie die angegliederte Boutique besuchen. Dort finden Sie viel, sehr viel Bronzeskulpturen und Keramikarbeiten, die Sie selbstverständlich käuflich erwerben können. Wenn Sie technisches Interesse mitbringen, lohnt sich ein Besuch gewiss, die Anlage in Odeillo ist jedoch wesentlich interessanter. Nach einem kurzen Spaziergang durch Mont-Louis fahren wir weiter in Richtung Font-Romeu.

Ein kleiner Imbiss gefällig? Hinter Mont-Louis finden Sie immer mal wieder einen Picknickplatz neben der Straße. Wir haben hier auch schon übernachtet; aber Sie kennen ja das morgendliche Baguetteproblem auf Parkplätzen außerhalb von Ortschaften... Wir folgen weiterhin den Schildern nach Font-Romeu. Ich habe nämlich noch einen Übernachtungsplatz für Sie, diesmal mit allen nötigen Ver- und Entsorgungseinrichtungen.

Pyrenées 2000 ist ein Kunstort, der nur für Skitouristen aus der Erde gestampft wurde. Für Skitouristen wurde auch der Womo-Platz gebaut. Und davon können wir natürlich auch den Sommer über profitieren. Aber mal ehrlich – schön ist was Anderes!

(33) WOMO-Stellplatz: Pyrenées 2000

GPS: N 42° 31' 01.3" E 2° 03' 33.4" Rue du Belvédère
max. WOMOs: > 20 gebührenfrei
Ausstattung / Lage: Entsorgung, Wertstoffbehälter / am Ortsrand
Zufahrt: Zwischen Mont-Louis und Font-Romeu ist Pyrénées 2000 öfter ausgeschildert. Wenn sich die beiden Fahrspuren für knapp 200 m trennen, biegen Sie am nächsten Kreisel nach rechts ab. Anschließend fahren Sie an einer Pizzeria / Crêperie nach links und dann sofort nach rechts.

Wir bleiben der Richtung Font-Romeu treu. In Erwartung des Sonnenkraftwerkes biegen wir dann allerdings nach Odeillo ab, sobald die entsprechenden Schilder zu sehen sind. Unvermittelt tauchen die riesigen Spiegel vor uns auf. Ein sehr futuristisches Bild! Die Anlage dient nicht – wie man vielleicht meinen könnte – zur kommerziellen Energieerzeugung sondern wird rein wissenschaftlich genutzt. Aber auch das bringt ja Erkenntnisse!

Wenn es Sie interessiert, kann ich jetzt noch mit einigen Zahlen aufwarten: Die 63, „héliostats“ genannten, drehbaren

„Four solaire“ bei Odeillo

Spiegel lenken das Sonnenlicht auf den 1800 m² großen Parabolspiegel, der seinerseits das Licht auf eine kleine Fläche am oberen Ende des Betonturms bündelt. Beachtliche 350 °C bis 4000 ºC herrschen dort. Hierbei wird eine Leistung von 1 MW erzeugt. Noch Fragen? Dann sollten Sie zu der Anlage hinunterfahren und sich die Ausstellung zum Thema „Solarenergie“ in deren Foyer anschauen. Sie ist wirklich interessant. Dort gibt es auch einen Stellplatz für uns.

(087) WOMO-Stellplatz: Font-Romeu

GPS: N 42° 29' 38.1" E 2° 01' 55.5" Rue du Four Solaire
max. WOMOs: > 4 - 5 gebührenfrei
Ausstattung / Lage: Mülleimer, Wertstoffbehälter / am Ortsrand
Zufahrt: Wenn Sie auf den Solarkomplex zufahren, fahren Sie am Kreisel auf die D 29 und folgen Sie dort der Beschilderung zum Sonnenofen. Auf dem Besucherparkplatz stehen immer wieder ein paar Wohnmobile.

Wenn Sie noch weiter an Solarenergie interessiert sind, kann ich Ihnen empfehlen, hier einen kleinen Umweg über Targasonne zu machen. Dort steht nämlich die Solaranlage „Thémis“, die tatsächlich von 1983 - 1986 Strom erzeugte. Da sich Frankreich in dieser Zeit auf Energie aus Atomkraftwerken konzentrierte, liegt die Anlage seither still. Sie bietet aber immer noch eine eindrucksvolle Ansicht.

Ich sollte jetzt die technischen Gefilden verlassen und mich wieder meiner Pyrenäen-Tour zuwenden. Blättern Sie um! Dort erwartet Sie nämlich unsere Tour 5, auf der wir 5 Grenzen überschreiten wollen, um in 3 Staaten zu verweilen. Sie glauben es nicht? Dann sehen Sie selbst...

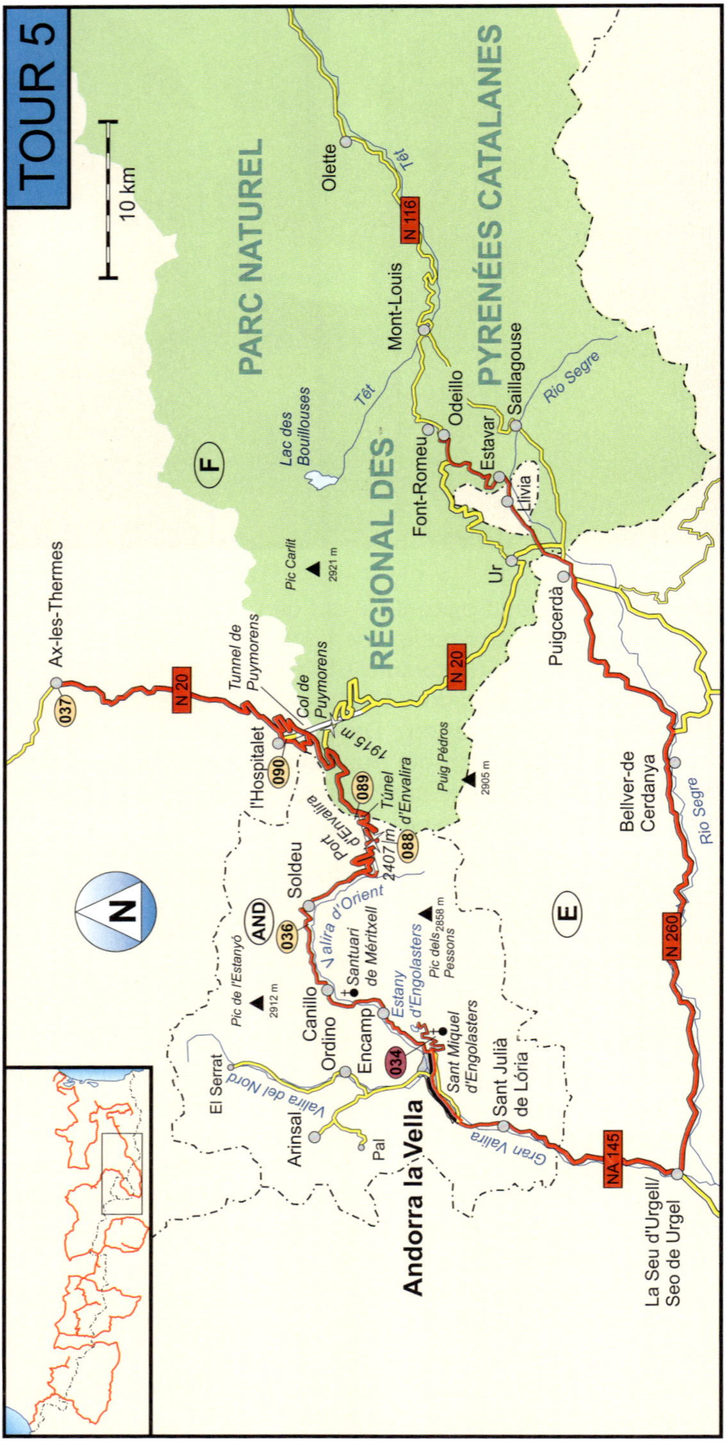
TOUR 5
10 km
PARC NATUREL
RÉGIONAL DES
PYRENÉES CATALANES
F
AND
E
N
Ax-les-Thermes
037
N 20
Tunnel de Puymorens
Col de Puymorens
1915 m
l'Hospitalet
090
089
Túnel d'Envalira
Port d'Envalira
2407 m
088
Puig Pédros
2905 m
Pic Carlit
2921 m
Lac des Bouillouses
Têt
Olette
N 116
Mont-Louis
Font-Romeu
Odeillo
Estavar
Saillagouse
Llivia
Rio Segre
Ur
Puigcerdà
Bellver-de Cerdanya
N 260
Soldeu
036
Valira d'Orient
Santuari de Méritxell
Pic dels Pessons
2858 m
Canillo
Pic de l'Estanyó
2912 m
Estany d'Engolasters
Sant Miquel d'Engolasters
034
Encamp
Ordino
El Serrat
Valira del Nord
Arinsal
Pal
Andorra la Vella
Sant Julià de Lòria
Gran Valira
NA 145
La Seu d'Urgell/ Seo de Urgel

TOUR 5 (153 km)

Llivia — Andorra — Ax-les-Thermes

Übernachten:	El Tarter, Port d'Envalira, Pas de la Casa, L'Hopitalet, Ax-les-Thermes
Besichtigen:	Sant Miquel d'Engolasters, Santurio de Meritxell, Ax-les-Thermes
Einkaufen:	Andorra
Wandern:	Zum Llach d'Engolasters

Na, gut geschlafen und ebenso gut gefrühstückt? Ich hoffe es, weil ich wieder viel mit Ihnen vorhabe. Zuerst möchte ich einen spanischen Ort in Frankreich mit Ihnen besuchen. Waren Sie schon einmal in einem Supermarkt, der fast 500 Quadratkilometer groß ist? Dann müssen Sie ihn kennenlernen. Am Ende des Tages können Sie ausspannen und Ihre Füße in 70 °C heißem Schwefelwasser baden.

Neugierig? Dann sollten Sie jetzt das Frühstücksgeschirr wegräumen und, wo immer Sie übernachtet haben, nach Odeillo fahren, um uns in Richtung Andorra zu folgen. (Die Franzosen schreiben „Andorre", meinen aber dasselbe.) Nach etwa 3 km taucht ein Kreisel auf. Unsere Route führt uns über Estavar (am Kreisel etwas unscheinbar ausgeschildert) nach Llivia.

Noch vor 20 Jahren war auf den französischen Landkarten keine Straße von Llivia zu den französischen Nachbarorten eingezeichnet. Die einzige Verbindung zum spanischen Mutterland war als „Route neutre" gekennzeichnet und an keine französische Straße angebunden. Im Zeitalter der europäischen Einigung sollten solche Kindereien eigentlich der Vergangenheit angehören. Um das zu überprüfen, will ich jetzt

Llivia — Spanien in Frankreich

Wir schreiben das Jahr 1659. Nachdem die Katalanen sich gegen die zentralistische spanische Herrschaft aufgelehnt hatten und die Franzosen um Unterstützung baten, wird jetzt nach mehreren Jahren militärischer Auseinandersetzungen der „Pyrenäenvertrag" zwischen Spanien und Frankreich geschlossen. Eine eindeutige Grenzziehung soll alle Gebietsstreitigkeiten endgültig verhindern. Im Zuge der Verhandlungen trennt sich Spanien von einem Gebiet in der Cerdagne, einschließlich der darin gelegenen 33 **Dörfer**. Das ist — wie sich später herausstellen wird — unklug formuliert. Llivia, mitten im Vertragsgebiet liegend, genießt Stadtrechte und ist daher bis auf den heutigen Tag eine spanische Enklave auf französischem Territorium. Ein liebenswerter Anachronismus.

von ESTAVAR (F) über LLIVIA (E) und die „Route neutre"(F) nach PUIGCERDÀ (E) fahren.

Mittlerweile gibt es in ESTAVAR noch vor dem Ortskern ein Hinweisschild nach LLIVIA. Der Zustand der Straße lässt jedoch immer noch einen kalten Krieg vermuten, die Bezeichnung Feldweg wäre geschmeichelt. Ich bleibe skeptisch. Schlaglochgebeutelt erreichen wir das spanische Hoheitsgebiet. „Ceda el pasa" steht auf dem „Vorfahrt-Gewähren"-Schild. Natürlich – wir kommen aus einer kleineren Seitenstraße, die es früher offiziell überhaupt nicht gab, in den Ort. Guardia Civil statt Gendarmerie, Paella statt Coq au vin: Ist das jetzt SPANIEN? Wären da nicht die spanischen Reklameschilder am Straßenrand, könnte die Stadt überall in den östlichen PYRENÄEN liegen. Wir einigen uns darauf, dass sie typisch katalanisch ist.

Von hier aus gibt es nur **eine** Richtung. Die führt – ganz klar – nach SPANIEN, um genau zu sein zum Grenzort PUIGCERDÀ. Die ehemalige „Route neutre", auf der wir jetzt fahren, hat mittlerweile Anschluss an das französische Straßennetz gefunden. Wir brauchen nur noch darauf zu achten, dass wir in PUIGCERDÀ die Wegweiser nach SEO DE URGEL nicht verpassen. Spätestens jetzt bewegen wir uns auf unsicherem Terrain, weniger in geographischer als in sprachlicher Hinsicht. Wir sind zwar in SPANIEN, aber hier wird katalanisch gesprochen, und da heißt SEO DE URGEL eben nicht SEO DE URGEL, sondern LA SEU D'URGELL. Die Sprachenvielfalt wird uns bis zum *Atlantik* begleiten, und Sie werden sich noch an vielen übermalten, korrigierten, unleserlichen, zwei- und mehrsprachigen Schildern erfreuen können. Hier im Text und bei den Landkarten habe ich – mit wenigen Ausnahmen – die Ortsbezeichnungen übernommen, die 2011 favorisiert wurden. Machen Sie mir aber keinen Vorwurf, wenn im übernächsten Jahr IRUÑA wieder PAMPLONA heißt. Vor ein paar Jahren hieß es noch IRUÑEA.

Für die nächsten 50 Kilometer bleiben wir auf der N 260, bis wir den altehrwürdigen Bischofssitz mit dem neu angebrachten Ortsschild „LA SEU D'URGELL" erreichen. Hier fahren wir rechts ab, um nach ANDORRA zu kommen. Die Straße führt uns durch das Tal des *Ríu Valira* zur andorranischen Grenze.

Jetzt wird es Zeit, über dieses merkwürdige Land ein paar Worte zu verlieren: 452 km² umfasst das Territorium des Kleinstaates, vielleicht auch ein paar mehr oder weniger, meine Quellen widersprechen sich da. Er ist damit etwa halb so groß wie BERLIN. Seine Entstehung verdankt er einem Streit zwischen den Grafen von FOIX und dem Bischof von SEO DE URGEL, die beide Ansprüche auf die Täler von ANDORRA erhoben. Geboren wurde das Doppelfürstentum 1278, als beide Geg-

Andorra

Die Geschichte Andorras ist, verglichen mit seinen Nachbarn, ohne große einschneidende Ereignisse und eher langweilig. Entstanden ist der Freistaat aus einem Dauerstreit der Bischöfe von Urgel und den Grafen von Foix. 1278 einigten sich die beiden Kontrahenten, die Oberhoheit über die Täler von Andorra gemeinsam auszuüben. Und da sich bisher nichts Revolutionäres ereignet hat, ist der Vertrag heute noch gültig. Die Fürsten des Kleinstaates sind der französische Präsident und der Bischof in La Seu d'Urgell. Da die beiden Herren Wichtigeres zu tun haben, als die Hälfte eines 65 000 Einwohner zählenden Staates zu regieren, delegieren Sie diese Aufgabe. Monsieur le Président tritt seine Aufgaben an den Präfekten des Départements „Pyrénées Orientales" ab, während Ihre Eminenz seinen Aufgabenbereich dem Generalvikar seiner Diözese anvertraut. Aber auch diese nehmen ihre fürstlichen Aufgaben nicht selbst wahr, sondern senden je einen sogenannten Vogt in die Bergrepublik, der dort mit wohlwollendem Auge die Gesetzgebung überwacht. Pro Jahr erhält jeder Fürst von seinen Untertanen das beachtliche Salär von 144 Euro. Die Regierungsgeschäfte werden von einem „Consell dels Valls", einer Art Gemeinderat, wahrgenommen. Jede der sechs Gemeinden entsendet dazu vier Abgeordnete, die geheim gewählt werden. Der Rat tagt in der Hauptstadt in dem sogenannten Casa de la Vall, in dem heute auch noch ein Museum beherbergt ist. Die bahnbrechendste Entscheidung, die in den letzten Jahren getroffen wurde, war die Anerkennung von Las Escaldes als siebte Gemeinde.

Altaraufsatz in Andorras Nationalheiligtum Meritxell

ner einsahen, dass eine gemeinsame Herrschaft über das Land besser sei, als endloser Streit, und einen diesbezüglichen Vertrag schlossen. Groteskerweise hat dieses Dokument die Jahrhunderte überdauert, so dass Andorra noch heute zwei Staatsoberhäupter hat: Den französischen Präsidenten als Nachfolger der ausgestorbenen Linie der Grafen von Foix und den nach wie vor real existierenden Bischof von Seo de Urgel. Pardon! La Seu d'Urgell.

Daraus resultieren noch ein paar andere Absonderlichkeiten. Andorra hatte nie eine eigene Währung. Sie konnten früher überall wahlweise mit französischen Francs oder spanischen

Pesetas bezahlen. Die Registrierkassen hatten zwei Schubladen – für jede Währung eine. Mittlerweile ist ANDORRA ein Nicht-EU-Land, in dem der Euro offizielles Zahlungsmittel ist. Briefmarken erhalten Sie entweder auf dem französischen oder dem spanischen Postamt – Sie müssen dann nur noch darauf achten, Ihre Briefe in den richtigen Briefkasten einzuwerfen. Um Post- und Währungsangelegenheiten brauchen sich die Andorraner schon mal nicht zu kümmern. Die Polizeihoheit haben sie jedoch unter eigener Kontrolle. Neben einer hübschen Uniform sind die Polizistinnen und Polizisten auch mit einer Trillerpfeife ausgestattet, von der sie angesichts des herrschenden Verkehrs regen Gebrauch machen. Jahrelang wurde nur in ANDORRA katalanisch gesprochen. Unter Franco war diese Sprache in SPANIEN verboten, mittlerweile wird sie in KATALONIEN wieder benutzt.

Ach ja, ehe ich's vergesse: Steuern hat man in ANDORRA der Einfachheit halber abgeschafft. Das freut nicht nur die Einwohner, sondern auch die Besucher. Scharenweise strömen kauflustige Touristen von der französischen oder spanischen Seite aus über die drei Grenzübergänge in das Land. Und das wiederum freut natürlich die Zöllner, die bei der Ausreise penibel kontrollieren. Nikotin und Alkohol für den Eigenbedarf, Schmuck für die Gattin, Parfum für die Freundin, Hi-Fi fürs Wohnzimmer und eine Kamera für den nächsten Urlaub – billiger als hier werden Sie die Sachen nirgends erwerben können. Aber Vorsicht! Trotz enger Bindung an FRANKREICH und SPANIEN ist ANDORRA nicht in der EU. Das heißt, es gelten für die Ausfuhr die sogenannten „Duty-free"-Mengen, also weitaus weniger als im innergemeinschaftlichen Verkehr. Lassen Sie sich von geschäftstüchtigen Verkäufern nichts anderes erzählen!

Mittlerweile haben Sie sich sicherlich der Grenze genähert und sehen links die riesige spanische Zollabfertigungshalle. Ein paar Meter weiter kontrolliert die andorranische Polizei unsere Papiere. Ich hatte schon beinahe vergessen, dass es so etwas gibt, denn das hatte ich seit 1980 nicht mehr erlebt. Und ich vermute, dass es eine Reaktion darauf ist, dass die Grenze zu ANDORRA jetzt politisch gesehen eine EU-Außengrenze darstellt.

Um Sie nicht allzusehr vor diesem Land abzuschrecken, möchte ich Ihnen Gelegenheit geben, noch etwas zu entspannen, bevor Sie im Getümmel der Hauptstadt untertauchen. Alle Straßen, die auf der Michelin-Karte nicht rot sind, lohnen einen Abstecher. Lassen Sie die Landschaft auf sich einwirken, bevor Sie Ihren Einkaufsbummel beginnen. Sie entdecken dann bestimmt solche reizvollen Kleinode wie die abge-

Brücke Margineda

bildete Brücke MARGINEDA aus dem 12. Jahrhundert. Ein wahrer Augenschmaus, wie ich meine. Später will ich sowieso noch ein paar Kilometer mit Ihnen wandern, um Sie auf die verborgenen Reize des Landes – und die gibt es tatsächlich! – aufmerksam zu machen.

Das Erste, was uns bei der Einfahrt in die Hauptstadt ANDORRA-LA-VELLA auffällt, ist das Halteverbotsschild für Wohnmobile, das für den ganzen Stadtbereich gilt. Lassen Sie sich nicht abschrecken. Trotzdem gibt es schöne Plätze außerhalb der Hauptstadt. Als Nächstes werden Sie merken, dass es sehr schwer ist, einen Parkplatz zu finden. Hierbei habe ich keinen Tipp für Sie, da sich die Innenstadt in fast monatlichem Rhythmus verändert. Kräne und Bauzäune sind die Wahrzeichen von ANDORRA-LA-VELLA.

Wenn Sie sich und Ihre daheimgebliebenen Freunde und Verwandten mit allen nötigen und weniger nötigen Dingen versorgt haben, können Sie uns jetzt auf einer kleinen Wandertour begleiten. Sie lernen dann das andere, das stille ANDORRA kennen. Folgen Sie dazu ganz einfach den Schildern nach FRANKREICH. Ohne dass Sie es merken, kommen Sie durch den Ort ESCALDES, der mittlerweile mit der Hauptstadt zusammengewachsen ist. Wenn die Bebauung nachlässt, müssen Sie auf der rechten Seite auf die Schilder nach SANT MIQUEL D'ENGOLASTERS bzw. LLACH D'ENGOLASTERS achten und abbiegen.

Jetzt werden wieder die unteren Gänge Ihres Fahrzeugs beansprucht. Je höher Sie sich den Berg hinaufarbeiten, desto schöner wird dafür aber auch die Landschaft. Sogar der Dauerbaustelle ANDORRA-LA-VELLA kann man von hier oben eine gewisse malerische Komponente nicht absprechen. Oder wie sehen Sie das?

Das Kirchlein SANT MIQUEL D'ENGOLASTERS taucht irgendwann

Sant Miquel d'Engolasters

rechts von Ihnen auf. Kunsthistorisch ist es weniger bemerkenswert, es ist einfach nur schön. Daneben finden Sie einen kleinen Parkplatz. Wenn Sie wollen, können Sie also mal kurz hineinschauen. Hier wollen wir aber auch unser Womo stehen lassen und etwas wandern. Fahrer großer Wohnmobile haben kleine Probleme für ihr Fahrzeug einen geeigneten Platz zu finden. Wenn es gar nicht anders geht, parken Sie halt paralell zur Straße. So viel Besucher drängen sich nicht in SANT MIQUEL.

In unserem Wanderführer (siehe Literaturhinweise im „Allgemeinen Teil") ist eine leichte Tour zum LLACH D'ENGOLASTERS beschrieben, gerade recht zum Einstimmen. Sie wollen mir doch sicherlich folgen? Wir haben nämlich die Nase voll vom

Womo-Wandertipp: Zum Estany d'Engolasters

Vom Parkplatz aus folgen wir ein Stück dem weiteren Verlauf der Straße. Wenn rechts ein Schild „Font de la Closa" auftaucht, biegen wir in diese Richtung nach rechts ab. Wir erreichen bald einen Picknickplatz auf der linken Seite. Längs des Zaunes um das Wasserschutzgebiet geht es dann dort nach links bergauf. Wir erreichen schließlich einen Bachlauf. So steht es geschrieben; bei unseren bisherigen Besuchen war der Bach jedoch immer ausgetrocknet. Trotzdem ist er als solcher zu erkennen. Parallel dazu gehen wir jetzt den Berg hoch und haben nach einer Viertelstunde den schwierigsten Teil der Wanderung hinter uns. Den rot-weißen Markierungen, die Ihnen bestimmt auch schon aufgefallen sind, müssen wir folgen. Da geht es zunächst durch ein Felsentor, bald darauf erreichen wir einen Grillplatz. Zeit, sich etwas auszuruhen, bis die Sonne den Schweiß getrocknet hat. Der Weg ist jetzt breit und gut zu begehen. Eine Viertelstunde später können wir an einer Quelle unseren Durst löschen und den Schweiß vom Gesicht waschen. Wir folgen der Markierung noch, bis wir die Straße zum See erreichen. Die letzten paar hundert Meter müssen wir leider an einer Asphaltstraße entlanglaufen, ehe wir den Parkplatz am Stausee erreichen. Erfreulicherweise finden wir am See ein Lokal, wo wir unter schattenspendenden Bäumen kühle Getränke zu uns nehmen können. Einmal den See umrunden und dann den gleichen Weg zurückgehen, schlägt unser Wanderführer vor. Wir teilen uns das Pensum. Meine Mitfahrer spazieren um den See herum, während ich zurückgehe, um das Womo zu holen. Der Parkplatz am Stausee ist nach wenigen Minuten auf guter Straße erreicht. Meine Begleiter kommen auch gerade von ihrem Rundgang zurück, so dass wir gemeinsam nochmals unter schattenspendenden Bäumen kühle Getränke zu uns nehmen können.

Gedränge an den Schaufenstern und freuen uns, in aller Ruhe ein bisschen zu wandern. Wenn Sie uns zum Stausee folgen wollen, brauchen Sie allerdings feste Schuhe und für den ersten Kilometer ein wenig Energie.

Wir wollen unsere Fahrt fortsetzen. Dazu müssen wir wieder talwärts zur CG 2 zurück fahren. Andorra hat seine Nationalstraßen von CG 1 bis CG 4 durchnummeriert. Die CG 2 führt von Andorra-la-Vella bis zur französischen Grenze.

Die nächsten 30 Kilometer dauern wieder einmal sehr lange, es geht bergauf. Sehen Sie es von der positiven Seite: Sie können die landschaftlichen Reize in aller Ruhe genießen.

Wenn Sie ENCAMP passiert haben, dürfen Sie natürlich einen Besuch des Nationalheiligtums der Andorraner nicht vergessen. Es geht rechts ab zum Santurio de MERITXELL. Pilger fanden an dieser Stelle mitten im Winter eine Holzskulptur der Heiligen Jungfrau von MERITXELL zwischen blühenden Blumen. Dieses wundersame Bildnis wurde von den Gläubigen nach CANILLO gebracht. Aus mysteriösen Gründen verschwand die Figur und wurde an ihrem ursprünglichen Platz wieder gefunden. Jetzt brachte man sie nach ENCAMP. Sie verschwand wieder einmal und wurde am selben Platz, wie bereits zweimal zuvor, gefunden. Des Hin- und Hertragens überdrüssig geworden, beschlossen die Gläubigen, am Fundort eine Kapelle zu bauen. Das alles trug sich angeblich im 12. Jahrhundert zu. Diese romanische Kapelle brannte allerdings 1972 ab. Ausgerechnet am 8. 9., dem Tag, der hier verehrten Schutzheili-

Santurio de Meritxell

Santurio de Meritxell

gen Andorras, Nuestra Señora de Meritxell. Inzwischen wurden die Kirche neu aufgebaut und die Überreste der alten Kapelle geschickt in den Neubau integriert. Selten habe ich eine so gelungene Verschmelzung von alten und neuen Stilelementen gesehen. Die verwendeten Farben schwarz und weiß symbolisieren die dunklen Wälder und die schneebedeckten Gipfel des Zwergstaates. Der spanische Architekt Ricardo Bofill hat seine Arbeit vorbildlich erledigt. 1974 wurde der Bau geplant, und 1976 war das Gebäude bereits fertiggestellt.

Wir fahren weiter die unzähligen Kurven hoch zur Passhöhe – oder zum Tunnel. Zuvor kommen wir jedoch noch zum Ort El Tarter. Dort können Sie übernachten.

(036) WOMO-Stellplatz: El Tarter

GPS: N 42° 34' 44.5" E 1° 38' 55.1"
max. WOMOs: > 5 gebührenfrei
Ausstattung / Lage: Ver- und Entsorgung, Toiletten, Mülleimer, Wertstoff-Behälter, Tische und Bänke, Stadtplan / am Rand der kleinen Ortschaft
Zufahrt: Auf dem Weg nach Soldeu kommen Sie durch den Ort El Tarter. Am Ortseingang steht das „Hotel del Tarter" als Erkennungsmerkmal. Kurz davor sehen Sie einen großen Parkplatz rechts der Straße. Im hinteren Bereich finden Sie ruhige Stellplätze.

Hier müssen Sie eine Entscheidung treffen. Nach Frankreich kommen Sie jetzt über den „Port d'Envalira" – einen Pass – oder durch den „Túnel d'Envalira", einen – nun ja – Tunnel. Einerseits schrauben Sie sich noch mühsam einige Kilometer höher, können dafür aber über den höchsten Pyrenäenpass fahren, an der höchstgelegenen Tankstelle Europas in 2407 m Höhe Ihren Dieselbedarf ergänzen, und wunderbare Aussichten genießen. Bei der Tunnel-Variante schauen Sie in die Röhre. Dafür sind Sie recht flott auf der Pyrenäen-

(088) WOMO-Stellplatz: Port d'Envalira

GPS: N 42° 32' 25.5" E 1° 43' 08.9"
max. WOMOs: > 5 gebührenfrei
Ausstattung / Lage: - / außerhalb
Zufahrt: Direkt an der Passhöhe, noch vor der Tankstelle, auf der rechten Seite gelegen.

Nordseite. Die Maut für den Tunnel betrug im Sommer 2011 11,30 Euro und übersteigt damit den Sprit-Mehrverbrauch, den Sie für die Pass-Tour einkalkulieren müssen.

Am Port d'Envalira erreichen wir in 2407 m Höhe den höchsten Pyrenäenpass. Selbst im Hochsommer wurden wir hier schon von Schnee überrascht. Von nun an können wir das Womo rollen lassen. Im Ort Pas de la Casa haben Sie zum letzten Mal die Möglichkeit einzukaufen und zu tanken, bevor Sie die andorranisch-französische Grenze passieren. So billig wie in Andorra kriegen Sie den Sprit nirgendwo sonst in Europa. Zudem können Sie hier auch noch übernachten.

(089) WOMO-Stellplatz: Pas de la Casa

GPS: N 42° 32' 39.5" E 1° 44' 06.1"
max. WOMOs: > 5 gebührenfrei
Ausstattung / Lage: Ver- und Entsorgung / am Ortsrand
Zufahrt: Wenn Sie die Zollhäuschen schon sehen ist in dem Ort noch einmal ein Kreisel. Dort biegen wir nach links ab in Richtung eines der unzähligen Supermärkte. Dann folgen Sie den Wohnmobil-Schildern.

Obwohl wir keinesfalls besonders verwegen aussehen, hatten wir beim Grenzübertritt schon häufiger die französischen Zöllner bei uns im Womo zu Gast. Den Beamten können Sie auch nicht entgehen, wenn Sie durch den Tunnel fahren. Auf der Strecke nach L'Hospitalet werden immer mal wieder gern Fahrzeuge in Parkbuchten gewinkt und kontrolliert. Die 30 Kilometer abwärts nach Ax-les-Thermes beanspruchen in erster Linie Ihre Armmuskulatur und die Bremsen des Wohnmobils. Aufpassen müssen Sie nur, dass Sie nicht versehentlich zum Col de Puymorens fahren. Dort ist es zwar auch schön, aber Ax-les-Thermes werden Sie auf dieser Strecke nie erreichen. Zuerst erreichen wir aber L'Hospitalet. Das zeigt Ihnen schon mal, dass Sie die richtige Strecke gewählt haben. Wenn Sie die vielen Kurven ermüdet haben, können Sie hier Ihr Haupt betten.

(090) WOMO-Stellplatz: L'Hospitalet

GPS: N 42° 35' 19.5" E 1° 47' 58.1"
max. WOMOs: > 5 gebührenfrei
Ausstattung / Lage: Ver- und Entsorgung, Mülleimer, Wertstoff-Behälter / am Ortsrand
Zufahrt: Sie kommen auf der N 20 in den Ort. Am Ortseingang kommen Sie am Elektrizitätswerk vorbei. Biegen Sie danach in die erste Straße nach rechts ein. Sie überqueren dann die Bahnschienen, dann biegen Sie sofort nach links ein. Jetzt brauchen Sie nur noch am ersten Parkplatz vorbei zu fahren und erreichen dann die Womo-Plätze.

Ab L'Hospitalet begleitet uns die *Ariège* mal links, mal rechts der Straße. Die Kurbelei am Lenkrad wird wieder erträglicher, und die Straße wird breiter – ab und zu sogar vierspurig.

Unser Ziel, das Thermalbad Ax-les-Thermes, ist bald erreicht. Wir faulenzen den Rest des Tages und strecken gegen Abend unsere Füße in heißes Schwefelwasser. Das Thermalbecken finden Sie ganz in der Nähe des Kreisels in der Ortsmitte, gerade mal 10 Minuten von unserem Stellplatz entfernt. Genauere Beschreibungen können Sie auf der nächsten Seite bei Tour 6 lesen. Vorab kann ich Ihnen aber schon einmal einen Tipp geben, wo Sie hier in dieser Stadt übernachten. können.

(037) WOMO-Stellplatz: Ax-les-Thermes

GPS: N 42° 42' 53.5" E 1° 50' 29.0" Parc d'Espagne
max. WOMOs: > 5 gebührenfrei
Ausstattung / Lage: - / am Ortsrand
Zufahrt: In Ax-les-Thermes auf der N 20 bleiben, bis Sie eine Brücke überqueren. Danach geht es, entgegen der abknickenden Vorfahrt, nach rechts ab. Danach biegen Sie in die erste Straße nach links ein. Wenn Sie bei den Sportanlagen angekommen sind, müssen Sie am Schwimmbad noch einmal nach links abbiegen und haben den Platz erreicht.

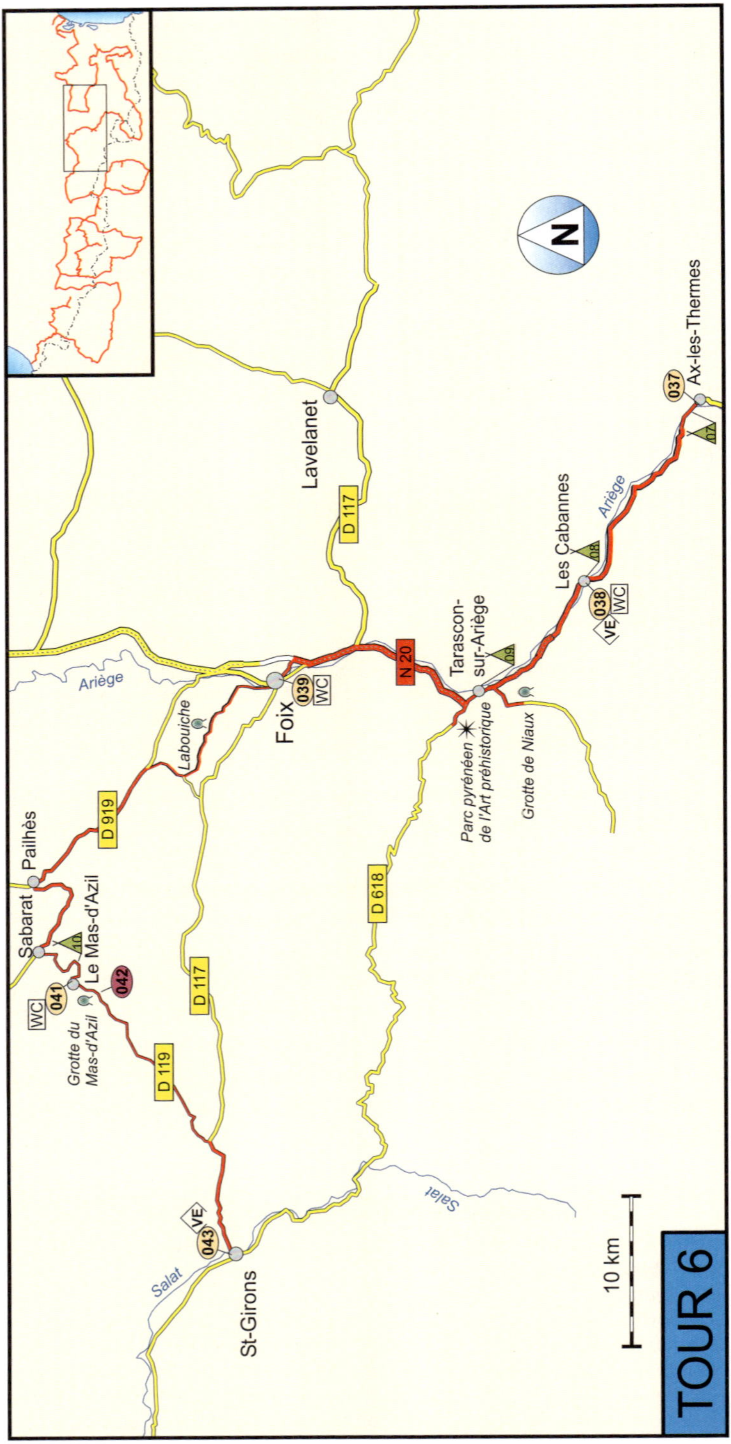
TOUR 6
10 km
N
St-Girons
Salat
043
VE
D 119
D 117
Grotte du
Mas-d'Azil
041
WC
Le Mas-d'Azil
042
10
Sabarat
Pailhès
D 919
Labouiche
Foix
039
WC
Ariège
Lavelanet
D 117
N 20
Tarascon-
sur-Ariège
09
Parc pyrénéen
de l'Art préhistorique
Grotte de Niaux
D 618
Salat
Les Cabannes
08
038
WC
VE
Ariège
Ax-les-Thermes
037
07

TOUR 6 (109 km)

Ax-les-Thermes — Foix — St-Girons

Übernachten:	Ax-les-Thermes, Les Cabannes, Foix, Mas-d'Azil, an der Grotte de Mas d'Azil
Besichtigen:	Grotte von Niaux, Parc pyrénéen de l'Art préhistorique, Labouiche, Mas-d'Azil
Campingplätze:	Malazéou, Camping Municipal Les Cabannes, Le Pré Lombard, Le Petit Pyrénéen
Markt:	Foix (Mo.), Mas d'Azil (Mi.)

Im letzten Kapitel habe ich Ihnen versprochen, Sie ins Stadtzentrum von Ax-les-Thermes und zu den heißen Quellen zu führen. Gehen Sie vom Stellplatz aus wieder zurück zur Brücke. Diese überqueren Sie nicht, sondern gehen neben der Hauptstraße hinunter. Nach kurzem Fußmarsch werden Sie das Bassin mit dem bereits für Sie eingelassenen Fußbad finden. Sie dürfen sich auch gerne auf Ihren Geruchssinn verlassen. Das Wasser ist stark schwefelhaltig.

Ax-les-Thermes: Luft 32 °C, Wasser 53 °C

Hat Ihnen die Entspannung gut getan? Ganz Mutige lassen sich das Wasser ja direkt aus der Quelle über die Extremitäten laufen. Ein paar Meter oberhalb des Bassins kommt das Wasser nämlich mit einer Temperatur von über 70 °C aus der Erde. Den Zeigefinger riskiere ich mal kurz — na ja, das reicht! Ax-les-Thermes gehört zu den typischen Badeorten, die im 19. Jahrhundert ihre Blütezeit erlebten. Ihr Ruhm ist längst verblasst, er strahlt trotzdem eine schöne Atmosphäre aus. Wir verlassen den Ort in Richtung Foix. Legen Sie Ihre Pullover bereit, wir verbringen einige Zeit unter Tage.

Sie wollen noch hier bleiben? Dann fahren Sie doch auf den Campingplatz! Er ist ganz in der Nähe.

(C07) WOMO-Campingplatz-Tipp: Malazéou ***

GPS: N 42° 43' 44.9" E 1° 49' 29.5"
Öffnungszeiten: ganzjährig
Ausstattung / Lage: Ver- und Entsorgung, sehr schattig, Laden, Imbiss, Spielplatz, beheizter Pool / am Fluss, Fußweg nach Ax-les-Thermes
Zufahrt: Von Ax-les-Thermes dem Tourenverlauf nach Foix folgen. Etwas außerhalb des Ortes auf der linken Seite der N 20 gelegen. Gut beschildert.
E-Mail: malazeou@club-internet.fr
Internet: www.campingmalazeou.com (deutsche Textversion)

Wenn Sie mit uns weiterfahren, kommen wir durch den Ort Les Cabannes. Außer einem schönen Stellplatz habe ich auch hier einen Campingplatz für Sie.

(038) WOMO-Stellplatz: Les Cabannes

GPS: N 42° 47' 05.3" E 1° 40' 58.5" Quartier la Bexane
max. WOMOs: > 5 geringe Gebühr
Ausstattung / Lage: Ver- und Entsorgung, Toiletten, Mülleimer / am Ortsrand
Zufahrt: In der Ortsmitte an der Post links abbiegen. Direkt daneben sehen Sie dann das Bürgermeisteramt „Mairie". Dort rechts fahren in Richtung Gendarmerie. Direkt neben den Gendarmen finden Sie den Stellplatz.
Sonstiges: Wasser 3 €

(C08) WOMO-Campingplatz-Tipp: Camping Municipal des Cabannes **

GPS: N 42° 47' 16.9" E 1° 41' 24.4"
Öffnungszeiten: ganzjährig
Ausstattung / Lage: sehr schattig, Restaurant, Spielplatz / am Ortsrand, direkt an der Ariège
Zufahrt: In der Ortsmitte am Postamt nicht wie zum Stellplatz nach links, sondern nach rechts abbiegen. Ab dann gut ausgeschildert.
E-Mail: camping@lescabannes.com

Wenn Sie uns weiter in Richtung Foix folgen, erreichen wir nach 26 Kilometern Tarascon-sur-Ariège und müssen dort nach links abbiegen zur Grotte von Niaux. Die Beschilderung ist sehr gut, so dass ich mir genaue Anweisungen sparen kann. Allerdings hat der Besuch der überaus sehenswerten Höhle einen Haken: Es finden im Sommer pro Tag ca. 10 bis 12 Führungen statt, dabei bleibt die Besucherzahl jeweils auf 20 Personen beschränkt. Das Mini-Ökosystem der Höhle soll durch den gebremsten Besucherstrom nicht zu sehr belastet werden. Beleuchtung und häufiger Luftaustausch begünstigen die Ansiedlung von Moosen und Flechten, die die über 10 000 Jahre alten Steinzeichnungen gefährden. Haben Sie also Verständnis für diese – wie ich finde – sinnvolle Maßnahme. Für uns war das natürlich bei unserem ersten Besuch recht deprimierend. Fünf Tage hätten wir warten sollen, bis ein Termin frei gewesen wäre. Wir haben damals die Grotte „La Vache" auf der anderen Straßenseite besucht. Glücklicherweise haben Sie jedoch dieses Buch und können bei Interesse frühzeitig (wenn Sie gut organisieren können, sogar schon von Deutschland aus. Dann ohne die erste Null, dafür aber mit 0033 davor!) die Nummer 05.61.05.10.10 anrufen und einen Termin vereinbaren. Der Eintritt liegt bei etwa 10 Euro, Kinder zahlen etwas mehr als die Hälfte. Die Leute sind sehr nett und verstehen selbst das schlechteste Französisch – ich weiß das! In diesem Zusammenhang gebe ich Ihnen noch ein Wort mit in die Höhle, das Sie in der Schule bestimmt nicht gelernt haben: „Silex" heißt Feuerstein – Sie werden das öfters hören!

Soviel zu Niaux! Die Felszeichnungen sind so beeindruckend, dass ich darüber überhaupt keine Worte verlieren muss. Auch Bilder kann ich Ihnen nicht präsentieren, es herrscht – selbst für Journalisten – Fotografierverbot. An den Pullover denken Sie ja, die Grotte ist mit ihrer Temperatur von konstant 12 °C schlecht geheizt.

Würden Sie sich auch mit einer Kopie der Höhle zufriedengeben, wenn Sie dann nicht so lange warten müssten? Dann sollten Sie auf jeden Fall den „Parc pyrénéen de l'Art préhistorique" in der Nähe von Tarascon-sur-Ariège besuchen. Weit zu fahren brauchen Sie dafür nicht. Er ist gut beschildert, und Sie werden ihn finden. Es gibt Leute, die solche Freizeitparks lieben, während sie andere von vornherein ablehnen. Ich selbst stehe diesen grellbunten Vergnügungsparks eher skeptisch gegenüber, muss jedoch gestehen, dass mir der Besuch recht gut gefallen hat.

Öffnungszeiten Park:
April - Juni: 10 - 18 Uhr täglich
Juli und August: 10 - 20 Uhr täglich
September - Oktober: 10 - 18 Uhr täglich außer Montag

Neben einer High-Tech Nachbildung des schwarzen Salons von Niaux, durch den Sie mittels Kopfhörer in deutscher Sprache geleitet werden, wurde ein großes Außengelände auf Vorgeschichte getrimmt. Zwischen Felsbrocken symbolisieren plötzlich emporschnellende Fontänen und sprühende Wassernebel ein Klima, in dem die erste Vegetation entstehen konnte. Von hier aus ist es nur ein kleiner Schritt für mich, aber ein Riesenschritt in der Geschichte der Menschheit, bis ich mich im Speerwerfen üben kann. Unter fachkundiger Leitung dürfen die Besucher steinzeitliche Wurfgeschosse gen Mammut und Bär schleudern.

Recht gut gemacht ist ein Bambuslabyrinth, in dem aus mehr oder weniger gut versteckten Lautsprechern Naturgeräusche zu hören sind: Tierlaute, Wind, Regen und die ersten primitiven Musikinstrumente. Ein Stück weiter können Sie sich in der Kunst der Höhlenmalerei versuchen, ebenfalls unter Anleitung – versteht sich! Wenn Sie eher auf Steinbearbeitung stehen, so ist auch das kein Problem, eine junge Frau zeigt wie's geht. Steinzeitliche Architektur und Botanik werden Sie ebenso sehen, wie die Kunst des Feuermachens mit nichts als prähistorischem „Feuer-Zeug". Das Eintrittsgeld liegt knapp unter 10 €. Sie können aber einen ganzen Nachmittag hier verbringen, und da ist der Preis schon angemessen.

Jetzt mag es ja sein, dass Sie die Vorgeschichte dermaßen interessiert, dass Sie noch andere Museen, Höhlen und Fundstätten besichtigen wollen. Es gibt derer noch viele in dieser Gegend. Dann können Sie hier

(C09) WOMO-Campingplatz-Tipp: Le Pré Lombard ****

GPS: N 42° 50' 23.3" E 1° 36' 41.5" Route d'Ussat
Öffnungszeiten: März - Mitte Oktober
Ausstattung / Lage: Ver- und Entsorgung, sehr schattig, Laden, Restaurant, Spielplatz, beheizter Pool, WLAN / am Ortsrand, direkt an der Ariège
Zufahrt: Von Ax kommend am ersten Kreisel rechts abbiegen in Richtung Camping. Ab dort sehr gut beschildert.
E-Mail: leprelombard@wanadoo.fr
Internet: www.prelombard.com (in einigen Bereichen deutsche Sprachversion)

in TARASCON auch auf einem Campingplatz Station machen und von dort aus alle Sehenswürdigkeiten in Ruhe besuchen.

Egal, ob Sie den Park besucht haben oder nicht, Sie müssen sich wieder in TARASCON einfinden, damit wir im Tal der *Ariège* weiter nach FOIX kommen.

Wir nähern uns jetzt auf der mittlerweile 4-spurigen N 20 FOIX. Bevor die Straße im Tunnel verschwindet, der um die Stadt herumführt, müssen Sie bei der Abfahrt „FOIX Sud“ abbiegen. Wir folgen ab hier den Schildern „Centre Ville“. Nachdem die *Ariège* mal wieder überquert ist, können Sie jetzt im Kästchen nachlesen, wo Sie einen Stellplatz finden. Sie wollen hier nicht übernachten? Dann betrachten Sie ihn als Parkplatz zum Besichtigen der Stadt.

(039) WOMO-Stellplatz: Foix

GPS: N 42° 57' 45.3" E 1° 36' 35.7" Avenue de l'Ariège
max. WOMOs: 5 gebührenfrei
Ausstattung / Lage: Toiletten / am Ortsrand
Zufahrt: Wenn Sie über die Brücke nach Foix kommen, sehen Sie bald darauf auf der rechten Seite die Markthalle. Biegen Sie anschließend links ab. Sie fahren also wieder in die Richtung, aus der Sie gekommen sind, zurück. Dort, wo das Schild „Parkings“ mit einem Bussymbol nach rechts zeigt, biegen Sie rechts ab. Fahren Sie dann an dem unattraktiven Parkplatz zu Ihrer Linken vorbei, biegen Sie danach links ab und folgen Sie den Schildern „Parking de Vigne“, zuerst nach rechts, dann nach links. Er ist zweigeteilt; auf dem 200er Platz finden Sie im oberen Bereich gerade Stellplätze und können über Fußwege direkt ins „Centre Ville“ gelangen.

Trotz der Schönheit des Ortes zieht es uns weiter zum unterirdischen Fluss von LABOUICHE. Obwohl wir schon oft hier waren, reizt uns ein Besuch jedes Mal. Die Beschilderung ist von FOIX aus eindeutig: Sie brauchen eigentlich nur der bei der Einfahrt in den Ort eingeschlagenen Richtung „Centre Ville“ weiter geradeaus zu folgen, bis Sie die ersten Schilder sehen. Dort angekommen, finden Sie direkt am Informationsgebäude einen Parkplatz in einem Wäldchen. Da Sie in der Saison unter Umständen einige Zeit warten müssen, sollten Sie nicht zu spät ankommen, sonst fährt Ihnen das letzte Boot vor der Nase weg.

Sprach ich eben von „Boot“? Richtig, Sie wissen ja noch gar nicht, was Sie erwartet. Ich hatte Sie bereits vorgewarnt, dass wir in diesem Kapitel einige Zeit unter der Erdoberfläche verbringen. Hier fließt nun ein unterirdischer Fluss, der mit Booten befahren werden kann. – Vergessen Sie Ihren Pullover nicht!

Etwa 12 Personen passen in eine Barke. Ein Führer holt die Gruppe an der Information ab und begleitet sie zum Eingang der Grotte. Sie dürfen dann im Kahn Platz nehmen und

Öffnungszeiten Höhle:
April - Juni: 10 - 11.15 und 14 - 17.15 Uhr täglich
Juli - August: 9.30 - 17.15 Uhr täglich
September: 10 - 11.15 und 14 - 17.15 Uhr täglich
Oktober - November: 14 - 17.15 Uhr
nur Sa., So., Feiertag

werden von Ihrem „Guide" durch das Höhlensystem gezogen. Es ist eine wahre Freude, den Erläuterungen unseres Chauffeurs zuzuhören. Die geologischen Details werden immer wieder durch kleine Anekdoten aufgelockert, humorvolle Bemerkungen werden ebenso spontan eingefügt, wie flapsige Antworten auf Fragen der Mitfahrer. Diese Fahrt können Sie doppelt genießen, wenn Sie der Landessprache mächtig sind. Doch selbst wenn Sie wenig oder kein Französisch verstehen, sollten Sie sich diesen Besuch der Tropfstein-Wunderwelt nicht entgehen lassen!

Insgesamt müssen wir auf unserer Fahrt zweimal umsteigen, um Wasserfälle auf sicheren Steinstufen zu umgehen. Nach mehr als einer Stunde kommen wir nach der Besichtigung einer Galerie voller Stalagmiten und Stalaktiten wieder ans Tageslicht, dabei haben wir 1,5 Kilometer auf unterirdischen Wasserwegen zurückgelegt. Es kann allerdings durchaus sein, dass Sie die Besichtigung in der umgekehrten Reihenfolge durchführen. Es sind immer mehrere Kähne unterwegs, die mal von diesem, mal von dem anderen Höhleneingang starten. Besondere Erlebnisse sind auch die Begegnungen zweier Boote in den engen Gängen; lassen Sie sich überraschen!

Unterirdischer Wasserfall

Tropfsteinformation in Labouiche

Wenige Minuten nachdem Sie wieder im hellen Sonnenlicht zu Ihrem Auto zurückgehen, werden Sie Ihren Pullover wieder ausziehen. Uns geht es genauso. Was steht auf dem Programm? Noch eine Höhle! Damit es nicht langweilig wird, wollen wir da nicht mit dem Kahn sondern mit dem Womo durchfahren. Wo kann man das schon? Natürlich in Mas-d'Azil.

Von unserem Waldparkplatz aus biegen wir links ab und fahren so die Straße, auf der wir von Foix gekommen sind, ganz einfach geradeaus weiter. „Straße" ist fast schon übertrieben, eigentlich sollte ich „Weg" schreiben. Es geht eng her, aber wenn Ihnen nicht gerade ein Mähdrescher entgegenkommt, sollte die Strecke auch mit einem großen Wohnmobil bewältigt werden können. An der ersten ernstzunehmenden Weggabelung müssen wir am „Vorfahrt-gewähren"-Schild rechts abbiegen und dann den Schildern zum Vallée de la *Lèze* folgen. Über den Pas du Portel erreichen wir die D 919. Streng genommen könnten Sie auch schon vor dem Pass links den Schildern nach Mas d'Azil folgen. Tun Sie's nicht! Die Straße ist sehr eng. Jetzt müssen wir uns nach Toulouse orientieren. 10 Kilometer bleiben wir im fruchtbaren Tal der *Lèze*, bis wir nach Pailhès kommen. Hier schicken uns die Wegweiser nach links, dasselbe passiert in Sabarat. Die „Grotte du Mas-d'Azil" ist gut ausgeschildert. Bevor wir sie jedoch erreichen, kommen wir in den Ort Mas-d'Azil. Und kurz davor zu einem Campingplatz.

(C10) WOMO-Campingplatz-Tipp: Le Petit Pyrénéen **

GPS: N 43° 04' 43.7" E 1° 22' 41.3"
Öffnungszeiten: April - September
Ausstattung / Lage: Ver- und Entsorgung, schattig, Laden, Restaurant, Spielplatz, Pool, WLAN / direkt am Fluss
Zufahrt: Noch vor dem Ort in einer Linkskurve vor einer Brücke links abbiegen.
E-Mail: contact@campinglepetitpyreneen.com
Internet: www.campinglepetitpyreneen.com

Da es hier einen offiziellen Übernachtungsplatz gibt, soll er nicht unerwähnt bleiben. Von dort aus sind Sie in 5 Minuten im Ortszentrum, wo Sie mittwochs auf dem Markt einkaufen können.

(041) WOMO-Stellplatz: Mas d'Azil

GPS: N 43° 04' 56.5" E 1° 21' 37.1" Place du Fond de Ville
max. WOMOs: > 5 gebührenfrei
Ausstattung / Lage: Toiletten, Mülleimer, Wertstoff-Behälter / am Ortsrand
Zufahrt: Am Ortsanfang bei der 2. Straße nach dem Ortsschild scharf rechts abbiegen und der Beschilderung „Dolmen" bis zum „Place du Fond de Ville" folgen.

Drei Kilometer sind es noch, bis wir die Grotte du Mas d'Azil erreichen. Ein einmalig schönes Naturschauspiel übrigens, das Sie sich auf keinen Fall entgehen lassen sollten. Eine riesige Tunneleinfahrt taucht vor uns auf, und schon sind wir im Inneren der 420 Meter langen Grotte verschwunden. Rechter Hand begleitet uns die *Arize* durch die Höhle. Anhalten können Sie hier nicht, ohne zur Verkehrsgefährdung zu werden, so sehr das auch reizen mag. Am Ausgang finden Sie aber als Entschädigung auf der linken Seite einen Parkplatz. Sie haben die Möglichkeit, auf dem Platz auf der anderen Straßenseite

Grotte du Mas-d'Azil

(042) WOMO-Picknickplatz: Grotte de Mas d'Azil

GPS: N 43° 04' 01.3" E 1° 21' 20.5"
max. WOMOs: 2 - 3 gebührenfrei
Ausstattung / Lage: Mülleimer, Tische und Bänke / an der Grotte
Zufahrt: Parkplatz an der Ausfahrt der Grotte du Mas-d'Azil auf der linken Seite.

an einem der Tische und Bänke Platz zu nehmen und etwas zu essen. Von dort aus müssen(!) Sie sich die Grotte nochmals in aller Ruhe zu Fuß anschauen.

Öffnungszeiten Museum:
April - Mai: 14 - 18 Uhr außer Montag
Juni - September: 10 - 12 und 14 - 18 Uhr täglich
Oktober, November: 14 - 18 Uhr nur Sonntag

Im Innern werden Sie dann noch einen Seitengang entdecken, den Sie nur zu Fuß erreichen. Hier ist ein kleines Museum untergebracht, das Sie besichtigen können. Auf vier Etagen können Sie sich Fundstücke ansehen, deren Ursprung weit zurückreicht – bis in die Zeit des Magdalénien. Diese Zeitspanne wird Ihnen im Verlauf Ihrer Pyrenäenreise noch öfters begegnen. Also merken Sie sich diese Vokabel am besten gleich, Diese Epoche ist etwa am Ende der Eiszeit anzusiedeln. Also da, wo man noch keine Gefrierschränke benötigte und Frankreich ohne Badeurlauber auskommen musste.

In wesentlich jüngerer Zeit, nämlich Mitte des 17. Jahrhunderts, spielte der seitliche Höhlentrakt noch einmal eine wichtige Rolle: In dem sogenannten „Salle du Temple" suchten die Hugenotten Zuflucht vor den Soldaten Richelieus. Vergeblich! Heute suchen Touristen Zuflucht vor der Sonne Frankreichs.

Wie es von hier aus ab St-Girons weitergeht, erfahren Sie im nächsten Kapitel.

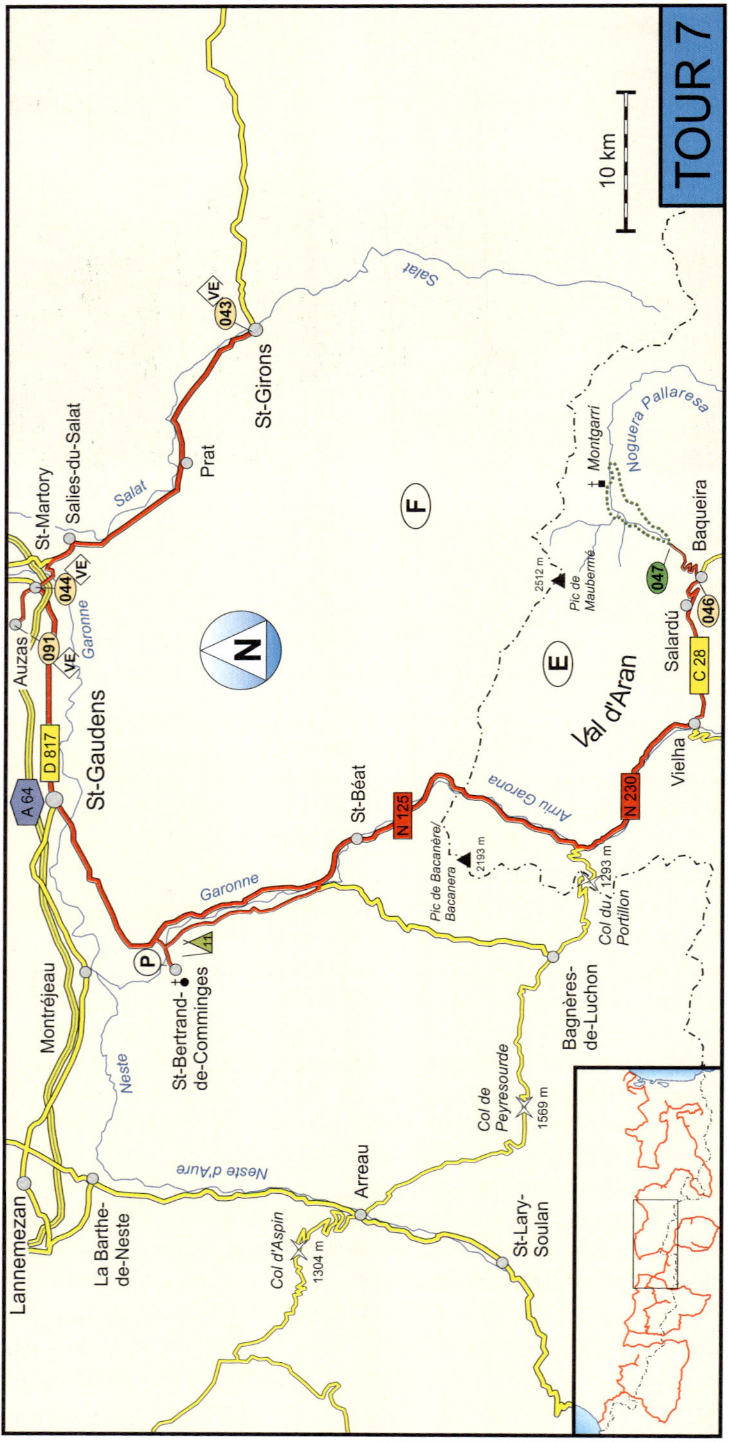
TOUR 7
10 km
St-Girons
Prat
Salies-du-Salat
St-Martory
Salat
Auzas
St-Gaudens
Garonne
A 64
D 817
091
044
043
VE
N
F
E
Val d'Aran
St-Béat
N 125
N 230
Arriu Garona
Pic de Bacanère/Bacanera
2193 m
Col du Portillon
1293 m
Vielha
Salardú
C 28
046
047
Baqueira
Pic de Mauberme
2512 m
Montgarri
Noguera Pallaresa
P
11
St-Bertrand-de-Comminges
Montréjeau
Neste
Bagnères-de-Luchon
Col de Peyresourde
1569 m
Neste d'Aure
Lannemezan
La Barthe-de-Neste
Arreau
Col d'Aspin
1304 m
St-Lary-Soulan

TOUR 7 (129 km)

St-Girons — St-Gaudens — St-Bertrand-de-Comminges — Vielha — Baqueira

Übernachten:	St-Girons, St-Martory, Auzas, St-Gaudens, St-Bertrand, Baqueira, Pla de Beret
Besichtigen:	St-Bertrand-de-Comminges, Valcabrère
Wandern:	Auf dem Pla de Beret
Campingplatz:	Es Pibous

Nach unserem Picknick an der Höhle Mas d'Azil breite ich wieder meine Landkarten auf dem Tisch aus. Die Sehenswürdigkeiten kommen jetzt nicht mehr Schlag auf Schlag. Wir werden in den nächsten Tagen viel Zeit im Wohnmobil verbringen, aber auch häufig an die frische Luft kommen, um zu wandern. Ein letzter Blick auf die Grotte, dann geht es weiter. Die Streckenführung ist einfach: Folgen Sie den Wegweisern nach St-Girons.

In St-Girons angekommen bleiben wir auf der D 117 und fahren erst einmal in Richtung Tarbes. Auf diesem Weg kommen wir an einem Stellplatz vorbei.

(043) WOMO-Stellplatz: St-Girons

GPS: N 42° 59' 18.7" E 1° 08' 20.2" Avenue Aristide Bergès
max. WOMOs: > 5 mittlere Gebühr
Ausstattung / Lage: Ver- und Entsorgung, Mülleimer / im Ort
Zufahrt: Eine Beschreibung erübrigt sich. An jedem Kreisel im Ort stehen große Hinweisschilder.
Sonstiges: Wasser und Strom 2 EUR (Münze)

Damit jedoch nicht genug der Übernachtungsmöglichkeiten. Wenn Sie die Autobahn überquert haben, kommen Sie nach St-Martory. Auch hier können Sie schön stehen.

(044) WOMO-Stellplatz: St-Martory

GPS: N 43° 08' 30.7" E 0° 55' 43.7"
max. WOMOs: 5 gebührenfrei
Ausstattung / Lage: Ver- und Entsorgung, Toiletten, Mülleimer, Wertstoff-Behälter, Stadtplan / im Ort
Zufahrt: Fahren Sie in Richtung St-Gaudens. Nachdem Sie die Garonne überquert haben, biegen Sie links ab und fahren auf den nächsten Parkplatz auf der linken Seite. Die Ver- und Entsorgungsstation finden Sie neben der Toilettenanlage.

Einen weiteren schönen Platz finden Sie etwas weiter nördlich. Verlassen Sie St-Martory auf der D 52. Dazu fahren Sie zurück zur Brücke, überqueren sie aber nicht. Biegen Sie links ab – und schon haben Sie die D 52 erreicht. Folgen Sie dann

(091) WOMO-Stellplatz: Auzas

GPS: N 43° 10' 12.5" E 0° 53' 11.9"
max. WOMOs: > 5

La Grangère
geringe Gebühr

Ausstattung / Lage: Ver- und Entsorgung in der Nähe, Mülleimer / außerhalb, an einem kleinen See

Zufahrt: Wenn Sie von der D 52 nach links in Richtung Auzas abbiegen müssen, sehen Sie noch vor dem Ort die Hinweisschilder nach links zeigen.

Sonstiges: Wasser und Strom in der Gebühr enthalten.

den Wegweisern nach Auzas.

Nach knapp 30 Kilometern erreichen Sie die N 127. Dort biegen Sie links nach St-Gaudens ab. Die Straße führt uns jetzt durch das Tal der *Garonne*. St-Gaudens ist uns von einer Reifenpanne, die etliche Jahre zurückliegt, noch in zwiespältiger Erinnerung. Einerseits waren wir damals hocherfreut, einen Reifenspezialisten, der unsere Größe am Lager hatte, zu finden, andererseits ist eine Panne immer ein unangenehmes Ereignis.

Das Städtchen verlassen wir in Richtung Bagnères-de-Luchon. 10 Kilometer weiter müssen wir aufpassen, um die Abzweigung nach St-Bertrand-de-Comminges nicht zu verfehlen. Die Beschilderung ist jedoch sehr gut. Sie können dort gut außerhalb des Ortes parken [GPS: N 43° 01' 44.7" E 0° 34' 21.2"]. Im Sommer können Sie sogar mit einem kleinen Bähnchen zwischen Parkplatz und Ort hin- und herfahren.

Dieser kleine Ort, der malerisch auf einer kleinen Anhöhe

St-Bertrand-de-Comminges

liegt, zieht uns aus zweierlei Gründen an: Zuerst ist er in seiner Gesamtheit einfach reizvoll. Dann finden wir dort noch eine Kathedrale, die zu den schönsten im gesamten Pyrenäenraum zählt. Ein Besuch ist also allemal lohnenswert.

Noch bevor wir den Ort erreichen, können wir neben der Straße die Ausgrabungsstätten des römischen LUGDUNUM CONVENARUM sehen. 72 v. Chr. wird diese Stadt an der Stelle eines gallischen Oppidums gegründet: Die unter Pompeius besiegten Iberer werden hier angesiedelt. Nach und nach entwikkelt sich die Ortschaft und erlebt ihren Höhepunkt im 4. Jahrhundert. Bald darauf wird sie zerstört.

Krokodil (!) in der Kathedrale von St-Bertrand

Erst viele Jahre später, im 12. Jahrhundert, kümmert sich ein Bischof namens Bertrand um die Ruinen, räumt auf und beginnt mit dem Bau einer Kathedrale. Das geht natürlich nicht von heute auf morgen, sondern setzt sich mit allen Erweiterungen bis ins 16. Jahrhundert fort. Folglich finden wir dort verschiedene Stilrichtungen: Portal, Vorhalle und Teile des Langhauses sind romanisch, der Rest gotisch.

Während der Saison kann der Ort für den Autoverkehr gesperrt sein. Dann ist vom Parkplatz unterhalb des Dorfes aus ein Pendelverkehr mit einer Touristenbahn eingerichtet. Es gibt auch die Möglichkeit auf einen Campingplatz zu fahren, wenn

(C11) WOMO-Campingplatz-Tipp: Es Pibous ***

GPS: N 43° 01' 41.6" E 0° 34' 43.8"
Öffnungszeiten: ganzjährig
Ausstattung / Lage: Ver- und Entsorgung, sehr schattig, Laden, Restaurant, Spielplatz, Pool / einsam
Zufahrt: Wenn Sie von St-Gaudens kommen, müssen Sie kurz vor dem weiter vorne beschriebenen Parkplatz links abbiegen. Ab hier dann gute Beschilderung.
E-Mail: contact@es-pibous.fr
Internet: www.es-pibous.fr (englische Textversion)

Kreuzgang in St-Bertrand-de-Comminges

Sie übernachten wollen. Der Ort ist nicht sehr weit entfernt.

Den erwähnten Parkplatz möchte ich Ihnen auf jeden Fall ans Herz legen. Sie fahren sonst auf einer Einbahnstraße um den Ort herum und erreichen einen Parkplatz, den Sie durch die Ausfahrt – weil zu niedrig – nicht verlassen können. Sie müssen also entgegengesetzt der Einbahnstraße wieder zurück. Ein Zusatzschild erlaubt das groteskerweise zwar, ein Vergnügen ist es jedoch nicht!

Wir beginnen unseren Besuch an der Kathedrale und schlendern anschließend noch ein bisschen durch den reizvollen Ort.

Nach unserer Besichtigung fahren wir ein kurzes Stück weiter nach Valcabrère. Dort steht die Kirche St-Just mitten auf freiem Feld, und wenn wir schon einmal bei Kirchenbesuchen sind, wollen wir die nicht auslassen. Sie ist weniger berühmt, weniger schön gelegen als die Kathedrale in St-Bertrand, dafür aber auch nicht so stark frequentiert. Hier geht alles gemächlicher zu. Der junge Mann an der Kasse steht erst einmal aus seinem Liegestuhl auf, ehe er uns Karten verkauft und auch gleich eine Beschreibung der architektonischen Besonderheiten in deutscher Sprache aushändigt. Ein uralter Friedhof umgibt die Kapelle, und es ist interessant, die alten Inschriften zu lesen. Die verschiedenen Skulpturen an den Wänden der Kirche werden hinreichend erklärt, und ganz nebenbei haben wir von hier aus noch einen schönen Blick auf St-Bertrand-de-Comminges.

Nach diesen Besichtigungen müssen wir wieder längere Zeit im Wohnmobil sitzen. Wir fahren zurück zur Nationalstraße. Sie können allerdings genauso gut die *Garonne* überqueren und auf der D 33 nach Süden fahren. Aufpassen sollten Sie lediglich, dass Sie die Hauptrichtung „Bagnères-de-Luchon" verlassen, wenn Schilder nach St-Béat oder „Espagne" auftauchen. Denen müssen Sie folgen. Falls Ihr Fahrzeug länger als 7 m ist, müssen Sie allerdings auf der Nationalstraße bleiben. Wir treffen uns in der Nähe von St-Beat wieder.

Nach knapp 20 km kommt mir alles wieder ziemlich spanisch vor. Unser weiterer Weg führt erst einmal Richtung Vielha. Die *Garonne* heißt jetzt *Garona*. Wir kommen in das Vall d'Aran, eine sprachliche Konstruktion, die ihresgleichen sucht: „Vall" ist katalanisch und heißt „Tal", „Aran" ist baskisch und heißt ebenfalls „Tal". Das „d'" verbindet spanisch-elegant diese beiden Sprachen, die hier gar nichts zu suchen haben: Dieses spanische Gebiet liegt als einziges nördlich des Pyrenäenhauptkammes und war deshalb lange Zeit isoliert. Der Dialekt, der hier gesprochen wird, ist dem Gascognischen eher verwandt als dem Katalanischen. Mittlerweile ist man dazu übergegangen das „Vall" nur noch mit einem „l" zu schreiben. In der Übergangszeit werden Sie noch beide Schreibweisen antreffen.

Unterdessen haben wir Vielha erreicht und biegen am Kreisel links ab nach Salardú. Danach erreichen wir unseren Zielort Baqueira (früher Vaqueira). Sie müssen sich hier entscheiden, ob Sie heute noch mit uns wandern wollen. Sie brauchen dann mindestens viereinhalb Stunden Zeit. Wenn Sie überhaupt nicht wandern wollen, können Sie in Baqueira übernachten, ansonsten ist es auf dem Pla de Beret ruhiger.

(046) WOMO-Stellplatz: Baqueira

GPS: N 42° 42' 00.1" E 0° 55' 43.9"
max. WOMOs: > 5 gebührenfrei
Ausstattung / Lage: Mülleimer, Wertstoff-Behälter / am Ortsrand
Zufahrt: Nach der Ortseinfahrt großer Parkplatz auf der rechten Seite.
Sonstiges: Der Parkplatz ist im hinteren Bereich von 22 - 7 Uhr gesperrt. Achten Sie auf die rechteckigen Schilder!

Kommen Sie mit zum Wandern? Wir beginnen die Wanderung an einem Parkplatz auf der „Pla de Beret" genannten Hochebene. Dazu fahren wir noch ein Stück weiter ins Zentrum von Baqueira. Scharf nach links folgen wir der Beschilderung nach Beret. In vielen Serpentinen schlängelt sich die Straße hinauf zum Puerto de Beret. Anschließend sehen wir zwei Parkplatzschilder. Das erste zeigt nach rechts, wir fahren jedoch geradeaus zum zweiten Platz. In dessen hinterem Bereich können Sie einen blauen Schuppen sehen. Dort beginnt unsere Wanderung, weshalb es zweckmäßig ist, an jener Stelle zu parken.

(047) WOMO-Wanderparkplatz: Pla de Beret

GPS: N 42° 43' 41.6" E 0° 57' 45.9"
max. WOMOs: > 20 gebührenfrei
Ausstattung / Lage: Mülleimer / außerhalb
Zufahrt: Von Baqueira aus den Schildern „Beret" folgen. Auf der Hochebene nicht nach rechts abbiegen sondern geradeaus weiterfahren bis halblinks ein großer Parkplatz auftaucht.

Zum Kloster Montgarrí und zu dem gleichnamigen verlassenen Dorf wollen wir gehen. Dazu halten wir uns an die Beschreibung der Wandertour 17 im „Richtig-Wandern"-Führer. Speziell das verlassene Dorf macht mächtig Eindruck auf uns, klingt es doch so schön abenteuerlich und steigert die Motivation beträchtlich.

Womo-Wandertipp: Zum Kloster und dem verlassenen Dorf Montgarrí

Der Rucksack ist gepackt, feste Schuhe angezogen und ein letzter Blick in den Wanderführer geworfen. Hinter dem Schuppen plätschert ein Bach entlang, den es als erstes zu überqueren gilt. Links von uns steigt ein Hang an, auf den wir zugehen, bis wir einen Feldweg erreichen. Ab dort

Auf dem Weg nach Montgarrí

geht es dann immer geradeaus weiter.

Nach einer guten halben Stunde können Sie sich vergewissern, dass Sie noch richtig sind: Der erste Wegweiser nach Montgarrí taucht auf. Es geht jetzt steiler abwärts, über eine Betonbrücke und danach an einem verfallenen Hof vorbei. Das Kloster Montgarrí wurde bei unseren letzten Besuchen restauriert, so dass eine Besichtigung we-

Verfallener Hof auf dem Pla de Beret

Das Kloster Montgarrí

gen der Bauarbeiten nicht möglich war. Hier picknicken wir erst einmal.

Nachdem Hunger und Durst gestillt sind, machen wir uns wieder auf den Weg. Zuerst gehen wir über die Brücke direkt am Kloster und wenden uns dann nach links, behalten also unsere vorherige Richtung bei — allerdings auf der anderen Seite des Baches. Jetzt dauert es etwa noch eine halbe Stunde, bis wir zu dem verlassenen Dorf MONTGARRÍ kommen.

Nach der Überquerung eines kleinen Hügels liegen die Ruinen vor uns. Von vielen Häusern stehen nur noch ein paar Außenmauern, aus anderen wachsen Bäume und Büsche. Langsam spazieren wir durch die Straße, passen auf, dass wir uns bei der Überquerung eines Baches keine nas-

Das verlassene Dorf Montgarrí

sen Füße holen und erreichen am Ortsausgang ein relativ gut erhaltenes Haus auf der linken Seite. Für uns ist das — laut Wanderführer — das Signal, uns jetzt nach rechts in die Büsche zu schlagen und den steilen Hang hinaufzuklettern. Glücklicherweise ist es nur ein kurzes Stück, bis wir eine Etage höher einen Feldweg erreichen. Wir haben jetzt den am weitesten entfernten Punkt erreicht.

Der Weg ist recht bequem zu laufen, und verirren können wir uns auch nicht, da auf der gegenüberliegenden Seite des Tals die wichtigsten Stationen des Hinwegs zu sehen sind.

Durch die Schneeschmelze sind auch kleine Rinnsale, die über den Weg fließen, zu mittelgroßen Bächen geworden. Hier gilt es zunächst einmal die beste Überquerungsmöglichkeit zu finden. Manchmal klappt das über einen kleinen Umweg bergan, manchmal müssen wir jedoch auch eine flache Furt suchen und holen uns dabei nasse Schuhe. Trotzdem erreichen wir wohlbehalten unser Womo.

Schließlich kommen wir wieder am Wohnmobil an und machen es uns erst einmal auf den Sitzen bequem. Unsere Füße werden von den Wanderschuhen befreit, die letzten Reste der mitgenommenen Brotzeit verspeist und der letzte Schluck des Mineralwassers verteilt. Jetzt ist es an der Zeit, uns auf den weiteren Verlauf unserer Reise zu konzentrieren.

Nach Baqueira kommen wir wieder auf der selben Straße, die wir heraufgefahren sind, zurück. Nur das Panorama ist jetzt schöner, da Sie die Gebirgskette von Aigüestortes nicht nur im Rückspiegel sehen, sondern sie direkt vor Augen haben. Darüber lesen Sie im nächsten Kapitel mehr. In Baqueira geht's links ab, wenn wir die Hauptstraße erreichen.

TOUR 8 (268 km)

Baqueira —Espot — Pont de Suert — Bagnères-de-Luchon

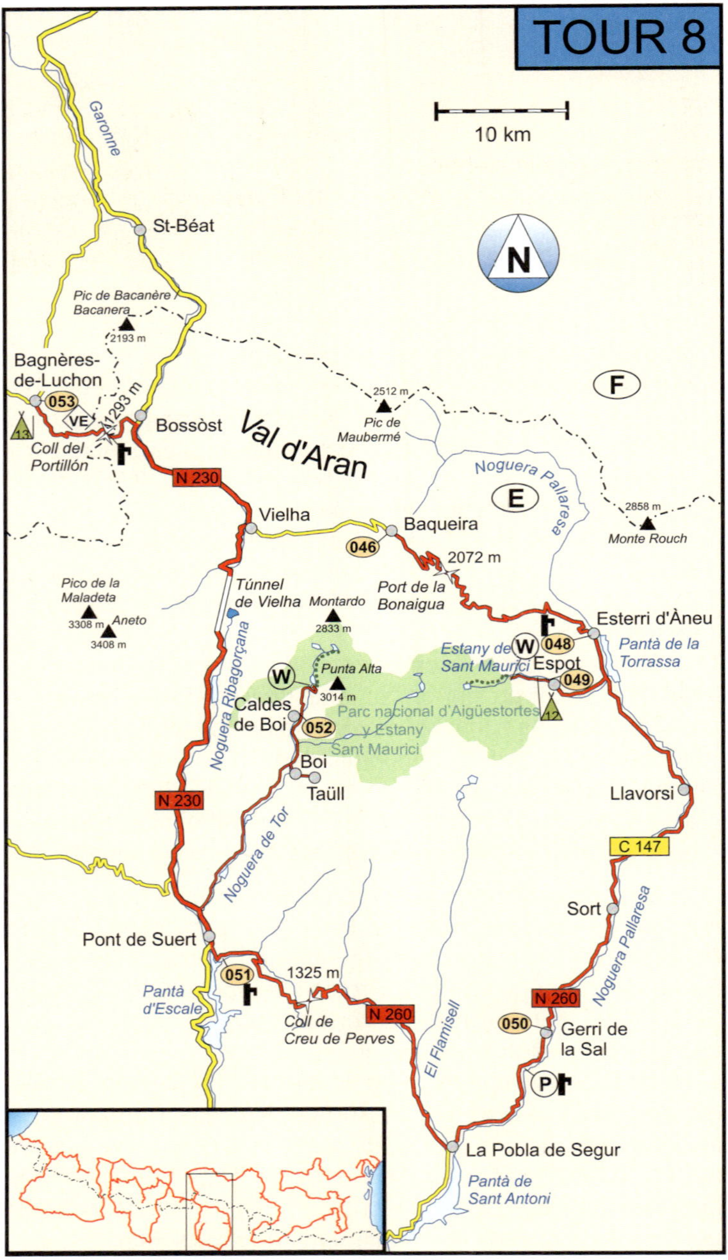

Übernachten:	Baqueira, Esterri d'Àneu, Espot, Gerri de la Sal, an der N 260, Caldes-de-Boí, Bagnères-de-Luchon
Besichtigen:	Parc Nacional de Aigüestortes, Vall de Boí
Wandern:	Am Estany de Sant Maurici, im Vall de Boí
Campingplätze:	Vora Parc, Beauregard

Heute Morgen gibt es kein Baguette zum Frühstück. Schließlich sind wir in Spanien, da gibt es Pan. Ein kräftiges Frühstück ist heute auf jeden Fall nötig. Die 268 Kilometer, die am Anfang des Kapitels stehen, brauchen Sie ja nicht alle an einem Tag zu fahren, aber genügend Arbeit mit dem Lenkrad und den Pedalen werden Sie schon haben. Unsere gestrige Wanderung hat dafür gesorgt, dass wir heute etwas länger schlafen. Um so lieber frühstücken wir etwas ausgiebiger, und so ist es fast schon Mittag, bis wir Baqueira verlassen.

Bis Esterri d'Àneu wird die Straße immer schmaler, die Landschaft jedoch immer beeindruckender. In 2072 Metern Höhe überqueren wir den Port de la Bonaigua. Hier weiden viele Pferde, und wir halten an, um die Aussicht zu genießen und uns von der Sonne bescheinen zu lassen. Die freilaufenden Tiere sind Publikumsverkehr gewöhnt und zeigen nicht die geringste Scheu. Bisweilen haben die Autofahrer gar Schwierigkeiten, den Kopf eines neugierigen Pferdes durch die geöffnete Seitenscheibe ihres Fahrzeugs wieder nach draußen zu bugsieren. Das Beobachten ist dabei recht unterhaltsam, man lernt sogar etwas dazu: Schließlich ist es heute gar nicht so heiß, und die Fenster und Türen des Womos können ruhig geschlossen bleiben. Die geöffnete Dachluke in 3,15 m Höhe reicht eigentlich aus! Nach etwa einer Dreiviertelstunde setzen wir im gnadenlos überhitzten Wohnmobil unsere Fahrt fort. Wir haben soeben die Wasserscheide zwischen *Atlantik* und *Mittelmeer* überschritten. Ist das nichts? Bis kurz vor dem Pass hat uns noch die *Garona*, die als *Garonne* bzw. *Gironde* in den *Atlantik* fließt, begleitet. Nach etwa 10 Kilometern plätschert der *Ríu Bonaigua* neben der Straße. Er fließt in die *Noguera Pallaresa* und damit ins *Mittelmeer*.

Esterri d'Àneu ist erreicht, und schon wird die Straße breiter. Bald darauf taucht auf der linken Seite der Stausee *Em-*

(048) WOMO-Stellplatz: Esterri d'Àneu

GPS: N 42° 37' 42.8" E 1° 07' 20.8" Plaça de Closa
max. WOMOs: 2 - 3 gebührenfrei
Ausstattung / Lage: Trinkwasser, Mülleimer, Wertstoff-Behälter, Spielplatz / am Ortsrand
Zufahrt: Wenn Sie nach Esterrí d'Àneu reinkommen, bald darauf auf der rechten Seite.

balse Pantà de la Torrassa auf, dann haben Sie noch etwa 3 Kilometer Zeit, um die Abfahrt nach ESPOT nicht zu verpassen. Wir biegen hier rechts ab.

Warum ich mit Ihnen nach ESPOT will? Wir möchten einen der großen spanischen Nationalparks in den PYRENÄEN besuchen. Er trägt den stolzen Namen „PARC NACIONAL D'AIGÜESTORTES I ESTANY DE SANT MAURICI". Oder so ähnlich. Er heißt in jedem Buch und auf jedem Straßenschild anders – einige der genannten Wörter kommen aber immer vor. Genauso oft wie sich der Name ändert, werden auch die Besuchsregelungen für den Nationalpark geändert. 1993 gab es eine Beschränkung der Fahrzeuge, die pro Tag in den Nationalpark fahren durften. An Ostern 1995 war der Park für alle Fahrzeuge außer Taxis gesperrt. Im Sommer 1995 war jedoch wieder die Regelung von 1994 in Kraft (vielleicht auch nur montags bis freitags – außer an Feiertagen?). Seit 1996 ist die Zufahrt zum oberen Parkplatz gesperrt. Im Sommer 2000 konnten wir bis zu einem Platz am Beginn des Nationalparks fahren. 2011 sah die Situation folgendermaßen aus: Für Wohnmobile ist die Strecke ab Campingplatz gesperrt. Kleine Womos, vor allem Kastenwagenmodelle, können bis zur Grenze des Nationalparks fahren. Die Straße ist in einem sehr schlechten Zustand. Es ist auf jeden Fall verboten, auf dem Parkplatz am Park zu übernachten. Das sagt Ihnen auch ein Parkwächter, der an dem Schild „Control" steht und Ihnen einen Plan der Wanderwege durch den Park, sowie eine Tüte für den Abfall überreicht. Dieser Parkwächter hat allerdings schon größere Wohnmobile wieder zurück nach ESPOT geschickt, wie ich durch Gespräche mit anderen Womofahrern in Erfahrung gebracht habe. Also – Risiko!

Wir sind jetzt in ESPOT. Hier ist der Nationalpark gut ausgeschildert. Sie kommen zuerst aus dem Ortsbereich heraus und folgen dann nicht den Wegweisern zum Wintersportort SUPER-ESPOT, sondern biegen rechts ab. Bald sehen wir eine Weggabelung. Links geht die Straße hoch zum Nationalpark, geradeaus sehen Sie einen nicht gerade schön zu nennenden Parkplatz. Trotzdem möchte ich ihn wegen der unsicheren Parkregelung als Übernachtungsplatz erwähnen. Hier dürfen Sie! Sie brauchen allerdings auch eine gehörige Portion

(049) WOMO-Stellplatz: Espot

GPS: N 42° 34' 48.5" E 1° 04' 57.5"
max. WOMOs: 3 - 4 gebührenfrei
Ausstattung / Lage: Mülleimer, Wertstoff-Behälter / am Ortsrand
Zufahrt: Durch Espot in Richtung Aigüestortes bis zum Ortsende durchfahren. Wenn die „Bergstrecke" beginnt, finden Sie rechts einen unbefestigten Platz.

(C12) WOMO-Campingplatz-Tipp: Vora Parc **

GPS: N 42° 34' 58.4" E 1° 04' 28.7" Carretera Lago Sant Maurici
Öffnungszeiten: ganzjährig
Ausstattung / Lage: schattig, Laden, Spielplatz, Pool, WLAN / am Flussufer, im Wald, 1,3 km nach Espot
Zufahrt: Vom Stellplatz aus in Richtung des oberen Parkplatzes fahren. Auf halber Strecke liegt der Platz auf der rechten Seite.
E-Mail: info@voraparc.com
Internet: www.voraparc.com (deutsche Textversion)

Kondition, um von hier aus der beschriebenen Wandertour zu folgen. Die halbe Wanderstrecke zum oberen Parkplatz können Sie schon mal sparen, wenn Sie auf den Campingplatz ausweichen. Am Beginn der Bergstrecke steht am genannten Stellplatz ein Info-Kiosk. Dort können Sie die derzeitige Regelung erfragen – wenn er geöffnet ist.

Eine weitere Möglichkeit hätte ich noch für Sie: Sie parken auf dem großen Parkplatz am Ortseingang von Espot (von Esterri d'Àneu kommend auf der linken Seite). Dort gilt ein Übernachtungsverbot! Sie überqueren dann die Straße, gehen ein paar Meter zum Sammeltaxistand und lassen sich zum oberen Parkplatz fahren.

Womo-Wandertipp: Zum Estany de Sant Maurici

Ich möchte unsere Wanderung am oberen Parkplatz beginnen. Der Eingang zum Naturpark liegt direkt vor uns, und auf einer übersichtlich gestalteten Tafel können wir zwischen verschiedenen Wanderwegen wählen. Wir entschließen uns erst einmal, zum Estany de Sant Maurici zu gehen. Diese Strecke ist auch für ungeübte Wanderer leicht zu schaffen. Rechts der geteerten Fahrstraße für die Taxi-Jeeps, die in den Park fahren dürfen, führt ein Wanderweg in den Wald. Verlaufen können Sie sich nicht, immer mal wieder taucht ein Schild zum „Estany" auf. Die eben erwähnte Fahrstraße kann ungeduldigen Wanderern auch zum Abschätzen der Wegstrecke dienen: Nach etwa einem Drittel wird die Straße überquert, nach zwei Dritteln des Weges nähert sich der Wanderweg ihr bis auf wenige Meter.

Die Strecke gefällt uns allein schon durch ihren Abwechslungsreichtum. Wir laufen über Wiesen, durch Wälder,

Alles andere ist erlaubt

Estany de Sant Maurici und die Gipfel der Encantats

überqueren Bäche, sehen Wasserfälle, und gegen Ende der Wanderung tauchen immer wieder einmal die beeindruckenden Gipfel der „Encantats" auf. In vielen Reise- und Wanderführern konnten wir lesen, dass es im Nationalpark nicht nötig ist, Trinkwasser mitzunehmen. Das stimmt! Links und rechts des Weges finden Sie eine Unzahl von Quellen, und das Wasser sieht so appetitlich frisch aus, dass wir einfach nicht widerstehen können und immer wieder eine Handvoll kosten.

Auf naturkundliche Besonderheiten wird auf Schrifttafeln hingewiesen. Sie sind zweisprachig: Spanisch und Katalanisch. Von uns spricht niemand spanisch und erst recht nicht katalanisch, trotzdem können wir einigermaßen verstehen, was uns vermittelt werden soll.

Am Estany de Sant Maurici haben wir wieder die Wahl. In einem kleinen Unterstand hängt eine weitere Übersichtstafel mit Wanderwegen. Übertreiben wollen wir es nicht. Höchstens noch eine Stunde wollen wir uns zumuten. Vor einigen Jahren haben wir den Stausee umrundet. Dieser Spaziergang dauert etwa eine Stunde. Beeindruckt waren wir damals vor allem von der großen

Anzahl an Wasserfällen, die sich in das glasklare Wasser des Sees ergießen, und der wunderbaren Aussicht auf die schroffen Felswände der Encantats. Diesmal wollen wir zum *Estany de Ratera.* Unterwegs kommen wir dabei noch an dem Wasserfall „Cascade de Ratera" vorbei. Bis zu diesem See brauchen wir eine knappe Stunde, zurück etwas weniger. Vom *Estany de Ratera* können Sie auch auf einem Rundweg zum *Estany de Sant Maurici* zurückwandern, das dauert jedoch wesentlich länger. Bedenken Sie, dass Sie ja auch noch die Strecke zurück zum Parkplatz und zu Ihrem jeweiligen Nachtquartier vor sich haben.

Weniger ermüdet als gestern, kommen wir am Womo an – und das ist gut so, schließlich haben wir noch eine gewaltige Strecke vor uns. Das ganze Aigüestortes-Massiv wollen wir noch umfahren, da kommt einiges an Kilometern zusammen. Ich habe mir auch schon überlegt, ob ich nicht einfach von Espot aus über Baqueira nach Vielha zurückfahren soll. Da Sie die Strecke von Baqueira aus ja noch in lebhafter Erinnerung haben, werden Sie sicherlich auch lieber den breiteren Straßen folgen wollen, selbst wenn das ein weiterer Weg ist. Schließlich gibt es ja auch noch was zu sehen.

Zunächst müssen wir zurück nach Espot und weiter zum Stausee Embalse de la Torrasa. Dort treffen wir wieder auf die C 147, biegen rechts ab und fahren Richtung Lleida (Lérida). Wir folgen dann dem Lauf des *Noguera Pallaresa* bis nach la Pobla de Segur.

Vorher kommen wir noch durch Gerri de la Sal. Hier können wir die alten Becken bestaunen, in die salzhaltiges Wasser zum Verdunsten eingeleitet wird. Nach einigen Tagen kann dann das Salz mit einer Art Rechen von der Oberfläche „abgeerntet" werden. Hinter den Salzbecken, in der Nähe des Ortszentrums, kann ich Ihnen noch einen Übernachtungsplatz empfehlen. Es erfordert ein wenig Aufmerksamkeit, die Abfahrt dorthin nicht zu übersehen.

Auf dem Weg nach la Pobla de Segur kommen wir durch

Salzbecken in Gerri de la Sal

(050) WOMO-Stellplatz: Gerri de la Sal

GPS: N 42° 19' 28.5" E 1° 03' 58.1"
max. WOMOs: 2 - 3 gebührenfrei
Ausstattung / Lage: Mülleimer, Wertstoff-Behälter / im Ort
Zufahrt: In der Ortsmitte von Gerri de la Sal liegt der Platz auf der linken Seite. Die Zufahrtsstraße biegt unvermittelt scharf nach links ab. Der Parkplatz liegt ein gutes Stück unterhalb des Straßenniveaus.

drei recht dicht hintereinander liegende Unterführungen. Nach dem dritten Tunnel können Sie auf der linken Seite auf einem

Verlassenes Dorf zwischen La Pobla de Segur und Pont de Suert

Parkplatz Ihren Wasservorrat ergänzen. Ein Brunnen mit Trinkwasser ist mit dem Womo leicht zu erreichen.

Versorgungsprobleme dürften in den Pyrenäen eigentlich nicht vorkommen. Brunnen mit einwandfreiem Wasser finden Sie fast in jedem Ort. Etwas schwieriger wird es, den Inhalt von Abwasser- und Fäkalientank loszuwerden. In den Ost- und Westpyrenäen sind die Ver- und Entsorgungsstationen wesentlich dichter gesät als im Zentrum. Trotzdem gibt man sich hier Mühe, und ich denke, in einigen Jahren sollte auch die Entsorgung kein Problem mehr sein.

Der nächste wichtige Ort heißt la Pobla de Segur. Nicht, dass er wegen seiner Schönheit besonders erwähnenswert wäre, wir müssen hier nur aufpassen, dass wir rechts abbiegen und die N 260 nicht verfehlen. Ab jetzt fahren wir wieder nach Norden und dürfen uns den Schildern nach Francia anvertrauen.

(051) WOMO-Picknickplatz: N 260

GPS: N 42° 23' 22.6" E 0° 45' 09.7"
max. WOMOs: 3 gebührenfrei
Ausstattung / Lage: Wasser, Mülleimer, Tische und Bänke, Wandertafeln / außerhalb
Zufahrt: Kurz vor Pont de Suert zwischen Kilometerstein 345 und 346 links abbiegen.

Nach vielen großen und kleinen Tunnels erreichen wir schließlich Pont de Suert. Hier fasse ich nach einem Blick auf die Landkarte den Entschluss, ins Vall de Boí zu fahren. Wir möchten noch etwas wandern, und in einem Reiseführer lese ich, dass hier interessante Kirchen stehen.

Ab Pont de Suert begleitet uns die *Noguera Ribagorçana*. Etwa 3 Kilometer hinter dem Ort müssen wir rechts abbiegen. „Vall de Boí“ steht schon auf dem Wegweiser. Die Straße scheint mir klein genug zu sein, so dass wir hier nicht einem solchen Rummel wie in Espot ausgesetzt sein sollten. Hierbei habe ich mich leicht getäuscht. Ein deutsches Fotografenteam mit drei großen LKWs stellt Geländewagen in Bäche oder auf die Wiese und macht Werbefotos. Die Hauptrichtung ist ab jetzt geradeaus. Biegen Sie nicht nach Boí ab, das machen wir auf dem Rückweg, wenn Sie noch Lust haben, sich von

(052) WOMO-Stellplatz: Caldes-de-Boí

GPS: N 42° 33' 48.3" E 0° 50' 36.2"
max. WOMOs: > 5 gebührenfrei
Ausstattung / Lage: Mülleimer / am Ortsrand
Zufahrt: Am Ortsende von Caldes-de-Boí finden Sie rechts einen großen Parkplatz. Womos parken sowohl hier als auch kurz dahinter am Waldrand oder auf der anderen Straßenseite. An dieser Stelle sind morgens auch die Parkwächter anzutreffen.

mir etwas über die Kirchen erzählen zu lassen. CALDES DE BOÍ ist der letzte Ort an dieser Straße, er liegt eigentlich etwas links davon, und wir tangieren ihn nur. Der Nationalpark beginnt kurz hinter dem Ort. Für den Besuch des Parks gibt es auch hier Bestimmungen. Keine Übernachtung innerhalb der Parkgrenzen! Dafür gibt es aber einen Parkplatz außerhalb des Gebietes. Kleine bis mittelgroße Wohnmobile dürfen von hier aus morgens auf die oberen Parkplätze fahren. Allerdings nur so viele, wie die Parkplätze aufnehmen können. Dazu stehen am Ortsende von CALDES DE BOÍ Mitarbeiter der Parkverwaltung und lassen nur so viele Fahrzeuge passieren wie Plätze vorhanden sind. Zumindest ist das im Sommer so. Sie sollten früh aufstehen. Bereits um 8.30 Uhr war ich bei den letzten Fahrzeugen, die noch hinauffahren durften. Wenn Sie zu spät wach werden, sind Sie blockiert, bis die ersten Wanderer wieder zurück kommen. Und das kann dauern... Auf einem der Parkplätze steht sogar schon ein deutsches Wohnmobil. Es ist mein Verleger, der für sein Nord-Spanienbuch recherchiert. „Die Welt ist klein für Reiseschriftsteller!“, ist seine Meinung.

Womo-Wandertipp: Zum Refugi Ventosa i Calvell

Egal auf welchem Parkplatz Sie schließlich stehen, Ihr erstes Ziel ist der Estany de Cavallas. Wir beginnen unsere Wanderung am Fuß des Staudammes und folgen dem steilsten Weg zur Krone der Staumauer. Hier steht dann schon das erste Schild

Am Estany de Cavallers am Beginn unserer Wanderung

Bachläufe sind oft zu überqueren

zur Hütte „Ventosa i Calvell“. Unsere Route führt ohne große Höhenunterschiede am Stausee entlang. Der Weg ist allerdings sehr steinig. Am Ende des Sees behalten wir die Grobrichtung bei. Es geht jetzt schon langsam bergauf. Das letzte Hinweisschild zum Refugi steht auf einer Weide. Zwischen Kühen laufen wir langsam bergan. Ab jetzt müssen wir uns an Steinmännchen orientieren, die allenthalben aufgeschichtet wurden.

Nach der Überquerung einer Brücke wird der Weg beschwerlicher. Es geht steil bergauf. Kristallklare Bergbäche werden jetzt nur noch auf Furten überquert. Auch hier haben wir keine Bedenken, aus den Bächen zu trinken und vor allem uns den Schweiß vom Gesicht zu waschen.

Die Wanderung ist jetzt anstrengend. Die Aussicht hier oben ist aber einfach überwältigend. Auf einer Hochebene haben wir Gelegenheit, etwas zu verschnaufen. Nach einem Felsentor taucht dann auch schon der Estany Negre auf. Von hier zur Schutzhütte ist es — verglichen mit dem Aufstieg — ein Kinderspiel. Hier ruhen wir uns ein bisschen aus. Leider kann ich Ihnen für den Rückweg keine Alternativstrecke anbieten.

Es geht auf gleichen Pfaden retour. Wir haben für die gesamte Tour 4 Stunden und 45 Minuten gebraucht.

Steht Ihnen der Sinn noch nach Kultur? Dann können Sie mit uns auf der Rückfahrt ein paar romanische Kirchen besuchen. Sie stammen meist aus dem 11. und 12. Jahrhundert und sind im lombardischen Stil erbaut, was in dieser Gegend ungewöhnlich ist.

Wir schlängeln uns zunächst den kurvigen Weg zur Kontrollstelle zurück, lassen Caldes de Boí diesmal rechts liegen und fahren zuerst nach Boí. Leider ist zum Zeitpunkt unseres Besuchs die Kirche im Renovierungszustand, und wir können das Innere nicht besichtigen. Also schauen Sie sich am besten selbst um.

San Feliu in Barruera

Von Boí aus bleiben wir in dem Seitental und wollen weiter nach Taüll. Hier soll die schönste Kirche des Tales stehen: Sant Climent. Dort, wo alle Leute mit Fotoapparaten eifrig Bilder schießen, können Sie sich einen Parkplatz suchen. Wir sind jetzt auf einer Umgehungsstraße um den Ort, und der Parkplatz bei der Kirche ist ein guter Ausgangspunkt, um das Dorf zu besichtigen. In der Ortsmitte steht eine weitere Kirche: Santa María. Für einen Ort mit 100 Einwohnern ist das beachtlich. Doch zurück zu Sant Climent, dem eigentlichen Anlass unseres Abstechers. Der Glockenturm ist außergewöhnlich schön, aber auch das Innere ist beeindruckend, obwohl die Bilder lediglich Kopien sind. Die Originale sind im Museu d'Art de Catalunya in Barcelona zu sehen.

Sant Climent in Taüll

Um die dritte Kirche zu erreichen, fahren wir über Boí wieder zurück zur Hauptstraße des Tals. Wir kommen dann nach Barruera, den Hauptort des Vall de Boí. Im

Gegensatz zu den bereits besuchten Kirchen liegt diese reizvoll von Bäumen umgeben neben der Straße. Der Turm ist bei weitem nicht so imposant wie der von Sant Climent, trotzdem lohnt ein Besuch.

Sant Joan in Boí

Wir verlassen nun das VALL DE BOÍ und folgen wieder den Wegweisern nach FRANCIA. Auf der N 230 fahren wir jetzt weiter nach Norden. Wenn rechts der Stausee *Pantà de Senet* auftaucht dauert es nicht mehr lange, bis uns Dunkelheit umfängt: Der TÚNEL DE VIELHA ist 5 Kilometer lang und bringt uns auf die Nordseite der PYRENÄEN.

In VIELHA waren Sie ja schon einmal. Erinnern Sie sich an den Kreisel, an dem Sie nach BAQUEIRA abgebogen sind? Genau dort kommen wir jetzt wieder an. Allerdings fahren wir diesmal geradeaus – zurück nach FRANKREICH. Damit es nicht langweilig wird, biegen wir in der Ortschaft BOSSÒST nach links ab. Über den COL DU PORTILLON wollen wir BAGNÈRES-DE-LUCHON erreichen.

Auf der Passhöhe überqueren wir die spanisch-französische Grenze. In LUCHON folgen wir zuerst den Schildern zur Stadtmitte. Wenn Sie übernachten wollen, müssen Sie noch ein paar Minuten mit uns kommen.

(053) WOMO-Stellplatz: Bagnères-de-Luchon

GPS: N 42° 47' 41.8" E 0° 35' 53.7" Rue Jean Mermoz
max. WOMOs: > 5 geringe Gebühr
Ausstattung / Lage: Ver- und Entsorgung, Mülleimer / im Ort
Zufahrt: Von unserer Tour aus kommend, müssen Sie im Ortszentrum von der breiten Straße rechts abbiegen, wenn Sie das Schild „Parking du Casino“ sehen. Das ist leider etwas versteckt, also erhöhte Aufmerksamkeit walten lassen! Am ersten Kreisel biegen Sie dann links ab. Am nächsten Kreisel geht's geradeaus weiter. Achten Sie jetzt auf eine Brücke, die Sie überqueren. Direkt danach biegen Sie rechts ab in die Rue Jean Mermoz. Noch ein paar Meter geradeaus, dann können Sie den geräumigen und schön angelegten Platz schon sehen.
Sonstiges: Wasser 2 EUR und Strom 4 EUR

(C13) WOMO-Campingplatz-Tipp: Beauregard **

GPS: N 42° 46' 39.1" E 0° 36' 03.5" Avenue de Vénasque
Öffnungszeiten: Mai - Oktober
Ausstattung / Lage: Ver- und Entsorgung, sehr schattig, Restaurant, Spielplatz, WLAN / direkt am Fluss gelegen
Zufahrt: Vom Zentrum aus in Richtung Superbagnères fahren. Der Platz liegt am Ortsausgang auf der linken Seite.
E-Mail: camp. beauregard @wanadoo.fr
Internet: www.camping-beauregard.eu

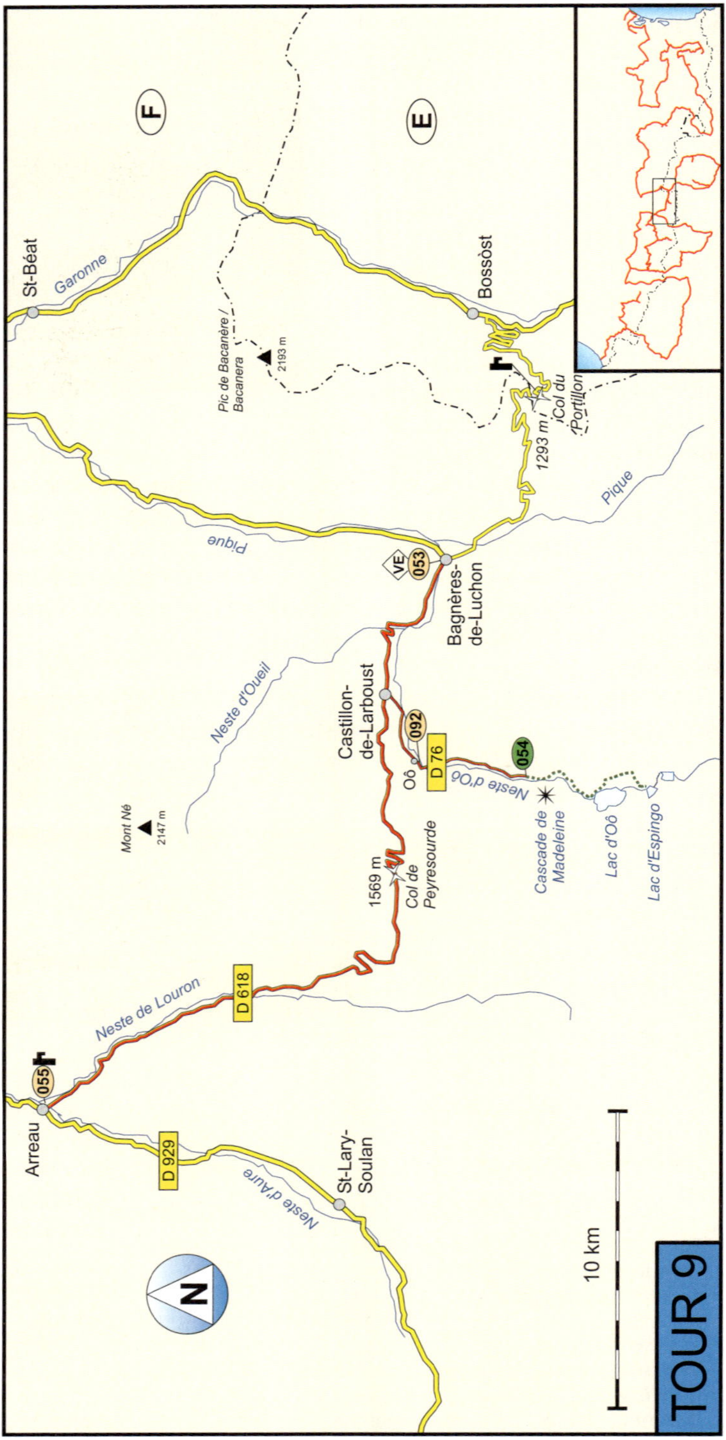
TOUR 9
10 km
N
F
E
St-Béat
Garonne
Bossòst
Pic de Bacanère / Bacanera
2193 m
Col du Portillon
1293 m
Pique
Pique
VE
053
Bagnères-de-Luchon
Neste d'Oueil
Castillon-de-Larboust
092
Oô
D 76
054
Neste d'Oô
Cascade de Madeleine
Lac d'Oô
Lac d'Espingo
Mont Né
2147 m
1569 m
Col de Peyresourde
D 618
Neste de Louron
055
Arreau
D 929
St-Lary-Soulan
Neste d'Aure

TOUR 9 (46 km)

Luchon — Lac d'Oô — Arreau

Übernachten:	Bagnères-de-Luchon, am Parkplatz des Lac d'Oô, Arreau
Wandern:	Zum Lac d'Oô und Lac d'Espingo
Markt:	Arreau (Do.)

Die Beschreibung des Womo-Stellplatzes in Bagnères-de-Luchon konnten Sie ja schon im letzten Kapitel lesen.

Wir können den Tag ganz ruhig beginnen, gegenüber der letzten Tour mit 268 km stehen uns diesmal nur 46 km bevor. Brot und Käse für heute sind eingekauft – bevor wir frühstücken, wollen wir jedoch noch ein Stück weit fahren. Vom Zentrum aus müssen Sie mit uns den Schildern nach Arreau bzw. Col de Peyresourde folgen. Sollten Sie auf dem Stellplatz stehen, fahren Sie das Stückchen bis zur nächst größeren Straße zurück, biegen dann rechts ab und fahren am Ende dieser Straße nach links. Hier folgen Sie gleichfalls der eben genannten Beschilderung

Wo's da wohl hingeht?

Wir fahren wieder einmal den Berg hoch, und ich glaube meinen Augen nicht zu trauen: Die ersten Schilder zum *Lac d'Oô* stehen schon am Straßenrand. Vor mehr als 20 Jahren sind wir schon zu diesem See gewandert, damals war das Pfadfinderarbeit. Freuen Sie sich, das Wanderparadies ist mittlerweile gut ausgeschildert. In dem Ort Castillon-de-Larboust müssen wir links abbiegen. Nun folgen Sie der D76 knappe 3 Kilometer, um in den Ort zu gelangen, den wir Deutschen kaum aussprechen können: nach Oô. Wir passieren den Ort, um am Ortsende

(092) WOMO-Stellplatz: Oô

GPS: N 42° 47' 44.4" E 0° 30' 19.2" — Le Village / Parkplatz
max. WOMOs: 2-3 — gebührenfrei
Ausstattung / Lage: an der Ortsdurchfahrt / an einem Bach
Zufahrt: Durch den Ort durch, direkt am Ortsausgang
Sonstiges: Nur für einmalige Übernachtung / ruhig, trotz Straßennähe

linkerhand direkt an der Straße und vor einem kleinen rauschenden Bach auf einen Parkplatz zu fahren, auf dem man gut und gerne auch einmal eine Nacht verbringen kann. Auch Wanderrouten zweigen von hier ab.

Wer aber länger bleiben möchte, der sollte auf den Wanderparkplatz (054) ausweichen, denn hier kann man sich besser ausbreiten. Zu diesem gelangen Sie, wenn Sie die D76 weiter verfolgen. Also halten Sie sich bitte links, überqueren einen kleinen Bach und fahren so lange, bis Sie auf den terrassenförmigen Parkplatz kommen. Wohnmobile stehen hier meist im unteren Bereich. Von hier aus haben Sie nicht nur die Möglichkeit, die fantastischsten Wanderungen zu unternehmen, Sie können auch eine unvergleichlich schöne Aussicht sowie absolute Stille und Ruhe am Abend - wenn die vielen Wanderer wieder abgereist sind - in vollen Zügen genießen.

(054) WOMO-Wanderparkplatz: Parkplatz Lac d'Oô

GPS: N 42° 45' 51.8" E 0° 30' 05.5"
max. WOMOs: > 5
gebührenfrei
Ausstattung / Lage: Mülleimer / außerhalb; am Beginn des Wanderwegs zum Lac d'Oô
Zufahrt: In Castillon-de-Larboust nach links von der D 618 abbiegen. Dann durch den Ort Oô fahren und anschließend den Schildern zum Lac d'Oô folgen. Wohnmobile stehen meist im unteren Bereich.

Der fast kreisrunde Lac d'Oô

Jetzt und hier holen wir erst einmal unser versäumtes Frühstück nach. Wenn Sie meinen Ratschlägen bisher gefolgt sind, stehen Sie auf einem „mehrstöckigen" Parkplatz. Dann sind Sie vermutlich richtig, und ich wünsche Ihnen einen guten Appetit.

Ob wir einen Rucksack mitnehmen, steht noch nicht ganz fest. Zum *Lac d'Oô* können wir ohne Proviant gehen; allerdings gibt es da noch einen weiteren See, den *Lac d'Espingo*. Wenn wir bis dorthin weiterwandern wollen, wäre eine Brotzeit zwischendurch nicht schlecht. In den folgenden Wandertipps werden beide Varianten beschrieben.

WOMO-Wandertipp: Zum Lac d'Oô

Zuerst einmal verlassen Sie mit uns den Parkplatz am gegenüberliegenden Ende der Einfahrt zum oberen Platz. Es gibt allerdings so viele Hinweisschilder, dass Sie schon eine Portion Ignoranz mitbringen müssen, wenn Sie sich hier verlaufen wollen. Solange Sie noch nicht im Wald sind, sollten Sie ab und zu einen Blick nach rechts werfen. Die Cascade de Madeleine stürzt sich dort malerisch in die Tiefe.

Wir erreichen den Waldrand, und ab jetzt windet sich der Weg höher und höher. Spätestens jetzt wünschen Sie sich, Sie hätten festes Schuhwerk an und vielleicht gar einen Wanderstock dabei. Aber trotz aller Anstrengung: Es lohnt sich! Blicken Sie beim Aufsteigen nämlich auch hin und wieder mal ins Tal, Sie werden malerische Aussichten vorfinden. Auch einen fantastischen Blick auf Ihr Wohnmobil weit unten im Tal sei Ihnen gegönnt.

Links und rechts des Wegesrands finden Sie leckere Heidelbeeren. Und hin und wieder taucht ein kleines, kristallklares Bächlein auf. Sie werden also weder verhungern noch verdursten.

Nach etwas mehr als einer Stunde – sollten Sie allerdings, wie wir, mehrere kleinere Pausen eingelegt haben, um die Landschaft ausgiebig zu genießen, so benötigen Sie mehr Zeit – zeigt ein Schild zum Lac d'Oô nach rechts. Über eine Brücke kommen wir nach einem anschließenden kleinen Aufstieg über eine Wiese an den fast kreisrunden See. Auf der uns gegenüberliegenden Seite können wir den mit 237 m zweithöchsten Wasserfall der Pyrenäen erkennen, die Cascade d'Oô. FDragen Sie mich nicht, welches der höchste ist. Ich weiß es nicht. Wir machen es uns hier auf dem Gras gemütlich und lassen uns von der Sonne bescheinen. Allerdings haben mit uns zumeist noch viele andere Menschen die gleiche Idee. Dennoch eine schöne Atmosphäre! Übrigens empfehlen wir die Einkehr in die dortige Berghütte, wo Sie mit leckeren Heidelbeerkuchen sowie anderen lokalen Köstlichkeiten für den schweißtreibenden Aufstieg belohnt werden.

Vom Parkplatz bis zum See haben wir bisher eine Höhendifferenz von 350 Meter überwunden. Der Aufstieg hat also schon den einen oder anderen Tropfen Schweiß gekostet. Der Abstieg ist allerdings nur unwesentlich leichter. Nur dass Sie sich jetzt nicht ständig umzudrehen brauchen, um die fantastische Aussicht ins Tal genießen zu können.

Wohlverdiente Rast am Lac d'Oô

WOMO-Wandertipp: Vom Lac d'Oô zum Lac d'Espingo

Wenn Sie mit mir weitergehen wollen zum Lac d'Espingo, möchte ich Sie vorwarnen, dass damit der bisherige

Weg zur Gebirgswanderung wird, die zeitweise ganz schön anstrengend sein wird. Bei hochsommerlichen Temperaturen und kleinen Kindern in Ihrer Begleitung möchte ich dringend davon abraten. Zu Beginn müssen Sie mit mir auf die entgegengesetzte Seite der Staumauer kommen. Da eine Überquerung auf der Mauer nicht nur streng verboten ist, sondern auch noch durch Vorrichtungen unmöglich gemacht wurde, müssen wir bis zu der Brücke zurücklaufen.

Danach halten wir uns rechts und klettern über einen Felsen wieder zum See hoch.

Ich möchte den Weg in fünf Etappen aufteilen. Bis zur Überquerung des ersten Wasserfalls macht mir der Verlauf keinerlei Schwierigkeiten. Er ist genauso leicht zu bewältigen, wie der Aufstieg zum Lac d'Oô. Der zweite Teil führt in Serpentinen über Schotter und Fels. Dieser Abschnitt ist sehr steil und beschwerlich. Dabei wird eine enorme Höhendifferenz überwunden.

Dafür dürfen wir uns auf der dritten Etappe wieder etwas ausruhen und schöne Blicke auf den Lac d'Oô genießen. Ein Bach und zwei Wasserfälle werden durchquert.

Der vierte Teil beginnt am letzten Wasserfall. Ab hier gehen wir durch ein Flussbett, teilweise auch wieder sehr steil, bergauf. Aber wir haben ja langsam Übung!? Nicht

Lac d'Espingo im Dunst

aufgeben, denn es lohnt sich auf jeden Fall. Und am Ende werden Sie sogar stolz auf sich sein, es geschafft zu haben. Schließlich klettern wir den Rest des Weges auf Steinquadern nach oben.

Vier Stunden dauern der Hin- und Rückweg vom und bis zum Parkplatz – mit Pausen am Lac d'Espingo und Lac d'Oô. Das heißt aber auch: Planen Sie den Beginn der Wanderung so ein, dass Sie nicht in die Mittagshitze geraten und dass Sie Spielraum für eine längere Rast haben - etwa auf der Hütte - und noch bei Tageslicht wieder zurückkommen.

Am Womo angekommen, müssen wir, wenn wir nicht eine weitere Nacht auf dem Stellplatz verbringen möchten, durch das Tal der *Neste d'Oô* wieder nach CASTILLON-DE-LARBOUST zurückfahren. Weiter geht es dann nach links zum COL DE PEYRESOURDE. Er führt uns in eine Höhe von 1569 m. Sie meinen, das sei ganz schön hoch? Weit gefehlt: Wenn Sie von ANDORRA aus nach FRANKREICH nicht durch den Tunnel gefahren sind, waren Sie sogar knapp 1000 m höher. Die Fahrt über den Pass ist auch nicht anstrengend, verglichen mit dem, was noch folgt. Aber ich will Ihnen keineswegs Angst machen. Sie dürften mich ja langsam auch kennen: Ich riskiere weder mein noch Ihr Leben. Und auch bei mir gilt die Devise: Ich bin im Wohnmobil- und nicht im Abenteuer-Urlaub.

Schließlich erreichen wir ARREAU, ein kleines Städtchen, das uns im Verlauf unserer weiteren Touren noch einmal als Übernachtungsplatz dienen soll. Es ist mir übrigens sehr ans Herz gewachsen, denn es ist eines von den idyllischen Örtchen des Landes, man kann zu Fuß alles erreichen, es liegt zentral, hat einen schönen, gut gelegenen Stellplatz, man kann von dort aus in verschiedene Richtungen zu wunderschönen Ausflügen starten, ist schnell mal in SPANIEN, und, und, und...Ach übrigens: Sie sollten sich unbedingt einmal das kleine Kirchlein unweit des Stellplatzes schräg gegenüber des Touristenbüros ansehen. Schon am Eingang werden Sie mit dem Alter des Gebäudes bekannt gemacht. Und im Inneren geht es weiter....

Ach, ich vergaß vor lauter Schwärmerei, dass ich Ihnen am besten erst einmal erklären sollte, wie Sie den Parkplatz erreichen, auf dem wir übernachten wollen, und dann kläre ich Sie anschließend über den weiteren Routenverlauf auf. Denn Sie können ab hier Ihre eigene Tour – Ihren Wünschen gemäß – zusammenstellen.

Wenn Sie sich jetzt auf der vorletzten Umschlagseite die Pläne der folgenden Touren anschauen und vielleicht noch

(055) WOMO-Stellplatz: Arreau

GPS: N 42° 54' 26.3" E 0° 21' 33.2" Avenue de la Gare
max. WOMOs: > 5 gebührenfrei
Ausstattung / Lage: Trinkwasser, Toilettenentsorgung, Mülleimer, Wertstoff-Behälter / am Ortsrand
Zufahrt: Arreau erreichen Sie über eine abwärts führende Straße, die direkt ins Zentrum führt. Sie fahren an der auffälligen Markthalle vorbei, weiter geradeaus, bis Sie die Neste auf einer Brücke überqueren. Dort biegen Sie rechts ab und danach gleich wieder rechts. Nachdem Sie hierbei die Neste ein zweites Mal überquert haben, biegen Sie in die erste Straße nach links ein zum Stellplatz.

eine Karte mit dazu nehmen, werden Sie merken, dass wir in einem „nördlichen Halbkreis" nach Laruns fahren und anschließend in einem „südlichen Halbkreis" wieder hierher zurückkommen. Unsere zwölfte Tour beginnt also wieder in Arreau, führt jetzt allerdings quer durch den oben beschriebenen Kreis über die schönsten Pyrenäenpässe ebenfalls nach Laruns. Zwischen den beiden Eckpfeilern Arreau und Laruns können Sie also ganz nach Lust und Laune die Touren 10 bis 12 nach Ihren Vorlieben zusammenstellen. Tour 11 wäre dann allerdings rückwärts abzufahren. Und wenn Sie denken, dass Sie mit der Tour 12 abkürzen können, liegen Sie völlig falsch. Selbst ohne den sehr empfehlenswerten Abstecher zum Cirque de Gavarnie werden Sie länger brauchen, bis Sie Laruns erreichen, als auf Tour 10. Denn da fahren Sie überwiegend auf gut ausgebauten Straßen, die mehr oder weniger in der Ebene verlaufen.

Während Sie jetzt mit dem Lesen der folgenden Seiten beschäftigt sind, gehen wir in einem der Restaurants essen. Zum Zentrum kommen Sie, wenn Sie vom Stellplatz aus die Straße überqueren und geradeaus gehen.

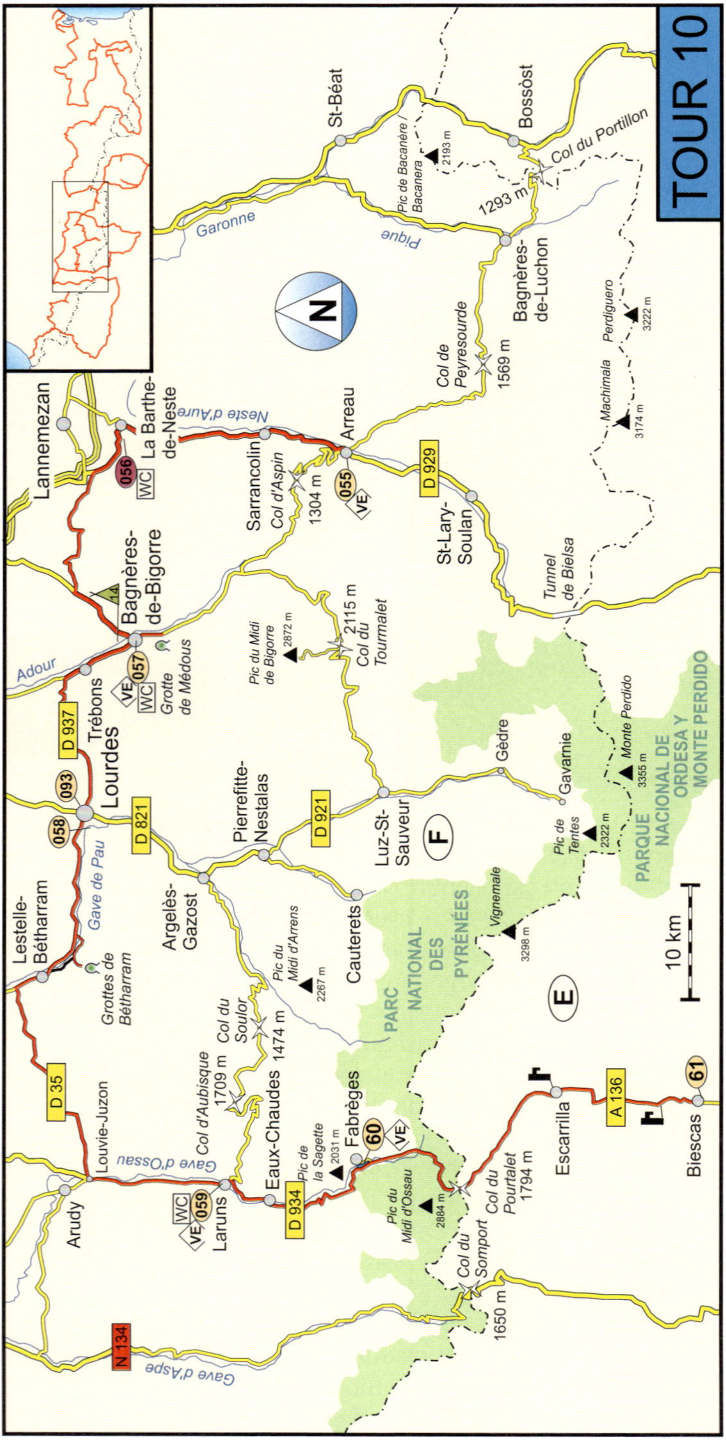
TOUR 10
Lannemezan
La Barthe-de-Neste
Neste d'Aure
Sarrancolin
Arreau
Col d'Aspin
1304 m
Col de Peyresourde
1569 m
Bagnères-de-Luchon
Bagnères-de-Bigorre
Garonne
Pique
St-Béat
Bossòst
Pic de Bacanère / Bacanera
2193 m
Col du Portillon
1293 m
Machimala
3174 m
Perdiguero
3222 m
D 929
St-Lary-Soulan
Tunnel de Bielsa
Adour
Trébons
Lourdes
D 937
Grotte de Médous
Pic du Midi de Bigorre
2872 m
2115 m
Col du Tourmalet
Gèdre
Gavarnie
Monte Perdido
3355 m
PARQUE NACIONAL DE ORDESA Y MONTE PERDIDO
Pic de Tentes
2322 m
Luz-St-Sauveur
D 921
Pierrefitte-Nestalas
F
D 821
Lestelle-Bétharram
Gave de Pau
Grottes de Bétharram
Argelès-Gazost
Cauterets
Pic du Midi d'Arrens
2267 m
PARC NATIONAL DES PYRÉNÉES
Vignemale
3298 m
10 km
E
D 35
Louvie-Juzon
Col du Soulor
1474 m
Col d'Aubisque
1709 m
Eaux-Chaudes
Fabrèges
Pic de la Sagette
2031 m
Gave d'Ossau
Arudy
Laruns
D 934
Pic du Midi d'Ossau
2884 m
Col du Pourtalet
1794 m
Escarrilla
A 136
Biescas
Col du Somport
1650 m
N 134
Gave d'Aspe
056
055
057
058
093
059
060
61
14
WC
VE

TOUR 10 (184 km)

Arreau — Bagnères-de-Bigorre — Lourdes — Laruns — Biescas

Übernachten:	Arreau, La Barthe-de-Neste, Bagnères-de-Bigorre, Lourdes, Laruns, Fabrèges, Biescas
Besichtigen:	Grotte de Médous, Grottes de Bétharram
Campingplätze:	Le Monlôo, Parc des Oiseaux
Markt:	La Barthe-sur-Neste (So.), Laruns (Sa.)

Heute gilt unser erster Blick dem Wetter. Oft schon wurden wir beim Übernachten in Arreau unerfreulich überrascht. Zweimal bereits wachten wir am Ostersonntag hier auf und waren eingeschneit. Im Sommer gehen wir fast schon davon aus, dass es morgens regnet. Diesmal haben wir unerklärlicherweise Glück. Noch etwas ungläubig gehe ich unser Frühstück einkaufen. Vom Stellplatz aus sind alle Geschäfte des Ortes, ich erwähnte es bereits, leicht zu erreichen. Um die Markthalle herum finden Sie die wichtigsten Läden.

In den Gassen von Arreau

Zwei Möglichkeiten haben wir jetzt, um weiterzufahren. Zuerst wollen wir uns auf den Weg zum spanischen Nationalpark Ordesa machen, beim nächsten Besuch in Arreau dann die große Passtour und die Besichtigung des Cirque de Gavarnie in Angriff nehmen.

Nachdem unser Frühstücksgeschirr verstaut ist, überqueren wir wieder einmal die *Neste* und folgen den Schildern nach Lannemezan. Bagnères de Bigorre ist über den Col d'Aspin ausgeschildert. Dieser Route folgen wir erst später. Zu unserer Rechten begleitet uns das Flüsschen *Neste d'Aure*, von dem ein Teil, in Beton eingefasst, als *Canal de la Neste* ebenfalls nach Norden fließt. In La Barthe-de-Neste biegen wir am Kreisel links in Richtung Bagnères-de-Bigorre ab. Falls Sie nicht in Arreau gefrühstückt haben, bietet sich jetzt noch eine Gelegenheit dazu auf einem Picknickplatz, der kurz nach dem Kreisel auf der linken Seite auftaucht.

(056) WOMO-Picknickplatz: La Barthe

GPS: N 43° 04' 45.8" E 0° 22' 43.9" Route des Fours
max. WOMOs: 1 - 2 gebührenfrei
Ausstattung / Lage: Toiletten, Mülleimer, Tische und Bänke, Trimm-dich-Pfad / am Ortsrand
Zufahrt: In La Barthe am Kreisel links in Richtung Bagnères-de-Bigorre abbiegen. Gleich darauf liegt ein Parkplatz auf der linken Seite.

Wenig später erreichen wir Bagnères-de-Bigorre. Hier macht uns das Hinweisschild auf eine Grotte neugierig. „Grotte de Médous“ steht da geheimnisvoll, und wir wollen uns diese Höhle jetzt anschauen. Punkt 14.00 Uhr werden wir am Kartenschalter vorstellig und sind bei der ersten Gruppe, die an diesem Nachmittag durch die Grotte geführt wird. Wir sehen wunderbare Formationen, die das Wasser aus dem kalkhaltigen Gestein herausgewaschen hat. Das letzte Stück der Führung – Labouiche lässt grüßen – geht per Boot auf einem unterirdischen Fluss entlang. Hier verabschiedet sich der erste Führer (N'oubliez pas le guide!) und übergibt die Gruppe an einen zweiten, der ebenfalls am Ausgang der Höhle nicht vergessen werden möchte.

Öffnungszeiten Höhle:
1.4. - 30.6.: 9.30 - 12 und 14 - 17.30 Uhr täglich
1.7. - 31.8.: 9 - 12 und 14 - 18 Uhr täglich
1.9. - 15.10.: 9.30 - 12 und 14 - 17.30 Uhr täglich

Die Führung dauert etwa eine Stunde und ist auch für diejenigen interessant, die der französischen Sprache nicht mächtig sind. Wir fahren jetzt zurück nach Bagnères-de-Bigorre.

(057) WOMO-Stellplatz: Bagnères-de-Bigorre

GPS: N 43° 04' 08.2" E 0° 08' 55.7" Rue Paul Mathou
max. WOMOs: > 5 gebührenfrei
Ausstattung / Lage: Ver- und Entsorgung, Toiletten, Mülleimer, Wertstoff-Behälter / am Ortsrand, am Bahnhof
Zufahrt: Folgen Sie im Ort den Schildern nach Tarbes. Am Bahnhof knickt die Straße rechtwinklig nach links ab. Fahren Sie dort geradeaus auf das Bahngelände. Die Ver- und Entsorgungsstation ist dann auf der rechten Seite zu finden. Die meisten Womos stehen auf der linken Seite. Meist stark belegt! Nicht attraktiv!

Wenn Sie uns jetzt weiter in Richtung Lourdes folgen, finden Sie noch einen Campingplatz, den ich Ihnen nicht vorenthalten möchte.

(C14) WOMO-Campingplatz-Tipp: Le Monlôo ***

GPS: N 43° 04' 53.6" E 0° 09' 03.0" Chemin de Monlôo
Öffnungszeiten: ganzjährig
Ausstattung / Lage: Ver- und Entsorgung, sehr schattig, Laden für Brot, Spielplatz, beheizter Pool / nächster Or: etwa 1000 m
Zufahrt: Fahren Sie zuerst Richtung Tarbes, bis an einem Kreisel „autres campings“ ausgeschildert ist. Sie erreichen dann die alte Straße nach Tarbes (D 8). Sie überqueren die Bahnschienen und fahren anschließend am nächsten Kreisel nach links noch ein paar hundert Meter weiter. Aufpassen: Auf der rechten Straßenseite weist nur eine unscheinbare Mauer auf den Campingplatz hin.
E-Mail: campingmonloo@yahoo.com
Internet: www.lemonloo.com (englische Textversion)

Wir fahren jetzt weiter auf der D 937 auf Lourdes zu. Diese Stadt kann man einfach nicht ausklammern, wenn man ein Buch über die Pyrenäen schreibt. Einerseits bin ich fasziniert über die Anziehungskraft, die diese Stadt auf Christen ausübt, andererseits schreckt mich der Gedanke an eine unüberschaubare Menschenmenge immer ab. Mehr als 5 Millionen Pilger, habe ich gerade gelesen, kommen jährlich nach Lourdes; mehr als nach Rom, Mekka oder Jerusalem. Bevor ich durch 365 dividieren kann, sehen wir schon die Tore der Stadt.

Haben Sie das Kribbeln kurz vor der Stadt gespürt? Wir haben den Null-Längengrad überquert und sind nun nicht mehr im Osten, sondern im Westen! Unsere weitere Routenplanung führt uns unweigerlich durch das Zentrum. Ab hier können Sie die nebenstehenden Stellplätze finden. Sie werden auch auf der Suche nach einem Campingplatz nicht verzweifeln müssen. Es gibt hier so viele, dass ich mir nicht die Mühe gemacht habe, einen Platz zu empfehlen.

Wenn Sie diese Stadt schon so hautnah erleben, sollten Sie auch etwas über deren Geschichte und religiösen Hintergrund erfahren: Im Jahr 1858 erzählt die damals vierzehnjährige Bernadette Soubirous, dass ihr in einer Grotte mehrmals die Mutter Gottes erschienen sei. Da herrscht natürlich eine helle Aufregung, und die Kirche beginnt sofort mit einer Untersuchung. Man kommt schließlich zu dem Ergebnis, dass die kleine Bernadette die Wahrheit gesagt hat. Nachdem zeitgleich auch noch Wunderheilungen bekannt werden, ist der religiöse Aufstieg der Stadt nicht mehr zu bremsen. Kirche um Kirche wird über und unter der Erde gebaut. Die 1958 fertiggestellte unterirdische Basilique St-Pie X bietet 20 000 Besuchern Platz. Finden können Sie den Sakralbezirk, wenn Sie vom Zentrum aus den Schildern zur Cité religieuse folgen.

Falls Sie sich länger in Lourdes aufhalten wollen, gibt es die bereits erwähnten Stellplätze. Sie liegen etwas außerhalb, und man verlangt auf einem Gebühren in unchristlicher Höhe. Der 2. Stellplatz sowie einige davor liegende Parkmöglichkeiten – auch zum Übernachten geeignet – liegen hingegen zen-

Lourdes — Basilique du Rosaire

(058) WOMO-Stellplatz: Lourdes I

GPS: N 43° 05' 17.3" W 0° 03' 09.2" Esplanade du Paradis
max. WOMOs: > 5 hohe Gebühr
Ausstattung / Lage: Mülleimer / am Ortsrand
Zufahrt: Nicht ganz leicht zu finden. Suchen Sie im Zentrum nach den Wegweisern zum „Musée Grévin", das relativ häufig ausgeschildert ist. Fahren Sie dann am Museum vorbei und biegen Sie bei nächstmöglicher Gelegenheit links ab. Wenn Sie den Fluss sehen, fahren Sie an ihm entlang. Sie kommen dann zuerst am „Parking Paradis" mit seinen hübschen Balken in 2 m Höhe vorbei. Wenn Sie dann noch ein Stück weiterfahren, erreichen Sie den eingezäunten Stellplatz.
Sonstiges: Am Tor 2 x klingeln. Das Verhältnis von Ausstattung zu Gebühr lehnt sich an die Preisgestaltung der Stadt an.

(093) WOMO-Stellplatz: Lourdes II

GPS: N 43° 05' 54.1" W 0° 02' 30.7" Boulevard Lapacca
max. WOMOs: > 5 gebührenfrei
Ausstattung / Lage: - / am Ortsrand
Zufahrt: Von der D 937 kommend am 2. Kreisel links ab auf die Avenue Victor Hugo. Am nächsten Rondell rechts halten in den Boulevard Lapacca abbiegen. Noch rund 800 m. Schilder Richtung Centre Hospitalier und P Lapacca. Linkerhand an der Straße sind Parkplätze auch für Womos. Weiter rechts in den Impasse Lapacca einbiegen. Direkt vor dem Complexe Sportif de la Coustete sind kostenlose Stellmöglichkeiten. Von hier sind es nur wenige Fußminuten bis ins Zentrum.

tral. In nur wenigen Minuten sind Sie zu Fuß im Zentrum des religiösen Geschehens. Allerdings kann es sein, dass der oben erwähnte Stellplatz im Boulevard Lapacca belegt ist, wenn Sie zu spät kommen, denn auch hier trifft zu: Kommen Sie am Morgen, wenn die Besucher des letzten Tages wieder wegfahren. Aber nicht verzagen, dann fahren Sie eben wieder ein kleines Stück zurück, die dortigen Parkplätze am Rand haben Sie ja bereits gesehen.

Beide Plätze liegen an ganz verschiedenen Enden der Stadt. Ansonsten haben wir im Zentrum allerdings bisher immer einen Platz für zwei, drei Stunden gefunden. Aber hier kommen Sie um einen Obolus für den Parkscheinautomaten nicht herum.

Viel länger hatten wir es bisher noch nie hier ausgehalten: Zu viele Menschen, zu viel Kitsch in den Andenkenläden und für meine Begriffe zu viel vermarktete Religiosität. Inspizieren Sie die Schaufenster der umliegenden Souvenirläden. Ich bin mir sicher, dass Sie meine Einschätzung teilen werden.

Bevor ich jetzt wieder böse Leserbriefe bekomme, möchte ich kurz noch eines schreiben: Ich bin kein gläubiger Mensch, aber ich habe großen Respekt vor jedem, der seinen Glauben lebt. Ein einsamer Beter in einer kleinen Kapelle ist mir lieber, als Unmengen von Gläubigen, die mit Bussen massenhaft nach Lourdes gekarrt werden. Diese Art von Religiositätstou-

Na, wie wär's mit einem Souvenir?

ristik ist mir suspekt. Noch suspekter finde ich die Ausschlachtung durch die Händler. Hatte Jesus die nicht mal aus dem Tempel geworfen? Sehen Sie einfach den ganzen Heiligen Bezirk von LOURDES als Tempel. Da werden Sie sicherlich auch nachdenklich!

Die Stadt verlassen wir in Richtung BÉTHARRAM, um die gleichnamigen Grotten zu besichtigen. Die Straße führt an der *Gave de Pau* entlang. Es gibt kaum eine Abzweigung, an der die berühmte Höhle nicht ausgeschildert wäre. Wir landen schließlich auf einem großen schattigen Parkplatz. Der Andrang ist enorm, und wir müssen uns einige Zeit gedulden, bis wir in einen Bus einsteigen können, der uns zum Eingang der Grotte fährt. Es erwarten uns fünf unterirdische Stockwerke,

Öffnungszeiten Grotten:
Februar - März: Mo - Fr 14.30 - 16 Uhr
April - Oktober: täglich 9 - 12 und 13.30 - 17.30 Uhr

die wir meist zu Fuß, aber auch mit einem Boot und einer Kleinbahn erkunden können.

Nach der Busfahrt stehen wir erneut an, um unsere Eintrittskarten zu erwerben. Am Ende des Kassenhauses wartet schon Ihr Führer auf Sie, zu erkennen an der schmucken Fantasie-Uniform. Sie dürfen ihm im Vorbeigehen schon signalisieren, dass Sie Deutsche sind. An besonders interessanten Punkten informiert Sie ein Tonbandtext, und es ist für den Führer kein Problem, nach dem französischen Text dasselbe nochmals in Deutsch durchlaufen zu lassen. Das funktioniert für insgesamt 10 Sprachen. Je nach Besucherstruktur, kann die Besichtigung also etwas länger dauern. Die Regel sind 90 Minuten.

Die ersten eineinhalb Kilometer legen wir zu Fuß zurück und kommen dabei an sehenswerten Tropfsteinkompositionen vorbei. Natürlich haben die schönsten von ihnen Namen. Da gibt es „die Glocke", „die Moschee", „das Minarett" und noch allerlei Formationen mehr, in die man mit etwas Fantasie alles Mögliche hineindeuten kann.

„Die Glocke"

Bei unserer Wanderung überschreiten wir die Grenze zwischen den Départements Pyrénées Atlantiques und Hautes Pyrénées. Aber Grenzgänge sind für uns ja mittlerweile nichts Neues.

Während wir abwärts steigen, nimmt die Temperatur von 14 °C auf 12 °C ab. Verglichen mit den Außentemperaturen ist das recht kühl. Nehmen Sie also etwas zum Überziehen mit.

Durch den natürlichen Aufbau der Höhle über mehrere Stockwerke gilt es, viele Treppenstufen zu überwinden. Davor brauchen Sie jedoch keine Angst zu haben, falls Sie nicht so gut zu Fuß sein sollten: An den schwierigsten Steigungen können Sie in diesem Fall Fahrstühle benutzen. Mit dem Fahrstuhl in die Unterwelt! Wer kann schon aus seinem Urlaub davon berichten?! Auf einem unterirdischen Fluss fahren wir ein Stück mit einem Boot, dann geht es das letzte Stück wieder zu Fuß weiter. Zum Abschluss dürfen wir noch ein Stückchen Zug fahren und werden danach durch eine Souvenirboutique geschleust, ehe wir an unserem Parkplatz wieder frische Luft atmen.

Ein kleiner Imbiss ist nun angesagt. Solch einen schattigen Platz findet man nicht oft. Jetzt schnell noch einen Blick auf die Karte: Hauptrichtung Pau, da kann ja gar nichts passieren.

Nach wenigen Kilometern ein Schock: Haben wir uns verfahren und sind wieder in Lourdes? Wie aus dem Nichts tauchen im Wald vor uns kleine Kapellen auf.

Nachdem wir eine Brücke überquert haben, können wir rechts parken. Das muss ich mir genauer ansehen. Wir sind

Kapelle in Bétharram

jetzt in Lestelle-Bétharram, und es wird Zeit, die einschlägigen Reiseführer zu konsultieren. Wir überqueren die Straße und wollen erkunden, was sich hinter all diesen Türmchen verbirgt. Es sieht wirklich bizarr aus, und Sie werden sicherlich auch dort halten wollen.

Der Ort war ab dem 14. Jahrhundert ein bedeutender Wallfahrtsort. Durch den Wald schlängelt sich ein Kreuzweg, wobei an jeder Station eine kleine Kapelle errichtet wurde. Dabei wurden die kleinen Kirchen sehr liebevoll und detailreich gestaltet. Gehen Sie ruhig ein paar Stationen in den Wald hinein, es lohnt sich.

Nur wenige Kilometer nach dem Ort zweigt eine Straße nach links ab, der wir in Richtung OLORON folgen. Die Abzweigung ist leicht zu übersehen. Schilder zeigen nach IGON bzw. ASSON.

Im Ort LOUVIE-JUZON treffen wir auf die D 934 und biegen nochmals links ab. Wir nehmen wieder Kurs auf den Pyrenäenkamm. Es sind jetzt nur noch rund 40 Kilometer bis SPANIEN. Und dort, genau genommen in BIELSA, endet dann auch diese Tour 10.

Ein wichtiger Ort für Wohnmobilfahrer im Allgemeinen und für Sie im Besonderen auf dieser kurzen Strecke aber heißt LARUNS. Sie kennen ihn nicht? Egal. Aber hier gibt es einen Übernachtungsplatz, und Sie kommen am Ende der zwölften Tour nochmals hierher. Also sollten Sie ihn sich schon einmal jetzt ansehen.

(059) WOMO-Stellplatz: Laruns

GPS: N 42° 59' 18.8" W 0° 25' 30.5" Avenue de la Gare
max. WOMOs: > 5 gebührenfrei
Ausstattung / Lage: Ver- und Entsorgung, Toiletten, Mülleimer / im Ort
Zufahrt: Aus unserer Richtung kommend den Wegweisern für LKWs folgen. Am ehemaligen Bahnhof biegt die Vorfahrtsstraße rechtwinklig nach rechts ab, und ein paar hundert Meter weiter ist auf der rechten Seite die Einfahrt zu zwei großen Parkplätzen zu sehen. Fahren Sie auf den zweiten. Dort finden Sie im hinteren Bereich ausgewiesene Stellplätze für Womos. Von hier aus können Sie in wenigen Minuten ins Zentrum laufen.
Sonstiges: Beim OTSI erhalten Sie die Jetons, um Wasser zu tanken.

Der Platz gehört eindeutig zu meinen Favoriten. Zu viele schöne kleine persönliche Erlebnisse lassen mich immer wieder gerne herkommen. Trotz seiner Größe strahlt er eine familiäre Atmosphäre aus. Hier haben wir schon erlebt, dass die Gendarmerie abends vorbeikam, um ein Plauderstündchen mit den Womo-Fahrern zu halten, bevor die Polizisten dann mit den Kindern Fußball spielten.

Der kleine Ort selbst hat zwar nicht allzuviel zu bieten, aber gut essen können Sie hier auf jeden Fall. Wenn Sie Ihre Vorräte auffüllen müssen, wissen Sie ja, wo der Supermarkt ist: Sie sind bei der Einfahrt nach LARUNS direkt daran vorbeigefahren.

Das offizielle Ende der Tour habe ich jedoch – wie bereits erwähnt – nach BIESCAS in SPANIEN verschoben. Wir fahren also noch ein bisschen weiter. Durch das Zentrum von LARUNS gelangen wir über Einbahnstraßen mühelos zum südlichen Ortsausgang. Gleich danach teilt sich die Straße, wir biegen rechts ab zum COL DU POURTALET. Die Straße verengt sich, und wir durchfahren eine Schlucht. Bald kommen wir nach EAUX-CHAUDES. Dort finden Sie auf der rechten Seite eine Ver- und Entsorgungsstation. Also sollten Sie in LARUNS vergessen haben, Wasser aufzufüllen oder das WC sowie den Tank zu leeren, jetzt ist die richtige Zeit dafür.

Es wird Zeit, wieder einmal eine Pause einzulegen. Nachdem wir an der Abzweigung nach ARTOUSTE vorbeigefahren sind, gibt es seitlich der Strecke zahlreiche Möglichkeiten für ein Picknick. Ein Bach sprudelt gleich nebenan, und wir machen es uns erst einmal im Gras gemütlich. Tun Sie das auch! Es ist herrlich hier: So viel Natur, so viele frische und gute Luft, so viel Ruhe... Und wenn Ihnen – oder dem Nachwuchs – danach ist, vertreten Sie sich hier in dieser herrlichen Gegend ein wenig die Füße oder erfrischen selbige in den Wassern des klaren Baches.

Auf der linken Straßenseite taucht jetzt der *Lac de Fabrèges* auf. Am Ende des Sees können Sie links in Richtung FABRÈGES abbiegen. Dort finden Sie wieder eine Ver- und Entsorgungsstation sowie Stellplätze für Womos. Da ich nach mehreren Besuchen den Eindruck habe, dass es sich um einen reinen Wintersportort handelt, möchte ich diesen Stellplatztipp nur denen empfehlen, die gerne abseits stehen wollen. Es sind im Sommer viele Ausflugstouristen unterwegs. Nachts ist der Ort jedoch ausgestorben.

Bis auf eine Höhe von 1794 Meter steigt die Straße sanft zum Pass an. Dort verläuft die Grenze zwischen FRANKREICH und SPANIEN. Ein „fast-3000er", der PIC DU MIDI D'OSSAU, ist bis kurz vor der Passhöhe auf der rechten Seite zu sehen. Am

(060) WOMO-Stellplatz: Fabrèges

GPS: z.B. N 42° 52' 30.9" W 0° 23' 40.2"
max. WOMOs: > 5 gebührenfrei
Ausstattung / Lage: Ver- und Entsorgung im Ort, Mülleimer / außerhalb
Zufahrt: Von Laruns kommend hinter dem Lac de Fabrèges nach links nach Fabrèges abbiegen. Durchfahren Sie dann das Einbahnstraßensystem des Ortes, bis Sie die Ver- und Entsorgungsstation sehen. Die Stellplätze sind über den ganzen Ort verteilt. Wenn Sie aus dem Ort zurückfahren, gibt es auch noch schöne Plätze rechts der Straße.
Sonstiges: Jetons für Wasser nötig

Col du Pourtalet angelangt, wollen wir auf einem Parkplatz kurz anhalten und die Aussicht genießen.

Auf dem Weg zum Col du Pourtalet

Es ist aber doch wieder ein längerer Halt geworden. Es gibt hier viele Esel, die dort weiden, an dessen Zudringlichkeit wir jedoch keine große Freude haben.

Wir spazieren mal eben nach Spanien und finden dort allerlei Supermärkte mit Kunstgewerbe, Kitsch, Kaffee und Alkohol. Beim Schlendern durch die Märkte stellen wir fest, dass die Preise eigentlich recht günstig sind. Für den Pastis zahlen wir ein Drittel weniger als in französischen Einkaufszentren. Also greifen wir die Gelegenheit beim Schopfe. – Vollgepackt gehen wir zurück zum Fahrzeug und hoffen dabei, dass wir unbemerkt an den Eseln vorbeikommen, haben jedoch keine Chance! Wir werden regelrecht erpresst und zahlen als Lösegeld unsere trockenen Brotreste. Sie sind jetzt umweltgerecht entsorgt. Eselchen hat sie an Ort und Stelle gefressen, verdaut und allem Anschein nach gleich wieder ausgeschieden. Unsere Freilassung erweist sich unproblematischer als angenommen, weil gerade eine französische Familie mit Kindern (und trockenem Brot?) ankommt. Eselchen ist ein Opportunist!

Wir überqueren die Grenze und fahren durch das Tal des *Río Gállego* in Richtung Biescas.

Ach ja, ich hatte Ihnen noch Wasser versprochen! Während Sie gemächlich die Passstraße hinunterrollen, achten Sie doch bitte auf einen Ort namens Escarrilla. Zu Beginn der Ortschaft finden Sie auf der linken Seite einen Brunnen. Ebenso wichtig für Wassersucher ist die Abfahrt zu einer Kirche namens Santa Elena auf der linken Straßenseite. Dorthin sollen Sie nicht abbiegen, sondern gleich darauf rechts eine Parkbucht ansteuern. Dort gibt es einen Brunnen, aus dem sehr gutes Wasser plätschert. Sie werden nicht die einzigen sein, die dort anstehen. Auch die Bewohner der umliegenden Dörfer kommen oft mit ihren Wasserkanistern hierher.

Selbst wenn es noch so angenehm ist, abwärts zu rollen, verpassen Sie die Abfahrt nach Biescas nicht! Wenn Sie zum Stellplatz wollen, ist erhöhte Aufmerksamkeit geboten. Das kleine Sträßchen auf der rechten Seite, gleich nach der Abzweigung, führt tatsächlich zur Stadtmitte.

(061) WOMO-Stellplatz: Biescas

GPS: N 42° 37' 38.0" W 0° 19' 18.7"
max. WOMOs: 4 - 5 gebührenfrei
Ausstattung / Lage: Mülleimer, Wertstoff-Behälter / im Ort
Zufahrt: Direkt an der Abfahrt nach Biescas finden Sie eine Tankstelle. Dort biegen Sie gleich rechts ab (etwas unübersichtliche Verkehrsführung!) und folgen den Schildern „centro ciudad“. Die Straße schlängelt sich durch den Ort. Wenn Sie den Fluss überquert haben, biegen Sie gleich rechts ab und halten dann am zweiten Parkplatz. Hier können Sie übernachten.

TOUR 11 (159 km) Karte nächste Seite

Biescas — Valle de Ordesa — Ainsa — Arreau

Übernachten:	Biescas, Broto, Ainsa, Piau-Engaly, St-Lary-Soulan, Arreau
Besichtigen:	Valle de Ordesa, Ainsa
Campingplatz:	Pont de Moudang
Wandern:	Im Valle de Ordesa

Dieses Kapitel hatte ich für die 1. Auflage geschrieben, um Sie zu einem Besuch des Nationalparks Ordesa anzuregen. Mittlerweile wurden die Zugangsbestimmungen noch stärker reglementiert als das in Aigüestortes der Fall ist. Hätte mich ein Leser nicht auf die Schönheiten von Ainsa aufmerksam gemacht, hätte ich vermutlich die Tour 11 nicht in dieser Form in die folgenden Auflagen übernommen. Der Ordesa-Nationalpark ist nach wie vor sehr schön, und Sie werden auch ein paar Seiten darüber finden. Beginnen wir jedoch in Biescas, dort, wo ich Sie im letzten Kapitel stehen gelassen habe.

Biescas können Sie eigentlich umfahren, wenn Sie nicht übernachten wollen. Es geht in jedem Fall in Richtung Torla weiter. In der Nähe des kleinen Ortes Linás de Broto steht auf der rechten Seite eine Kirche, die mir so gut gefällt, dass ich sie einfach fotografieren muss. Ich hätte Ihnen gern ein paar Details darüber erzählt – muss allerdings gestehen, dass ich absolut nichts über sie weiß. Erfreuen Sie sich einfach an ihrem Anblick!

Kirche bei Linás de Broto

Torla ist der Ausgangspunkt für einen Besuch des Nationalparks Ordesa. Mit vollem Namen heißt er übrigens „Parque nacional de Ordesa i Monte Perdido“, das klingt doch schon viel spanischer! Sie konnten früher an verschiedenen Stellen von der N 260 oder der D 173 aus ein Stück weit in den Nationalpark hineinfah-

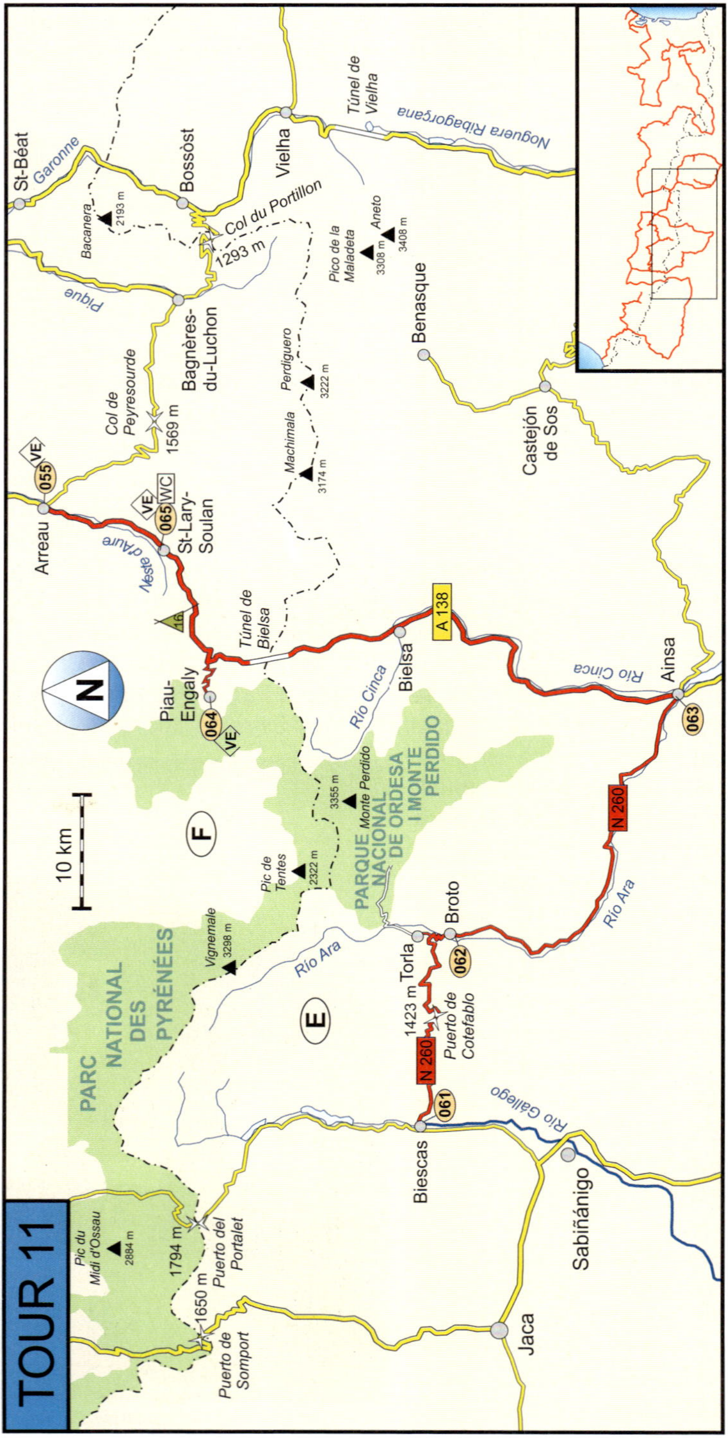
TOUR 11
St-Béat
Garonne
Bossòst
Vielha
Túnel de Vielha
Noguera Ribagorçana
Bacanera
2193 m
Col du Portillon
1293 m
Pique
Bagnères-du-Luchon
Pico de la Maladeta
3308 m
Aneto
3408 m
Benasque
Perdiguero
3222 m
Col de Peyresourde
1569 m
Machimala
3174 m
Castejón de Sos
Arreau
055
VE
065
WC
St-Lary-Soulan
Neste d'Aure
16
Túnel de Bielsa
A 138
Bielsa
Río Cinca
Ainsa
063
Piau-Engaly
064
N
10 km
F
Parque Nacional de Ordesa i Monte Perdido
Monte Perdido
3355 m
N 260
Pic de Tentes
2322 m
Río Ara
Broto
062
Torla
Vignemale
3298 m
Parc National des Pyrénées
E
1423 m
Puerto de Cotefablo
061
Río Gállego
Biescas
Sabiñánigo
Pic du Midi d'Ossau
2884 m
1794 m
Puerto del Portalet
1650 m
Puerto de Somport
Jaca

ren und dann zu Fuß weitergehen. Mittlerweile müssen wir unser Fahrzeug in Torla auf dem großen Parkplatz am Ortseingang abstellen und mit dem Bus weiterfahren. Natürlich ist eine Übernachtung dort nicht gestattet. In der Saison fährt alle 15 Minuten ein Bus in den Naturpark, der letzte geht um 19.00 Uhr. Hier lade ich Sie jetzt zu einer kleinen Wanderung ein – es lohnt sich!

WOMO-Wandertipp: Im Nationalpark Ordesa

Der Bus ist auf dem ehemaligen Parkplatz im Nationalpark angekommen. Beeindruckend sind für uns vor allen Dingen die steil aufragenden Felsen. In einer Publikation las ich gar von 1000 Metern Höhendifferenz, die ich allerdings nicht so ganz glaube. Im weiteren Verlauf unserer Wanderung begeistern wir uns hauptsächlich für die zahlreichen malerischen Wasserfälle, die wir entdecken.

Der Beginn des Wanderweges liegt der Einfahrt des Parkplatzes genau gegenüber. Dann brauchen Sie nur noch den ande-

Im Valle de Ordesa

ren Wanderern zu folgen. Die meisten haben dasselbe Ziel wie Sie und wir. Anfangs laufen wir noch über einen breiten Wiesenweg, bald jedoch auf einem schmaleren Waldweg. An einem Gedenkstein dürfen wir uns nicht für die linke Abzweigung entscheiden. Wenn rechts von Ihnen der Rio Arazas sprudelt und zu Ihrer Linken ein Wald für Schatten sorgt, dann sind Sie richtig. Jetzt darf auch der Weg etwas ansteigen.

Meinen Mitfahrern habe ich eine Vielzahl von Wasserfällen versprochen, und sie sind schon etwas ungehalten, ob des zwar quirlig aber dennoch nicht tosend dahinplätschernden Flusses. Wir brauchen etwa eine Stunde, bis wir zum ersten Wasserfall kommen. Jede Kaskade hat einen Namen. Seien Sie mir aber bitte nicht böse, wenn ich die hier nicht alle aufzähle. Auch die Bilder sollen nur einen Eindruck über die Vielfalt und Größe der Katarakte vermitteln. Ob hier jetzt die Cascada de la Cueva oder die Cascada del Estrecho abgebildet ist, kann ich mit dem besten Willen nicht mehr sagen.

Gehen Sie so lange wie möglich am Fluss entlang. Manchmal entfernt sich der Weg auch etwas, um sich in Serpentinen den Berg hochzuschlängeln. Folgen Sie vor allen Dingen den ausgeschilderten Pfaden in Richtung Fluss. Sie werden dort zu den schönsten Aussichtspunkten geführt.

Trotz aller Begeisterung müssen wir uns langsam auf den Rückweg machen. Damit wir nicht genau auf dem selben Pfad zurücklaufen müssen, halten wir Ausschau nach der Brücke in der Nähe des ersten Wasserfalls und überqueren dann den Fluss. Kurz bevor Sie den Parkplatz erreichen, können Sie dort wieder auf die andere Seite wechseln. Der nächste Bus wartet dort schon auf uns.

Nur wenige Kilometer sind es von hier aus bis zu einem bescheidenen Stellplatz in Broto. Knapp 50 Kilometer haben wir noch bis zu dem schöneren Übernachtungsplatz in Ainsa zurückzulegen. Das sollte auf der recht gut ausgebauten N 260 kein Problem sein.

Wir bleiben auf der N 260 und fahren gemütlich in Richtung Ainsa. Wenn wir uns der Stadt nähern, müssen wir aufpassen.

(062) WOMO-Stellplatz: Broto

GPS: N 42° 36' 07.5" W 0° 07' 14.6" Carretera de Sarvise
max. WOMOs: 3 - 4 gebührenfrei
Ausstattung / Lage: Mülleimer/ am Ortsrand
Zufahrt: Wenn Sie in Richtung Ainsa durch den Ort fahren, finden Sie den Platz am Ortsausgang auf der rechten Seite.

Noch VOR dem Ortsschild verlassen wir diese Straße und folgen auf der linken Seite den Schildern „casco històrico". Der Weg führt uns bergauf zur Altstadt. Wir erreichen dann einen Parkplatz unmittelbar am Schloss.

(063) WOMO-Stellplatz: Ainsa

GPS: N 42° 25' 06.3" E 0° 08' 03.8"
max. WOMOs: > 5 geringe Gebühr
Ausstattung / Lage: Mülleimer/ am Ortsrand
Zufahrt: Von der N 260 aus von Biescas kommend links Richtung „casco històrico" abbiegen, dann immer weiter der Straße nach bis zum Parkplatz am Schloss fahren.
Sonstiges: 1 Übernachtung gestattet

Haben Sie schon die wunderbare Aussicht vom Parkplatz aus genossen? Von hier erreichen wir die Altstadt, indem wir durch die Überreste des Schlosses gehen. Da liegt er nun vor uns, der Plaza Major. Es ist heiß, und wir suchen zuerst einmal Schatten. Den finden wir in den schmalen Gassen der Stadt. Dort finden wir ebenfalls die Iglesia Santa María, deren Glockenturm wir besteigen können. Die Aussicht von hier oben ist wieder einmal überwältigend. An die Kirche schließt sich das ehemalige Kloster an, dessen Innenhof mir besonders gut gefällt.

Man gibt sich in Ainsa auch Mühe, die Touristen auf die architektonischen Besonderheiten aufmerksam zu machen. An

In der Altstadt von Ainsa

vielen Häusern sind mehrsprachige Schilder angebracht, die Sie auf eine Balkonkonstruktion, eine spezielle Giebelform oder auf eigenartige Fenster- bzw. Türstürze aufmerksam machen.

Natürlich darf auch die Gastronomie nicht vergessen werden. Hauptsächlich im Umkreis der Plaza Major können Sie Ihren Hunger in jeglicher Preislage stillen. Auch beim Essen

Plaza Major in Ainsa

kann ich nicht von meinen Reiseführern ablassen, und so weiß ich mittlerweile, dass Ainsa einst Hauptstadt des Königreiches Sobrarbre war. Das ist natürlich lange her, etwa 1000 Jahre. Auch dass hier die letzte Schlacht zwischen Christen und Mauren geschlagen wurde, kann ich nachlesen. Im Gedenken an diese Begebenheit wird alle zwei Jahre das Morisma-Festival aufgeführt.

Am nächsten Morgen machen wir uns gleich nach dem Frühstück auf den Weg. Zuerst müssen wir zur N 260 zurückfahren und uns dann zum Zentrum hin orientieren. Es gibt eine große Kreuzung im Ort, dort biegen wir

Im Kloster Santa María

nach links ab. Unsere Route führt nach Bielsa und dann nach Arreau. Die Grenze nach Frankreich überqueren wir diesmal nicht in luftiger Höhe sondern im Tunnel de Bielsa.

Das Tageslicht hat uns wieder! Es ist jetzt nicht mehr weit bis zur Abzweigung, von der aus wir zum Wintersportgebiet von Piau-Engaly fahren können. Sie haben dort einen komfortablen Stellplatz, und Sie können im Hochgebirge spazieren gehen oder auch wandern. Allerdings ist hierbei viel Arbeit am Lenkrad nötig.

(064) WOMO-Stellplatz: Piau-Engaly

GPS: N 42° 47' 10.5" E 0° 09' 29.5"
max. WOMOs: > 5 mittlere Gebühr
Ausstattung / Lage: Ver- und Entsorgung, Mülleimer / außerorts
Zufahrt: Die Straße nach Piau-Engaly biegt von unserer Route nach dem Tunnel von Bielsa nach links ab. Sie schlängelt sich in vielen Kurven den Berg hinauf bis auf 1854 Metern Höhe. Dort sind in der Nähe der Skilifte mehrere Parkplätze vorhanden. Zwei Plätze sind speziell für Womos reserviert, gut beschildert und mit Ver- und Entsorgungsmöglichkeiten ausgestattet. Steckdosen an fast jedem Platz. Gebührenregelung im Sommer etwas undurchsichtig. Da gibt es sich widersprechende Leserzuschriften und die unterschiedlichsten eigenen Erfahrungen.
Sonstiges: Strom für7 EUR recht teuer.

Wenn Sie nach dem Tunnel nicht abbiegen, sondern in Richtung Arreau weiterfahren, kommen Sie nach Aragnouet, ein weiteres bekanntes Wintersportgebiet in den Pyrenäen. Etwa 3 km hinter dem Ort liegt auf der rechten Straßenseite der Campingplatz „Le Pont de Moudang".

(C16) WOMO-Campingplatz-Tipp: Pont de Moudang **

GPS: N 42° 47' 13.0" E 0° 14' 47.6"
Öffnungszeiten: ganzjährig, außer Oktober
Ausstattung / Lage: schattig, Spielplatz / direkt am Fluss
Zufahrt: Zwischen Aragnouet und Fabian rechts der Straße gelegen. Etwa 3 km von Aragnouet und 1 km von Fabian entfernt.

Wir kommen von hier aus auf unserem weiteren Weg nach Arreau über Fabian und einigen weiteren kleinen Weilern, schließlich noch durch St-Lary-Soulan, wo Sie übernachten

(065) WOMO-Stellplatz: St-Lary-Soulan

GPS: N 42° 49' 19.9" E 0° 19' 21.2"
max. WOMOs: > 5 mittlere Gebühr 19 - 8 Uhr
Ausstattung / Lage: Ver- und Entsorgung, Toiletten, Mülleimer, Wertstoff-Behälter / am Ortsrand
Zufahrt: In der Ortsmitte von St-Lary am Kreisel auf der D 19 in Richtung „Therme" abbiegen. Sie sehen dann auch schon bald die Schilder mit dem Womo-Symbol. Am nächsten Kreisel folgen Sie den Schildern zum „Stade". Dort gegenüber finden Sie den beschilderten Platz.
Sonstiges: Jeweils 2 EUR für Wasser bzw. Strom

können. St-Lary verlassen wir in Richtung Lannemezan, das gut ausgeschildert ist. Ab jetzt sind es gerade mal 12 Kilometer, bis wir unseren „südlichen Halbkreis“ geschlossen haben, der uns zweimal über den Pyrenäenkamm geführt hat und daher ein Stück durch Spanien führte, und wir wieder in Arreau, dem Anfangspunkt der Tour 10, angekommen sind.

In den Ort kommen Sie jetzt allerdings von einer anderen Seite. Falls Sie hier noch nicht übernachtet haben oder die Orientierung nicht ganz übersichtlich für Sie ist, möchte ich Ihnen die geänderte Zufahrt zum Stellplatz schildern.

(055) WOMO-Stellplatz: Arreau

GPS: N 42° 54' 26.3" E 0° 21' 33.2"
max. WOMOs: > 5
Ausstattung / Lage: Trinkwasser, Mülleimer, Wertstoff-Behälter / am Ortsrand
Zufahrt: Arreau erreichen Sie auch von hier aus über eine abwärts führende Straße, die direkt ins Zentrum führt. Achten Sie jetzt auf der rechten Straßenseite auf eine Brücke, die über die Neste führt. Fahren Sie dort jedoch geradeaus weiter und überqueren Sie den Fluss auf der nächsten Brücke, die wenige Meter später rechts auftaucht. Dann biegen Sie in die erste Straße nach links ein zum Stellplatz.

Avenue de la Gare
gebührenfrei

Markthalle in Arreau

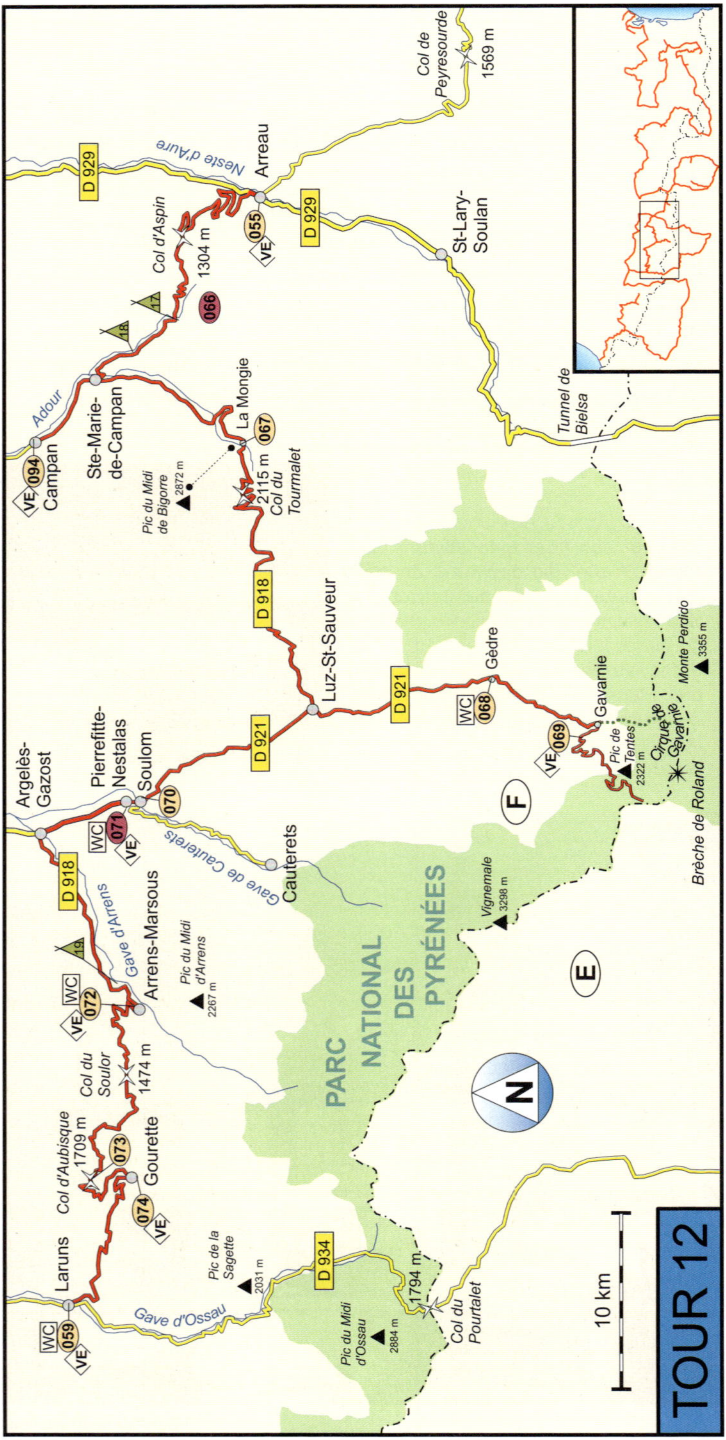
TOUR 12
10 km
PARC NATIONAL DES PYRÉNÉES
Laruns
Gave d'Ossau
D 934
Col du Pourtalet
1794 m
Pic du Midi d'Ossau
2884 m
Pic de la Sagette
2031 m
Col d'Aubisque
1709 m
Gourette
Col du Soulor
1474 m
Arrens-Marsous
Gave d'Arrens
Pic du Midi d'Arrens
2267 m
D 918
Argelès-Gazost
Pierrefitte-Nestalas
Soulom
Cauterets
Gave de Cauterets
Vignemale
3298 m
D 921
Luz-St-Sauveur
Gèdre
Gavarnie
Pic de Tentes
2322 m
Cirque de Gavarnie
Brèche de Roland
Monte Perdido
3355 m
Pic du Midi de Bigorre
2872 m
2115 m
Col du Tourmalet
La Mongie
Campan
Adour
Ste-Marie-de-Campan
Col d'Aspin
1304 m
Arreau
Neste d'Aure
D 929
St-Lary-Soulan
Tunnel de Bielsa
Col de Peyresourde
1569 m
F
E
N
WC
VE
059
074
073
072
071
070
069
068
067
066
055
094
17
18
19

TOUR 12 (205 km)

Arreau — Col d'Aspin — Col du Tourmalet — Cirque de Gavarnie — Argelès-Gazost — Col d'Aubisque — Laruns

Übernachten:	Arreau, Payolle, La Mongie, Gèdre, Gavarnie, Soulom, Pierrefit-Nestalas, Arrens-Marsous, Col d'Aubisque, Gourette, Laruns
Besichtigen:	Campan, Cirque de Gavarnie
Wandern:	Am Cirque de Gavarnie
Campingplätze:	Les 4 Vérzieux, L'Orée des Monts, Le Moulian
Markt:	Campan (So.), Argelès-Gasost (Di.)

205 Kilometer über 4 Pässe, dazu 2 Abstecher und 1 Wanderung. Wenn Sie hetzen, können Sie das alles in zwei Tagen schaffen. Wir hatten an dieser Tour schon 4 Tage lang zu knabbern – mit ein bisschen Abstand besehen sogar mit viel Spaß.

ARREAU verlassen wir auf dem selben Weg wie bei unserer vorletzten Tour. Vom Stellplatz aus die Straße runter, über die *Neste d'Aure* und dann rechts abbiegen. Sie kennen das ja schon. Allerdings biegen wir nach dem Ortsausgang nach links zum COL D'ASPIN ab. Wir beginnen gemächlich. Die Passhöhe liegt mit 1489 Metern gerade knapp 800 Meter höher als die Stadt. Umgerechnet auf die Strecke von 13 Kilometern ergibt das eine durchschnittliche Steigung von 6 %. Damit kann man gut leben.

Obwohl er nicht zu den höchsten Pässen zählt, bietet er meiner Meinung nach eine der schönsten Aussichten. Gerade der Kontrast zwischen dem Blick auf schneebedeckte Gipfel einerseits und die Wälder der BARONNIES andererseits bleibt mir lange in Erinnerung. Die Abfahrt von der Passhöhe aus verläuft noch undramatischer als die Anfahrt. Schon fast im Tal angekommen, sehen wir auf der linken Straßenseite einen Freizeitkomplex mit Riesenrutsche, Imbiss-Stand sowie einer Hütte mit Ver- und Entsorgungseinrichtung, Dusche und WC. Zwei Campingplätze sind auch in der Nähe.

Die Universität PAU hat für diese Gegend ein touristisches Nutzungskonzept erstellt, das auch uns Womo-Fahrern zugute kommt. Auf einer Fläche von mehr als 10 km² können hier Womos frei stehen. Nur ganz wenige Winkel sind gesperrt, hauptsächlich wegen schlechter Straßenbedingungen. Ansonsten gibt es hier ein weit verzweigtes Wegenetz. Wo immer Ihnen ein freies Plätzchen am Wald- oder Wiesenrand gefällt,

(066) WOMO-Picknickplatz: Payolle

GPS: z.B. N 42° 55' 58.1" E 0° 17' 34.1"
max. WOMOs: etwa 10 pro km² gebührenfrei
Ausstattung / Lage: Ver- und Entsorgung an der Abfahrt von der D 918, dort auch Dusche und Toiletten / außerorts
Zufahrt: Am Fuß des Col d'Aspin in der Umgebung der Freizeiteinrichtungen oder des Campingplatzes „Les 4 Véziaux" nach links abbiegen und einem der vielen Sträßchen folgen.

(C17) WOMO-Campingplatz-Tipp: Les 4 Véziaux *

GPS: N 42° 56' 34.1" E 0° 16' 46.4"
Öffnungszeiten: ganzjährig
Ausstattung / Lage: Naturplatz, Restaurant / am Fuß des Col d'Aspin
Zufahrt: Am Fuß des Col d'Aspin nach der großen Rutsche auf der linken Seite gelegen und hinreichend beschildert.
E-Mail: 4veziaux@live.fr
Internet: www.les4veziaux.com

(C18) WOMO-Campingplatz-Tipp: L'Orée des Monts ***

GPS: N 42° 58' 00.8" E 0° 14' 42.4"
Öffnungszeiten: ganzjährig
Ausstattung / Lage: Ver- und Entsorgung, schattig, Laden, Pizzeria, Spielplatz, beheizter Pool / direkt am Fluss, 3 km zum nächsten Ort
Zufahrt: Am Fuß des Col d'Aspin gelegen. Wenige Kilometer näher bei Ste-Marie-de-Campan zu finden, als der oben genannte Platz. Rechts der Straße.
E-Mail: oree.des.monts@wanadoo.fr
Internet: www.camping-oree-des-monts.com (englische Textversion)

dürfen Sie stehen. Meist finden Sie gar noch eine oder zwei mit Natursteinen belegte waagerechte Stellflächen. Wenn Sie die wenigen bestehenden Verbote beachten, kann dieses Paradies noch lange eines bleiben.

Unser weiterer Tourenverlauf führt uns nach Ste-Marie-de-

(094) WOMO-Stellplatz: Campan

GPS: N 43° 01' 04.0" E 0° 10' 41.7" Rue de Lesponne
max. WOMOs: > 5 gebührenfrei
Ausstattung / Lage: Ver- und Entsorgung, Toilette in der Nähe / am Ortsrand
Zufahrt: Fahren Sie in den Ort hinein, bis Sie denken, im Zentrum angekommen zu sein. Dabei spielt es keine Rolle, ob Sie 2 Straßen zu früh oder zu spät abbiegen. Fahren Sie dann nach rechts ab, bis Sie an den Ortsrand kommen, dann geht's nach links. Auf der rechten Seite finden Sie dann den Stellplatz.
Sonstiges: Maximale Dauer 48 Stunden.

Campan. Hier wollen wir unsere Passroute kurz unterbrechen und einen Abstecher nach Campan machen. Nehmen Sie den Umweg in Kauf, Sie werden es nicht bereuen.

Von Juli bis September können Sie hier die „Mounaques“ bestaunen. Das sind mit Stroh ausgestopfte Puppen, die im gesamten Dorf zu finden sind. Diese gehen natürlich auf einen alten Brauch zurück: Wenn eine Witwe oder ein Witwer nochmals heiratete, war es üblich, die jüngeren unverheirateten jungen Frauen und Burschen zu einem Umtrunk einzuladen. Wurde das „vergessen“, pflanzte man ihnen eine Puppe vors Haus.

Strick-Liesel?

Die Sitten haben sich jedoch im Laufe der Zeit geändert. Heutzutage dienen die Puppen nur noch der Freude der Touristen. Ich verspreche Ihnen, dass es viel Spaß macht, durch die Straßen zu gehen und die teilweise versteckten Figuren zu finden. Schauen Sie ruhig auch mal noch oben. Balkone sind sehr beliebt. Teilweise werden Sie auch auf offenstehenden Gie-

Flirt in Campan

belöffnungen fündig.

Damit wir unsere Passtour fortsetzen können, müssen wir die paar Kilometer nach Ste-Marie-de Campan wieder zurückfahren und dort den Hinweisschildern zum Col du Tourmalet folgen. Er dürfte einer der berühmtesten der Pyrenäenpässe sein. Jährlich wird im Fernsehen berichtet, wie die Fahrer der Tour de France diese schwierige Bergprüfung meistern – oder auch nicht. Die Namen der Favoriten, ein paar Worte zu deren Aufmunterung und dazwischen auch ein paar politische Parolen können Sie auf der Straße lesen. Allein die Tatsache, dass einige Slogans von unten nach oben (in Fahrtrichtung), andere dagegen von oben nach unten (in Leserichtung) geschrieben sind, verwirrt mich so, dass ich mich dabei ertappe, unaufmerksam zu fahren. Lassen Sie sich also nicht zu sehr ablenken. Nach etwa 7 Kilometern wird die Straße breiter, dafür jedoch wesentlich steiler. Wir passieren den Wintersportort La Mongie.

Von hier aus gibt es die einzige Möglichkeit, den Gipfel des Pic du Midi de Bigorre zu erreichen. Eine Seilbahn macht's in 15 Minuten möglich. Die alte gebührenpflichtige Straße ist gesperrt! Auf dem Berg erwartet Sie eine überwältigende Aus-

(067) WOMO-Stellplatz: La Mongie

GPS: N 42° 54' 38.0" E 0° 10' 30.7" Avenue du Tourmalet
max. WOMOs: > 5 gebührenfrei
Ausstattung / Lage: – / am Ortsrand
Zufahrt: Da La Mongie ein reiner Wintersportort ist, können Sie im Sommer im gesamten Ortsgebiet übernachten. Einigermaßen gerade Stellflächen finden Sie in der Nähe der Kapelle. Im Winter ist jedoch nur ein einziger Platz für Wohnmobile vorgesehen. Er liegt am Weg zum Col du Tourmalet auf der rechten Seite am Ortsausgang und ist gut beschildert.

sicht – sofern das Wetter mitspielt. Schließlich befinden wir uns dort oben auf einer Höhe von 2872 Metern (Sonnenbrille und Pullover sind kein Fehler!). Hier ist bereits seit mehr als 100 Jahren ein Observatorium eingerichtet. Mittlerweile haben sich in dessen Umgebung ein technisches Museum, ein Restaurant, ein Café, ein Souvenirladen und eine Aussichtsterrasse gruppiert.

Öffnungszeiten Station am Pic du Midi:
Juni - September: 9 - 19 Uhr täglich
Oktober - Mai: 10 - 17.30 Uhr an der Seilbahn nachfragen
November geschlossen
Die letzte Seilbahn nach La Mongie verlässt die Station wesentlich früher als die Einrichtungen schließen. Bitte beachten! Der Seilbahnverkehr kann jederzeit aufgrund der Wetterlage eingestellt werden. Bitte nachfragen!

Wir fahren jetzt weiter Richtung Col du Tourmalet. Bald darauf erreichen wir einen Parkplatz in der Nähe der Passhöhe. Verglichen mit dem Col d'Aspin möchte ich die Aussicht hier als weniger harmonisch beschreiben. „Schroff" wäre ein guter

Am Col du Tourmalet

Stecheiche – Ilex aquifolium

Ausdruck. Aber das können Sie am besten selbst beurteilen.

Von hier aus geht es wieder bergab. Genauso steil wie die Straße hoch führt, windet sie sich auch hinunter ins Tal. Wenn Sie gut aufpassen, finden Sie unterwegs einen botanischen Garten, der in sehr übersichtlicher Weise die Hochgebirgsflora vorstellt. Ganz zu Anfang locken noch ein Barfußpfad und Fühlkästen. Dahinter verbirgt sich im ersten Fall ein Parcours, bei dem Sie – natürlich barfuß – über verschiedene Bodenarten gehen können. Das reicht vom angenehmen feinen Sandboden, über Borkenstücke aus dem Wald, über Kiesel bis zu Split, was ja nun nicht jedermanns Sache ist. Hinter den Fühlkästen verbergen sich verschiedene Naturmaterialien, die es zu ertasten gilt. Bevor Sie den Garten verlassen, können Sie gleich noch ein paar Hochgebirgspflänzchen für den häuslichen Garten erwerben. Wenn ich vorhin erwähnte, dass Sie aufpassen müssen, um den Garten zu finden, liegt es daran, dass die Beschilderung recht spärlich ist. Der Eingang liegt in einer Rechtskurve und ist erst zu sehen, wenn Sie schon am Parkplatz vorbeigefahren sind. Achten Sie also vor allem auf parkende Fahrzeuge seitlich der Straße in Rechtskurven.

Edelweiß – Leontopodium alpinum

Am Fuß des Passes haben wir in Luz-St-Sauveur dasselbe Niveau wie bei unserem Ausgangspunkt Arreau erreicht. Die Schilder nach Gavarnie sind nicht zu übersehen, ihnen folgen wir und müssen dafür im Ortszentrum links abbiegen. Der nächste Ort heißt Gèdre, dort wollen wir übernachten. Auf dem Platz sehen wir schon zwei französische und ein spanisches Womo.

Alle haben Kinder, die gemeinsam den Abend mit spani-

(068) WOMO-Stellplatz: Gèdre

GPS: N 42° 47' 17.1" E 0° 01' 12.1"
max. WOMOs: 4 - 5 gebührenfrei
Ausstattung / Lage: Toiletten, Mülleimer, Wertstoff-Behälter, Riesenrutschbahn / am Ortsrand
Zufahrt: Am Ortsanfang nach links auf den Parkplatz abbiegen. Trotz der Lage am Ortsrand nur wenige Schritte bis zu den wichtigsten Läden.

schen und französischen Spielen verbringen, die sich sehr stark ähneln. Währenddessen testen ihre Eltern, zu denen wir uns mittlerweile dazugesellten, verschiedene französische und spanische Weine, sowie deutsches Bier. Die Sprachkenntnisse aller Beteiligten steigen von Stunde zu Stunde. Gegen Mitternacht haben wir die Stufe einer europäischen Einheitssprache erreicht.

Aus unerklärlichen Gründen schlafen wir heute morgen etwas länger. Trotzdem lassen wir uns von unserem Plan nicht abhalten: Wir wandern zum Cirque de Gavarnie. Nach groben Schätzungen haben wir diese Sehenswürdigkeit bisher 10 mal nicht besucht. Nach dem ersten Versuch 1977 haben uns Nebel, Regen, Zeitdruck, ein Gewitter, Schneesturm und ein Motorschaden bisher immer wieder einen Strich durch die Rechnung gemacht. Diesmal muss es einfach klappen! Nach einem ausgiebigen Frühstück fahren wir die 9 Kilometer bis zum Ort Gavarnie. Parkplätze sind hier reichlich vorhanden, schließlich ist man auf unzählige Touristen vorbereitet, die den Cirque de Gavarnie besuchen wollen. Viele Plätze sind jedoch in 2 m Höhe abgesperrt, so dass für uns Womo-Fahrer nur Parkbuchten an der Straße in Richtung Port de Boucharo infrage kommen. Die Straße finden Sie, wenn Sie am Ortseingang von Gavarnie nach der Brücke gleich rechts abbiegen. Die Plätze sind schief und zudem gebührenpflichtig. Außerdem herrscht hier ein Nachtparkverbot. Für eine Wanderung zum Cirque sind sie jedoch optimal. Schlafen können Sie anderswo.

(069) WOMO-Stellplatz: Gavarnie

GPS: N 42° 44' 17.8" W 0° 01' 10.2"
max. WOMOs: > 5 mittlere Gebühr
Ausstattung / Lage: Ver- und Entsorgung, Mülleimer, Wertstoff-Behälter / außerhalb
Zufahrt: Von Gavarnie aus den Schildern zum Port de Boucharo folgen. Womo-Hinweisschilder sind dann auch schon sichtbar. Nach kurviger Strecke sehen Sie zwei Plätze links und rechts der Straße. Die Ver- und Entsorgungseinrichtungen sind auf der linken Seite.

Kleiner Tipp: Wenn Sie auf dem vorgenannten Stellplatz übernachten, können Sie morgens auf die oben genannten Parkbuchten fahren. Ihren Parkschein haben Sie ja bereits!

Ich beginne die Beschreibung der Wanderung also von hier aus. Wir treffen auch unsere Bekannten von gestern Abend. Die sind jedoch schon abmarschbereit, während wir erst jetzt beginnen, uns entsprechend anzuziehen und den Rucksack zu packen. Warme Sachen müssen wir unbedingt mitnehmen, schließlich liegt dort oben noch Schnee. Proviant darf natürlich auch nicht fehlen. Alles fertig? Na, dann los!

Weg zum Cirque de Gavarnie

Eine Beschreibung des Wanderweges ist hier völlig überflüssig. Gehen Sie einfach allen Anderen nach. Von unserem Parkplatz aus müssen wir erst den Ort durchqueren, ehe wir auf den breiten Feldwegen unserem Ziel entgegen gehen können. Nach etwa einer halben Stunde ziehen Wolken auf, zehn Minuten später beginnt es zu nieseln. Kein Problem für uns, schließlich können wir uns im Wald unterstellen. Der Regen lässt nach, und wir wandern weiter. Kurz bevor der Weg zu einer Wiese hin abfällt, haben wir einen wunderschönen Blick auf den Cirque. Leider beginnt es jetzt wieder zu regnen. Also nichts wie noch mal in den Wald. Der hier vorherrschende Nadelwald hält den Regen allerdings nicht lange ab. Zumal es jetzt gewaltig gießt. An Kälte, Hunger und Durst haben wir gedacht – nicht jedoch an Feuchtigkeit. In dieser Situation ist wirklich an ein Weitergehen nicht zu denken: Also zurück zum Womo.

Nach 10 Minuten können wir nicht mehr nasser werden, und wir versuchen schon gar nicht, von einer Unterstellmöglichkeit zur anderen zu rennen. Wir ignorieren tapfer das Quietschen der Socken in den pitschnassen Schuhen. Kurz bevor wir unser Womo erreichen, bedauere ich noch die Wanderer, die jetzt mit klatschnasser Kleidung in ihren PKW einsteigen müssen. Ein paar Mutige ziehen sich noch im Freien bis auf die Unterwäsche aus und steigen dann erst ein. Da haben wir es besser: Rein ins Auto, Rollos runter, Heizung ganz hoch drehen, ausziehen, gegenseitig abtrocknen – und dann herzhaft loslachen. Ein weiterer Versuch, den Cirque de Gavarnie zu erreichen, ist gescheitert. Aber wir haben nicht die Absicht aufzugeben!

Nach einer Stunde Wartezeit glauben wir nicht mehr daran, dass der Regen heute noch nachlässt. Also fahren wir zurück nach Gèdre, um dort eine weitere Nacht zu verbringen. Unnötig zu erwähnen, wen wir au[illegible]n Parkplatz treffen. Nachdem wir uns alle gegenseitig unse[illegible] Regenabenteuer geschildert haben, beschließen wir, sozusagen als Belohnung, am Abend gemeinsam essen zu gehen.

Der nächste Tag begrüßt uns mit strahlendem Sonnenschein, und wir machen uns erneut auf nach Gavarnie. Diesmal wird der Rucksackinhalt noch durch Regenbekleidung ergänzt. Noch einmal lassen wir uns nicht täuschen. Den Punkt, an dem wir gestern umgekehrt sind, haben wir bereits überschritten. Der Himmel ist weiterhin tiefblau. Sollten wir diesmal Glück haben?

Nach etwa eineinhalb Stunden erreichen wir das Hôtel du Cirque. Hier haben wir erstens einen wunderbaren Blick auf den Talkessel des Cirque de Gavarnie und auf die Grande Cascade, zum anderen auch die Möglichkeit, eine kleine Picknickpause einzulegen. Wie weit Sie jetzt noch in den Talkessel gehen wollen, liegt bei Ihnen. Der Weg wird nach etwa einer halben Stunde wesentlich unbequemer, und die Vorstellung, jeden weiteren Me-

Cirque de Gavarnie mit Hôtel de Cirque und Grande Cascade

ter auch wieder zurücklaufen zu müssen, macht uns die Entscheidung zur Umkehr einfach.

Es ist noch recht früh, und deshalb wollen wir einen weiteren Abstecher unternehmen. Von Gavarnie aus führt eine Straße in Richtung Port de Boucharo, von der man einen schönen Blick zur Brèche de Roland hat. Von den Parkbuchten aus fahren Sie einfach bergwärts weiter, genau so, wie das bei der Zufahrt zum Stellplatz beschrieben ist. Die Straße ist eine Einbahnstraße, da sie in ihrem Verlauf mit Felsbrocken blockiert wurde. Es gibt aber vorher noch zwei Parkplätze mit Wendemöglichkeit. Der Blick zur Brèche de Ronald ist Ihnen aber garantiert.

Blick auf die Brèche de Roland

Warum diese Kerbe in der Felswand „Brèche de Roland“ heißt, ist schnell erzählt: Hierher soll der legendäre Roland, dessen Spuren uns noch zweimal begegnen werden, sein sagenumwobenes Schwert Durandal geschleudert haben, als er bei Roncesvalles getötet wurde. Durch die Wucht des Aufpralls ist dieser Spalt entstanden.

Wir wollen in diesem Jahr nach der endlich geglückten Wanderung zum Cirque de Gavarnie nicht mehr zur Rolandsbresche vordringen und begnügen uns mit einem Blick von der Straße aus. Bei der Rückfahrt nach Gavarnie können Sie das ganze Panorama nochmals auf sich wirken lassen. Damit haben Sie für heute auf jeden Fall genügend Eindrücke gesammelt. Unser Weg führt uns einmal mehr nach Gèdre. Übernachten Sie hier oder folgen Sie uns bis Laruns? Knapp 90 Kilometer hätten Sie in diesem Fall noch vor sich.

Achtung: Wenn Ihr Fahrzeug mehr als 3 Tonnen wiegt, gilt zwischen Col du Soulor und Col d'Aubisque eine zeitlich begrenzte Einbahnstraßen-Regelung. In Richtung Soulor — Aubisque (unser Tourenverlauf) dürfen Sie nur von 6.00 Uhr bis 12.30 Uhr fahren. In der Gegenrichtung von 13.00 Uhr bis 19.30 Uhr. Von 19.30 Uhr bis 6.00 Uhr ist die Strecke für Sie gesperrt! Planen Sie das ein. In Gèdre stehen Sie komfortabler als auf der Passhöhe des Col du Soulor.

Wir erreichen jetzt wieder Luz-St-Sauveur, verlassen den Ort in Richtung Lourdes und folgen später den Schildern nach Argelès-Gasost und Pierrefitte-Nestalas. Kurz vor diesem Ort kommen wir durch Soulom.

(070) WOMO-Stellplatz: Soulom

GPS: N 42° 57' 22.0" W 0° 04' 21.4" Avenue des Deux-Ponts
max. WOMOs: 4 - 5 gebührenfrei
Ausstattung / Lage: Mülleimer, Wertstoff-Behälter / am Ortsrand
Zufahrt: Soulom liegt kurz vor Pierrefitte-Nestalas. Auf der rechten Straßenseite finden Sie einen großen Parkplatz. Obwohl er direkt an der Straße liegt, ist es im hinteren Bereich recht ruhig.

(071) WOMO-Picknickplatz: Pierrefitte-Nestalas

GPS: N 42° 57' 37.2" W 0° 04' 37.6" Rue Victor Hugo
max. WOMOs: > 5 gebührenfrei
Ausstattung / Lage: Ver- und Entsorgung, Toiletten, Mülleimer / im Ort
Zufahrt: Im Ort ist an einer Kreuzung nach links ein Picknickplatz ausgeschildert. Danach geradeaus an einem Parkplatz vorbeifahren. Dann folgen wir dem Picknick-Schild weiter nach rechts und erreichen, dem Womo-Symbol folgend, durch ein kleines Sträßchen den Stellplatz.

In Argelès-Gasost fahren wir nach links weiter zum Col du Soulor. Die Straße ist bis kurz nach Aucun gut zu befahren, dann wird es wieder eng und kurvig.

Wir nähern uns jetzt dem Ort Arrens-Massous, in dem es nicht nur einen Stellplatz gibt, sondern auch noch einen Campingplatz in der Nähe.

(072) WOMO-Stellplatz: Arrens-Marsous

GPS: N 42° 57' 25.3" W 0° 12' 37.4"
max. WOMOs: 1 - 2 gebührenfrei
Ausstattung / Lage: Ver- und Entsorgung in der Nähe, Toiletten, Mülleimer, Wertstoff-Behälter / am Ortsrand, aber nicht weit vom Zentrum entfernt
Zufahrt: Sie durchfahren zuerst den Ortsteil Marscus. Noch vor dem Ortsschild von Arrens steht auf der linken Seite der Bauhof (Ateliers municipaux). Hinter diesem Gebäude finden Sie eine Ver- und Entsorgungsstation. Zum Übernachten müssen Sie noch ein paar Meter weiterfahren. Immer noch vor dem Ortsschild biegen Sie nach links auf den Parkplatz des „Parc de Loisirs“ ab. Obwohl empfohlen wird, auf dem Platz der „ateliers municipaux“ zu übernachten, möchte ich Ihnen den Platz nicht guten Gewissens zumuten. An dem „Parc de Loisirs“ standen bisher immer Wohnmobile. Vielleicht steht statt dessen demnächst ein Schild. Wer weiß?

(C19) WOMO-Campingplatz-Tipp: Le Moulian **

GPS: N 42° 57' 44.3" W 0° 11' 47.0" Rue du Bourg
Öffnungszeiten: ganzjährig
Ausstattung / Lage: Ver- und Entsorgung, sehr schattig, Laden, Restaurant, Spielplatz / direkt am Fluss gelegen, nächster Ort 200 m
Zufahrt: An der D 918 kurz vor Arrens-Massous auf der linken Seite der Straße gut ausgeschildert.
E-Mail: domec.pav@wanadoo.fr
Internet: /www.le-moulian.com

Wir fahren jetzt auf dem Weg zum Col du Soulor weiter. Dies ist ein 1474 Meter hoher Gebirgspass, der Sportfreunden unter Ihnen sicherlich durch die Tour de France ein Begriff sein dürfte. Dessen „gemeinstes“ Stück fängt jedoch jetzt erst an, nachdem wir uns auf die Passhöhe hinauf gewunden haben.

Wenn Sie nicht schwindelfrei sind, sollten Sie – nein, sicherlich nicht die Augen zu machen, denn das wäre entweder zu gefährlich (als Fahrer) oder zu schade (als Beifahrer) – am besten sollten Sie nur nach vorne schauen. Dann verpassen Sie allerdings ein sehr schönes Panorama. Falls Sie mit den Abmessungen Ihres Fahrzeugs nicht hundert Prozent vertraut sind, sollten Sie ganz auf diese Fahrt verzichten – oder hoffen, dass Ihnen niemand entgegenkommt. Wohnmobil-Mieter müssen sich das gut überlegen. Sind Sie bisher überall ohne Schweißausbrüche durchgekommen? Dann schaffen Sie den Col du Soulor auch mit Bravour. Habe ich Sie verunsichert? Pardon, aber dann ändern Sie besser den Tourenverlauf. Sie haben schließlich Urlaub und müssen niemandem etwas beweisen.

Am Col d’Aubisque

(073) WOMO-Stellplatz: Col d'Aubisque

GPS: N 42° 58' 36.7" W 0° 20' 24.5"
max. WOMOs: 3 - 4 gebührenfrei
Ausstattung / Lage: Mülleimer / außerhalb
Zufahrt: Direkt auf der Passhöhe des Col d'Aubisque dürfen Sie auf dem großen Parkplatz übernachten. Nur etwas für verwegene Naturen. Nachts ist es erfahrungsgemäß sehr zugig, und die Temperaturen können auch im Sommer in bodenlose Tiefen abstürzen.
Sonstiges: Waagerechte Stellplätze sind rar. Keile sind hier meist erforderlich.

Gut am Col d'Aubisque angekommen? Dann würde ich Ihnen raten, eine Pause einzulegen und zu schauen, was es hier oben alles zu kaufen gibt. Außerdem können Sie immer wieder ein paar Radfahrer sehen, die fix und fertig hier oben ankommen. Aber es ist ein Paradies für sie – ab hier geht es in jeder Richtung etliche Kilometer bergab.

Die paar Kilometer bis Laruns schaffen Sie jetzt mit links. Sollte Ihnen Laruns auf unserer Tour 10 nicht zugesagt haben, können Sie unterwegs noch in Gourette Station machen. Diesen Ort erreichen Sie, wenn Sie vom Aubisque ins Tal fahren. Sie kommen von Norden her nach Gourette und verlassen das Dorf ebenfalls nach Norden. Entsprechend verwirrend ist die Verkehrsführung. Stellplatz und Entsorgung sind zudem noch räumlich voneinander getrennt. Ich versuche mein Bestes, um diesen Stellplatz-Tipp hinreichend zu erklären.

(074) WOMO-Stellplatz: Gourette

GPS: N 42° 57' 25.9" W 0° 19' 48.9"
max. WOMOs: > 5 gebührenfrei
Ausstattung / Lage: Ver- und Entsorgung in der Nähe / am Ortsrand
Zufahrt: Wenn Sie schon die Läden von Gourette sehen können (noch vor dem Kreisel!), macht die Straße eine scharfe Rechtskurve. Dort biegen wir links ab. Nach etwa 50 Metern gabelt sich die Straße. Zum Entsorgen fahren Sie dort nach links. Zum Stellplatz fahren wir an der Gabelung nach rechts weiter. Stellflächen sind nicht ganz gerade, Keile sind jedoch ausreichend.
Sonstiges: Maximale Dauer 72 Stunden, Wasser 5 EUR

Dieses Kapitel möchte ich mit Ihnen in Laruns beenden. Bereits in Tour 10 waren wir ja auf diesem Platz. Sie kommen jetzt allerdings von der entgegengesetzten Seite in den Ort.

(059) WOMO-Stellplatz: Laruns

GPS: N 42° 59' 22.8" W 0° 25' 31.5" Avenue de la Gare
max. WOMOs: > 5 gebührenfrei
Ausstattung / Lage: Ver- und Entsorgung, Toiletten, Mülleimer / im Ort
Zufahrt: Vom Col d'Aubisque kommend, fahren Sie ins Zentrum bis zum Kreisel. Dort biegen Sie rechts ab und biegen dann bei der nächsten Möglichkeit links ab. Hier finden Sie im hinteren Bereich ausgewiesene Stellplätze für Womos. Vom Platz aus können Sie in wenigen Minuten ins Zentrum laufen.
Sonstiges: Beim OTSI erhalten Sie die Jetons, um Wasser zu tanken.

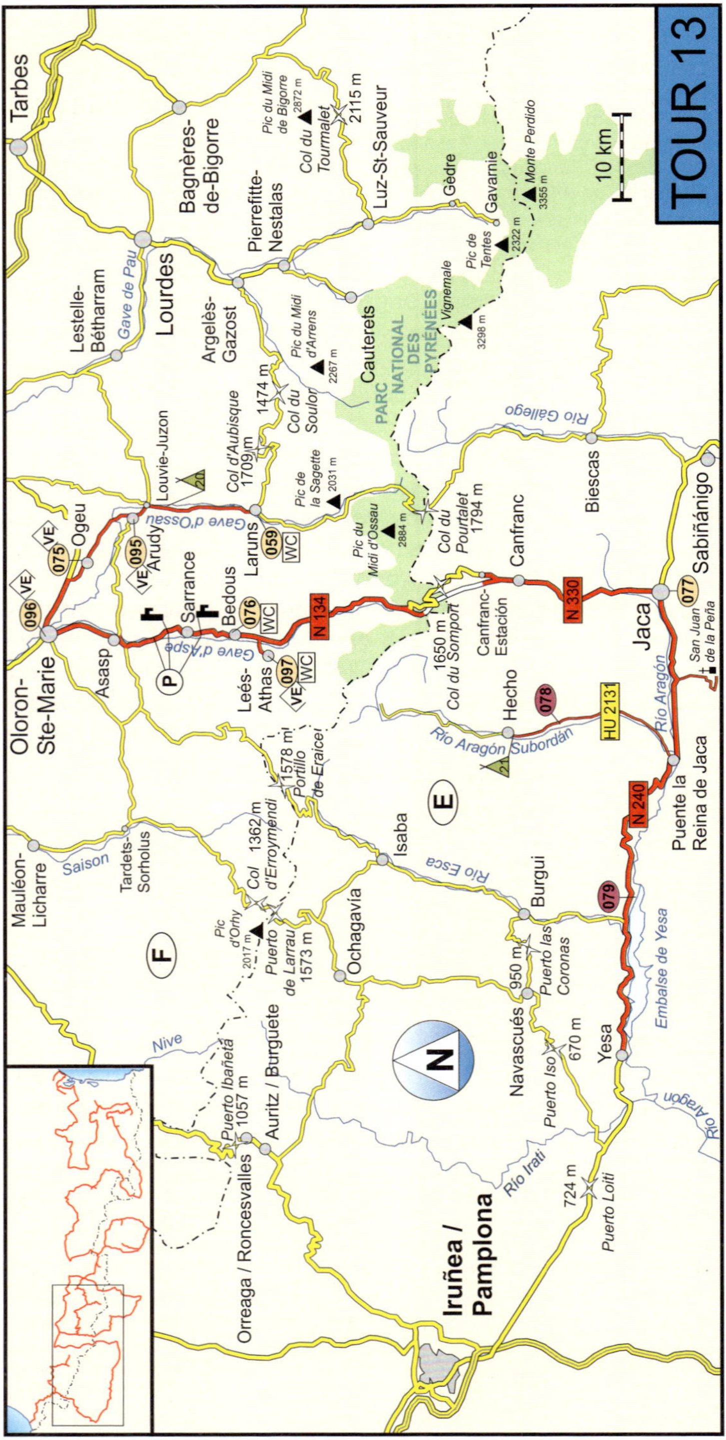
TOUR 13
10 km
Tarbes
Bagnères-de-Bigorre
Lourdes
Lestelle-Bétharram
Gave de Pau
Pierrefitte-Nestalas
Argelès-Gazost
Pic du Midi de Bigorre 2872 m
Col du Tourmalet
2115 m
Luz-St-Sauveur
Gèdre
Gavarnie
Monte Perdido 3355 m
Pic de Tentes 2322 m
Vignemale 3298 m
Cauterets
PARC NATIONAL DES PYRÉNÉES
Pic du Midi d'Arrens 2267 m
Col du Soulor
1474 m
Col d'Aubisque 1709 m
Pic de la Sagette 2031 m
Louvie-Juzon
Laruns
Gave d'Ossau
Pic du Midi d'Ossau 2884 m
Col du Pourtalet 1794 m
Canfranc
Biescas
Río Gállego
Ogeu
Arudy
Sarrance
Bedous
Oloron-Ste-Marie
Asasp
Gave d'Aspe
Lées-Athas
N 134
1650 m Col du Somport
Canfranc-Estación
N 330
Jaca
Sabiñánigo
San Juan de la Peña
Hecho
HU 2131
Río Aragón
Río Aragón Subordán
1578 m Portillo de Eraice
Puente la Reina de Jaca
N 240
Mauléon-Licharre
Saison
Tardets-Sorholus
Col d'Erroymendi 1362 m
Isaba
Río Esca
Burgui
Pic d'Orhy 2017 m
Puerto de Larrau 1573 m
Ochagavía
Puerto las Coronas 950 m
Navascués
Puerto Iso 670 m
Yesa
Embalse de Yesa
Nive
Puerto Ibañeta 1057 m
Auritz / Burguete
Orreaga / Roncesvalles
Río Irati
724 m
Puerto Loiti
Iruñea / Pamplona
Río Aragón
F
E
P
N
096
VE
075
095
076
WC
059
097
077
078
079
20
21

TOUR 13 (236 km)

Laruns — Somport — Canfranc — Yesa-Stausee

Übernachten:	Laruns, Arudy, Ogeu-les-Bains, Oloron-Ste-Marie, Bedous, Jaca, Valle de Hecho, am Yesa-Stausee
Besichtigen:	Bahnhof in Canfranc-Estación, Monasterio de San Juan de la Peña, Valle de Hecho, Yesa-Stausee
Campingplätze:	Vallée d'Ossau, Valle de Hecho
Markt:	Bedous (Do.)

Über Laruns brauche ich nichts mehr zu erzählen, Sie sind ja bereits zum zweiten Mal hier. Ich hoffe, Sie haben gut geschlafen. Wir beenden gerade unser Frühstück. Heute wollen wir Frankreich für ein paar Tage verlassen und uns der Südseite der Pyrenäen zuwenden. Ein anachronistischer Bahnhof und ein malerischer Stausee warten auf unseren Besuch.

Wissen Sie noch, wo der Supermarkt ist? Genau dort verlassen wir Laruns in Richtung Arudy oder Oloron. Die 11 Kilometer bis Louvie-Juzon fahren wir auf bekannter Straße. Hier möchte ich Ihnen schon einen ersten Campingplatz empfehlen. Er gehört zwar zur Gemeinde Iseste (früher: Izeste), liegt jedoch noch vor Louvie-Juzon.

(C20) WOMO-Campingplatz-Tipp: Vallée d'Ossau **

GPS: N 43° 04' 54.8" W 0° 25' 12.5"
Öffnungszeiten: Mitte Mai – Ende September
Ausstattung / Lage: Ver- und Entsorgung, sehr schattig, Laden, Restaurant / direkt am Fluss gelegen
Zufahrt: Kurz vor Louvie-Juzon auf der rechten Straßenseite gelegen. Leider gibt es keine Hinweisschilder. Sie müssen aufpassen und den rechten Straßenrand beobachten.

In Louvie-Juzon biegen wir links ab. Anschließend kommen wir nach Arudy. Dort finde ich einen äußerst urigen Stellplatz. Ich war mir nicht sicher, was ich von der ungeordneten Ansammlung von Wohnmobilen, Wohnwagen und Zelten halten soll. Also habe ich bei den dortigen Womo-Haltern mal nachgefragt. Ja, natürlich, ich dürfe gern herkommen. Nein, das sei eigentlich kein Camingplatz. Nein, auch kein Stellplatz. Kosten würde er eigentlich nichts. Man solle sich aber beim Bürgermeisteramt anmelden, wenn man länger bleiben wolle. Ob es dann etwas kostet, war nicht zu ermitteln. Die Wohnmobilisten waren geteilter Meinung – und es war Wochenende – also kein Bürgermeister zu erreichen. Ein liebenswertes Chaos!

(095) WOMO-Stellplatz: Arudy

GPS: N 43° 06' 19.1" W 0° 25' 22.3"
max. WOMOs: 4 – 5 gebührenfrei
Ausstattung / Lage: Ver- und Entsorgung, Mülleimer, Wertstoff-Behälter, Toilette, Dusche, Schwimmbad in der Nähe / am Ortsrand
Zufahrt: Im Ort der Beschilderung zum Schwimmbad (piscine) folgen. An dessen Eingang rechts abbiegen.
Sonstiges: Die erste Nacht kostet nichts. Danach auf dem Bürgermeisteramt (mairie) anmelden. Jetons gibt's an der Schwimmbad-Kasse.

Wenn Sie weiterfahren wollen, dann folgen Sie uns in Richtung OLORON. Unterwegs kommen wir durch OGEU-LES BAINS. Eigentlich nur erwähnenswert wegen seines Stellplatzes.

(075) WOMO-Stellplatz: Ogeu-les-Bains

GPS: N 43° 09' 12.9" W 0° 30' 07.4"
max. WOMOs: 4 – 5 gebührenfrei
Ausstattung / Lage: Ver- und Entsorgung, Mülleimer, Wertstoff-Behälter / am Ortsrand
Zufahrt: Im Ort der Beschilderung nach Pau folgen und dazu rechts abbiegen. Wir überqueren anschließend eine Brücke. Bald darauf taucht auf der rechten Seite das Stadion auf. Dahinter nach rechts auf den Parkplatz fahren.
Sonstiges: Für Trinkwasser brauchen Sie Jetons.

Nur wenige Kilometer trennen uns noch von der N 134, der wir jetzt etliche Kilometer folgen wollen – und zwar so lange, bis wir wieder in SPANIEN sind. Allerdings kommen wir zuerst mal nach OLORON-STE-MARIE. Auch hier gibt es einen Stellplatz. Ansonsten finden Sie auch hier eine reizvolle Innenstadt, die vom Stellplatz aus in wenigen Minuten zu Fuß erreichbar ist. Sie brauchen nur der Richtung zu folgen, aus der Sie angereist sind.

(096) WOMO-Stellplatz: Oloron-Ste-Marie

GPS: N 43° 11' 01.9" W 0° 36' 31.4" Rue Adoue
max. WOMOs: > 5 gebührenfrei
Ausstattung / Lage: Ver- und Entsorgung, Mülleimer / im Ort
Zufahrt: Bleiben Sie im Ort auf der N 134. Groteskerweise steht dort oft der Ort Bedous auf den Schildern. „Espagne" wäre aussagekräftiger. Fast am Ortsausgang liegt der Stellplatz auf der linken Seite. Die Einfahrt sieht auf den ersten Blick sehr eng aus. Es klappt aber auch für große Womos.

Wir kommen durch den Ort Asasp und sehen dann große Hinweisschilder auf mehrere Picknickplätze. Den ersten Platz finden Sie an der Abzweigung zum Col de Marie-Blanque. Wenig später kommt nach einer Eisenbahnbrücke der zweite in Sicht, dort gibt es auch Wasser. Hinter der Ortschaft Sarrance taucht schließlich ein dritter Platz auf, auf dem Sie ebenfalls Ihre Trinkwasservorräte auffrischen können. Die Sonne brennt heute wieder einmal unbarmherzig auf uns herab. In der größten Mittagshitze ein bisschen faulenzen, das wäre keine schlechte Idee. Auf allen Plätzen sind neben den obligatorischen Tischen und Bänken aus Holz auch Brunnen zu finden. Allerdings sind alle drei Plätze nicht zum Übernachten geeignet.

Nehmen Sie wieder Platz im Womo, wir fahren weiter in Richtung Spanien. Bevor wir die Einfahrt in einen Tunnel erreichen, kommen wir noch durch Bedous.

(076) WOMO-Stellplatz: Bedous

GPS: N 43° 00' 01.7" W 0° 36' 02.2"
max. WOMOs: 3 - 4 gebührenfrei
Ausstattung / Lage: Toiletten, Mülleimer / am Ortsrand
Zufahrt: Am Ortseingang von Bedous finden Sie auf der linken Seite den Parkplatz zum Übernachten.

Danach wird der Engel mal wieder von dem Teufel geritten. Ein Wohnmobilstellplatz, gleichzeitig Campingplatz, gleichzeitig Restaurant, gleichzeitig „aire naturelle" soll in Lées-Athon sein. Also machen wir uns auf die Suche. Von der N 134 müssen wir auf jeden Fall mal abbiegen, um überhaupt in den Ort zu kommen. Dann tauchen schon die ersten Schilder zum Campingplatz auf. Das sollte richtig sein. Wir fahren, fahren, fahren. Wir fahren den „camping"-Schildern nach, wir folgen dem Womo-Symbol. Meine Beifahrerin meint schon spöttisch: „Vergiss es, der ist längst geschlossen. Hier kann nichts mehr sein." Und just in dem Moment erwacht Leben links der Straße. Ein junger Mann winkt uns freundlich zu und bittet uns mit einer Handbewegung in die Einfahrt einzubiegen. Er lotst uns auf den Womo-Platz und hilft sogar noch beim Einparken. Es ist schön hier. Die Berge sind zum Greifen nahe.

(097) WOMO-Stellplatz: Lées-Athas

GPS: N 42° 58' 54.9" W 0° 37' 28.4"
max. WOMOs: > 5 hohe Gebühr
Ausstattung / Lage: Ver- und Entsorgung, Mülleimer, Wertstoff-Behälter, Toilette, Dusche, Waschmaschine, Trockner / außerhalb
Zufahrt: Von der N 134 abfahren, wenn Lées-Athas ausgeschildert ist. Ab dann immer den Schildern zum „camping" oder dem Womo-Symbol folgen. Es geht sehr weit raus aus dem Ort. Wenn Sie überlegen, ob Sie überhaupt noch richtig sind, sind Sie richtig. Der Komplex aus Restaurant mit Freisitz, Womo-Stellplatz und so etwas wie einem naturbelassenen Campingplatz taucht irgendwann auf der linken Seite auf.
Sonstiges: Wasser und Strom in der Stellplatzgebühr enthalten.

Womos aus halb Europa stehen hier in dem kleinen Nest. Der nette Mann zeigt uns noch die Stromsäulen, die Sanitärräume und macht natürlich auch ein bisschen Werbung für seine Gaststätte. Es sei ihm gestattet. Mit uns kam noch ein niederländisches Womo an, so dass wir die Führung zu zweit und auf Englisch machen.

Es ist sehr angenehm hier: Nette Gastgeber, ein schöner Rundblick, ein schöner Platz! Aber wir müssen weiter – ich habe noch ein Buch fertigzustellen. Also fahren wir wieder zurück zur N 134, der wir jetzt stets weiter in Richtung Spanien folgen.

An einem kleinen Parkplatz halten wir und nehmen einen kleinen Imbiss zu uns. Ich versuche die Zeit um 1000 Jahre zurückzudrehen. Ein seltsames Völkchen mit breitkrempigen Hüten und Wanderstäben zieht an uns vorüber. Es sind Jakobspilger auf dem Weg nach Santiago de Compostela. Sie wandern hier auf einer der vier großen Routen über die Pyrenäen.

Auf unserer weiteren Fahrt möchte ich Ihnen noch einige

Die Jakobspilger

Santiago! Unter diesem Begriff steht im Mittelalter die Pilgerreise zum Grab des Apostels Jakob. Das Ziel der Reise ist die Stadt Santiago de Compostela.

Obwohl sicher ist, dass Jakobus nie in Spanien war, ist die Kirche gar zu gern bereit, die Knochen, die ein Hirte gefunden hatte, als Gebeine Jakobs anzuerkennen. So ein Wallfahrtsort belebt schließlich den Tourismus und lenkt von weltlichen Problemen ab.

Vier große Routen gab es damals, um – aus dem Norden kommend – die Pyrenäen zu überqueren. Da waren die Via Tolosana (von Toulouse), die Via Podiensis (von Le Puy), die Via Lemovicensis (von Limoges) und die Via Turonensis (von Tours). Sie sehen, der Pilgerstrom war gut organisiert und in rechte Bahnen geleitet. Das war auch nötig, denn zeitweise waren eine halbe Million Pilger pro Jahr unterwegs. In Puente la Reina führten schließlich alle vier Straßen zusammen weiter nach Galicien.

Die Pilger waren uniformiert: Breitkrempiger Hut mit Jakobsmuschel war Pflicht, allein schon, um sich als Jakobspilger zu legitimieren. Die Muschel hatte zudem den Vorteil, dass sie als Trinkgefäß zu benutzen war. Dazu gehörte ein Wanderstab. Bestimmte Riten galt es auch während der beschwerlichen Wanderung einzuhalten: Waschen, rasieren und Haare schneiden war verboten. Sie können sich vorstellen, wie die Pilgerschar in Santiago angekommen ist.

seltsame Dinge zeigen. Zum Beispiel diese Bahnlinie, die uns mal links, mal rechts der Straße begleitet. Sie wurde Anfang des Jahrhunderts als internationale Verbindung zwischen FRANKREICH und SPANIEN gebaut, war allerdings nur wenige Jahre in Betrieb und erlebt ihren grotesken Höhepunkt im Bahnhofsgebäude von CANFRANC-ESTACIÓN, das wir später noch kennenlernen werden. Dass hier schon lange kein Zug mehr fährt, sehen Sie an den Bäumen und Sträuchern, die zwischen den Gleisen wachsen. Eigentlich schade! Schade auch um den 7800 Meter langen Eisenbahntunnel, den man gegraben hatte.

Apropos Tunnel: Der Bau des „Tunnel du Somport", durch den wir bald fahren, war durchaus nicht problemlos möglich. In der Bevölkerung gab es gewaltige Widerstände. Allgegenwärtig sind immer noch die aufgesprühten Parolen, die den Unmut in Worte fassen. „Kein zubetoniertes Tal", „Nein zum Tunnel" und „Kein Schwerlastverkehr im VALLÉE D'ASPE" wird da gefordert. Von 1993 bis 1995 wurde die Einfahrt zur Großbaustelle sogar vom Militär bewacht. Man rechnete mit Allem.

Mittlerweile ist er fertiggestellt und erleichtert die Fahrt vom VALLÉ D'ASPE ins spanische VALLE DE CANFRAN gewaltig. Im Nu sind wir in SPANIEN. Allerdings müssen wir aufpassen, wenn wir wieder das Tageslicht erreichen. Wir dürfen nicht verpassen, gleich bei der ersten Ausfahrt die Straße zu verlassen, um den monumentalen internationalen Bahnhof in CANFRANC-ESTACIÓN zu besichtigen.

Ein kleines Stückchen führt die Straße jetzt wieder nach Norden. Bald haben wir den Ort erreicht und den Bahnhof gefunden. Direkt an der Straße sind Parkbuchten. Über eine Brücke kommen wir unproblematisch an unser Ziel. Ein ganz kleiner Teil des Gebäudes wird noch genutzt. Die spanische Post

Der internationale Bahnhof in Canfranc-Estación

ist mit einer kleinen Dienststelle präsent, ein weiterer Raum dient der spanischen Eisenbahn als Fahrkartenschalter für eine Lokalbahn. Zuerst überqueren wir die spanischen Gleise. Die französischen Züge, die eine andere Spurweite haben, kamen auf der gegenüberliegenden Seite des Bauwerks an, das immerhin nach dem Leipziger der zweitgrößte Bahnhof Europas ist. 2011 war er allerdings immer noch im Zustand der Renovierung, nicht alle Gebäudeteile waren zugänglich. Das wird meiner Meinung nach auch noch ein paar Jahre so bleiben. Der Eindruck, den das anachronistische Bauwerk hinterlässt, bleibt jedoch faszinierend.

Während Sie jetzt Ihre Runde über die Bahnsteige drehen und durch die Fenster in die verschiedenen Räume schauen, erzähle ich Ihnen etwas über die Geschichte der Bahnlinie: In der Mitte des vorigen Jahrhunderts reift der Entschluss, diese internationale Eisenbahnverbindung zu bauen. Die nötigen Vorarbeiten werden gleich in Angriff genommen. Eine Unzahl von Brücken und Tunnels wird errichtet. 1928 ist es dann endlich soweit: Die Strecke kann eröffnet werden. 8 Jahre später setzt der spanische Bürgerkrieg der freien Durchfahrt ein Ende, anschließend sorgt der Zweite Weltkrieg dafür, dass die Grenzen dicht bleiben. Erst 1949 wird die Verbindung zaghaft wieder aufgenommen, erreicht jedoch nie das gewünschte Verkehrsaufkommen. Eine Brücke, die 1970 auf französischer Seite einstürzt, wird zum willkommenen Anlass, die Strecke ganz aufzugeben.

Leider können Sie die rustikalen elektrischen Schaltanlagen und das bequeme Krankenzimmer zurzeit nicht sehen. Sie können auch nicht durch die alten Waggons laufen, die neben dem Lokschuppen stehen. Sie können lediglich am Bauzaun stehen und das Gebäude und seine Geschichte in ihrer Gesamtheit auf sich wirken lassen. Schade! Fahren Sie jetzt mit uns weiter Richtung Jaca. Nach 4 Kilometern kommen wir in den eigentlichen Ort Canfranc. Kurz davor liegt rechts der Straße ein schöner Picknickplatz. Es wird jetzt offensichtlich, dass wir die Pyrenäen verlassen. Aber keine Angst, wir kommen wieder ins Gebirge zurück!

Der nächste Ort, den wir erreichen, heißt Jaca. Auf der rechten Seite sind bereits bei der Einfahrt in den Ort die mächtigen Mauern der Zitadelle zu sehen. Schon im 16. Jahrhundert erbaut, dient sie heute noch als Kaserne militärischen Zwecken. Die schönste Seite Jacas ist jedoch die Altstadt. Etwas außerhalb des Ortskerns habe ich noch einen Stellplatz für Sie, von dem aus sie problemlos erreicht werden kann.

Unser weiterer Weg führt uns zum Stausee von Yesa und dann nach Pamplona. In Jaca müssen wir deshalb der N 240

(077) WOMO-Stellplatz: Jaca

GPS: N 42° 33' 49.4" W 0° 33' 01.4" Calle Olimpia
max. WOMOs: 2 - 3 gebührenfrei
Ausstattung / Lage: – / am Ortsrand
Zufahrt: Folgen Sie zuerst den Schildern nach Pamplona, biegen Sie dann aber an einem großen Kreisel links ab, wenn Sie Wegweiser nach Huesca sehen, denen Sie folgen. Ab dem Kreisel kommen Sie an 2 Fußgängerampeln vorbei. An der nächsten Ampel biegen Sie rechts ab in die Calle Olimpia und folgen den Schildern zur „zona desportiva". Sowohl am Stadion als auch schon vorher finden Sie Stellplätze.
Sonstiges: Wenn Sie zurück gehen bis zur Ampel und die Straße überqueren, kommen Sie über Treppen zur Stadtmitte.

folgen, wobei Pamplona schon ausgeschildert ist. 10 Kilometer hinter Jaca macht mich ein Schild zum Monasterio de San

Torbogen in San Juan de la Peña

Juan de la Peña neugierig. Wir biegen links ab und haben etwa 10 Kilometer auf einer engen, unübersichtlichen und schlecht befestigten Straße vor uns. Das ehemalige Kloster taucht vor uns auf, und wir werden von einem Angestellten weiter den Berg hinaufgeschickt. Endlich kommt ein Parkplatz in Sicht. Das Kassenhäuschen ist auch gleich nebenan, und die Strecke zurück zum Kloster brauchen wir nicht zu laufen: Es verkehrt ein Shuttle-Bus.

Warum wir diese Strapaze auf uns nehmen? Dieses Kloster ist schon allein deshalb sehenswert, weil es halb in den Fels hineingebaut wurde. Außerdem liegen hier viele aragonische Herrscher begraben. Nicht zuletzt fasziniert uns der Gesamteindruck des Gebäudes aus dem 9. Jahrhundert. Die Besichtigung beginnt im Untergeschoss, viel schöner ist jedoch die Oberkirche mit ihrem Kreuzgang und dem Panteón de los Nobles, wo die Herrscher aus der Zeit zwischen dem 12. und 16. Jahrhundert beigesetzt sind.

Tote Könige in San Juan de la Peña

Der Bus bringt uns jetzt wieder zurück zu unserem Parkplatz. Wir fahren dann auf demselben Weg, auf dem wir hergekommen sind, wieder zur N 240.

Puente la Reina de Jaca taucht vor uns auf. „Puente" heißt Brücke. In diesem Fall ist es eine Brücke über den *Río Aragón*. Auch hier wollen wir noch einen kleinen Abstecher wagen, habe ich doch gerade gelesen, dass in dem Ort Hecho (bisweilen schreibt er sich auch Echo) nicht weniger als 70 Skulpturen aufgestellt sind. Auch das Tal, durch das wir jetzt fahren wollen, soll nicht uninteressant sein. Geier seien zu beobachten, lese ich, und der Tourismus soll hier noch keinen Einzug gefunden haben. Da müssen wir hin! Nach der Brücke folgen wir also nicht mehr der N 240 sondern fahren geradeaus weiter ins Valle de Hecho.

Um es vorweg zu nehmen: Geier habe ich keine gesehen, dafür aber einen schönen Picknickplatz, der auch zum Übernachten geeignet ist. Die Skulpturen in Hecho haben wir allerdings gesehen, und sie haben uns gut gefallen. Die Idee dazu

(C21) WOMO-Campingplatz-Tipp: Valle de Hecho **

GPS: N 42° 44' 07.4" W 0° 45' 07.3"
Öffnungszeiten: ganzjährig
Ausstattung / Lage: schattig, Laden, Restaurant, Pool / am Ortsrand
Zufahrt: Am Ortseingang von Hecho liegt er auf der linken Seite.
Internet: www.campinghecho.com

(078) WOMO-Picknickplatz: Valle de Hecho

GPS: N 42° 40' 25.3" W 0° 43' 56.9"
max. WOMOs: 2 - 3 gebührenfrei
Ausstattung / Lage: Tische und Bänke, Grillhütte / außerhalb
Zufahrt: Bei der Fahrt in Richtung Hecho sollten Sie sich die Abfahrt nach Aragües einprägen, die nach rechts abgeht. Genau gegenüber ist der Picknickplatz. Die Zufahrt ist jedoch wesentlich einfacher, wenn Sie von Hecho aus wieder zurück fahren. Der Platz ist von der Straße aus nicht zu sehen und auch nicht beschildert. Hilfreich ist nur die oben beschriebene Abzweigung. Ein kleiner unbefestigter Weg führt zuerst steil nach unten zum Río Aragón Subordán, macht dann eine Biegung nach links und führt Sie zum Picknickplatz.

Sonstiges: Das Abenteuer ist jedenfalls nichts für große Wohnmobile.

kam von Pedro Tramullas, der hier einen Treffpunkt von Künstlern initiierte. Über mehrere Jahre hinweg waren dort jeden Sommer Bildhauer am Werk, deren Arbeiten jetzt das Dorf schmücken.

Von Hecho aus führt uns unser Weg wieder zurück nach Puente la Reina, und von dort aus folgen wir wieder der N 240 nach Pamplona. Auf dieser Straße bleiben wir jetzt und warten darauf, dass der Stausee von Yesa auftaucht. Wenn Sie sich wundern, warum die Ampeln an den

(079) WOMO-Picknickplatz: Yesa-Stausee

GPS: z.B. N 42° 36' 43.9" W 1° 03' 22.0"
max. WOMOs: > 5 gebührenfrei
Ausstattung / Lage: – / außerhalb
Zufahrt: Sobald der Stausee in Sicht kommt, sollten Sie einen Weg nach links suchen. Es gibt in einer scharfen Rechtskurve eine gute Möglichkeit, geradeaus zu fahren. Wenige Kilometer später haben Sie nur sehr geringe Chancen, zum See abzubiegen.

Am Yesa-Stausee

Ortseingängen rot werden, wenn Sie kommen, dann liegt das daran, dass Sie zu schnell sind. Ist Ihre Geschwindigkeit zu hoch, schaltet 100 Meter weiter eine Ampel auf Rot.

Der erste Zipfel des Embalse de Yesa taucht vor uns auf. Immer wieder aufs Neue beeindruckt uns die Uferregion des Stausees. Solche merkwürdig geformten Felsformationen haben wir bisher noch nie gesehen.

Bei uns wird es Zeit, einen Übernachtungsplatz zu finden, was hier sehr schwierig ist. Zwischen der Uferstraße und dem See gibt es nur wenige Parkmöglichkeiten. Lediglich ganz an dessen Anfang können Sie eine holprige Piste hinunterfahren. Sie stehen dann für die Nacht ganz weit außerhalb.

Abendstimmung am Stausee

TOUR 14 (121 km)

Yesa — Pamplona — St-Jean

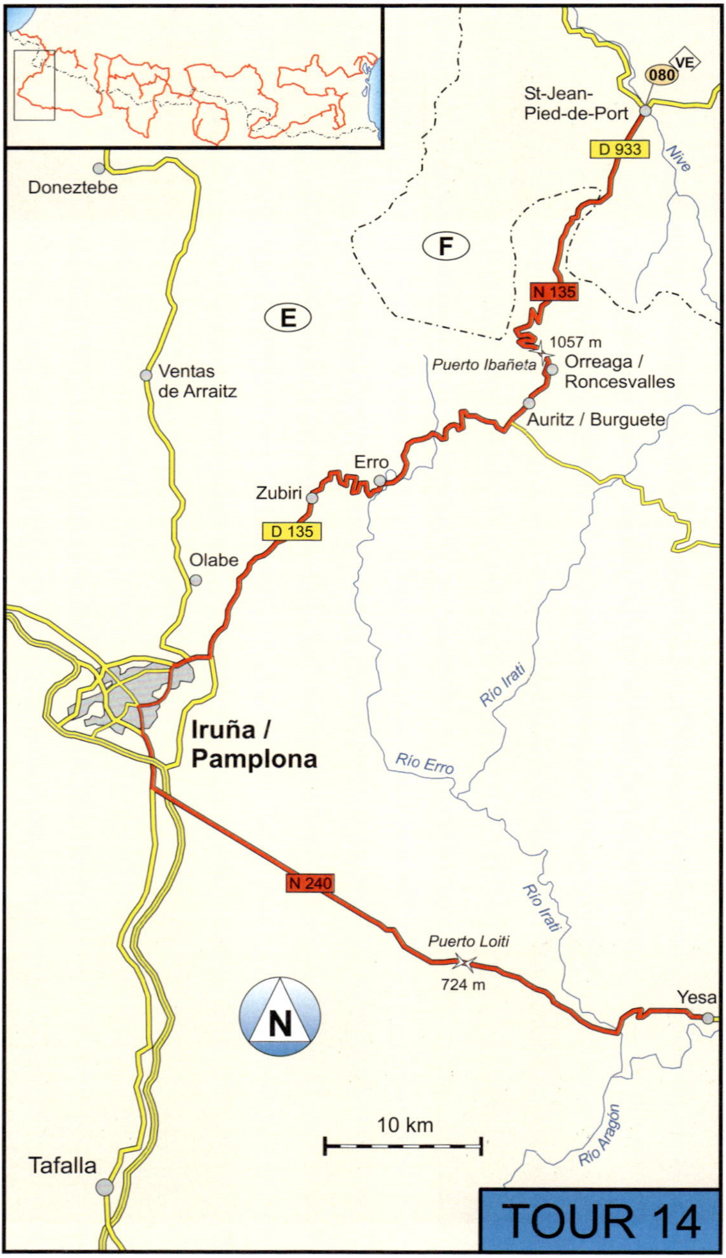

Übernachten:	St-Jean-Pied-de-Port
Besichtigen:	Pamplona, St-Jean-Pied-de-Port
Markt:	St-Jean-Pied-de-Port (Mo.)

Sie haben hoffentlich genauso gut geschlafen wie wir. Dann sind Sie jetzt wahrscheinlich auch so hungrig wie wir. Ich muss Sie leider noch ein bisschen vertrösten, die nächste Bäckerei – und was für eine! – ist in Yesa. Zuvor möchte ich allerdings mit Ihnen noch auf der Staumauer des Sees entlangspazieren. 80 Meter tief können Sie talwärts nach unten schauen, während auf der anderen Seite der Mauer das Bassin fast bis zum Rand gefüllt ist. Unser besonderes Interesse gilt den Betonröhren, die in der Nähe der Staumauer aus dem Boden ragen. Gehen Sie hin und schauen Sie mal rein! Obwohl (oder gerade weil) ich keine Ahnung habe, wozu die gut sind, finde ich sie einfach faszinierend. Vielleicht kann mir ja ein Leser den Sinn der Trichter erklären?

Fast am Ortsausgang von Yesa finden wir die bereits versprochene Bäckerei. Glücklicherweise ist ein Brunnen mit Parkmöglichkeit schräg gegenüber. Ein Trinkwasserproblem werden wir heute also nicht haben. Die Bäckerei hat eine Größe von etwa 10 m^2, ein Drittel davon ist Thekenbereich. Die wichtigsten Redewendungen beim Einkaufen kenne ich mittlerweile, und da das Einheitsbrot scheinbar einen Einheitspreis hat, kann ich so tun, als hätte ich das Zahlendurcheinander der Verkäuferin verstanden und lässig bezahlen.

Bevor ich mich an das Frühstück mache, könnte ich ja schon mal den Wassertank füllen. Das Wasser in der ersten Gießkanne, die ich am Brunnen fülle, riecht nicht besonders gut. Ist das Trinkwasser? Die Einheimischen sollten das wissen. Ein alter Mann sitzt ganz in der Nähe auf einer Bank vor seinem Haus, den könnte man ja fragen. Ich wage die Konversation. Zu meiner großen Verblüffung versteht mich der Patriarch und erklärt, dass das Wasser sehr gut sei. Er könne sich kein besseres Wasser vorstellen. Nein danke! Selbst die dritte und vierte Gießkanne wandert in den Gully. Der Geruch nach Chlor ist zu aufdringlich. Deshalb ist in der Karte kein Versorgungssymbol eingezeichnet. Wasser besserer Qualität finden Sie auf Picknickplätzen im Verlauf unserer Tour.

Hinter Yesa sind die Berge der Pyrenäen weit entfernt. Schnurgerade fahren wir auf der N 240 nach Pamplona. Hier ertappen Sie mich dabei, dass ich nicht immer die derzeit gültigen Ortsnamen verwende. Aber: Pamplona, das ist Baskenland, das ist Hemingway, das ist Fiesta, das ist San Fermin.

Auf dem Weg nach Pamplona

Was bitte ist IRUÑA? Bleiben wir also bei PAMPLONA!

Die Stadt hat fast 200 000 Einwohner, das ist Großstadtformat. Mischen Sie die Parkplatzprobleme, die jede Stadt hat, mit einem Schuss südländischem Temperament, und Sie werden erkennen: Das Parkplatzchaos ist perfekt: Abschleppwagen sind im Dauereinsatz, die zweite Reihe ist meist vollgeparkt, so dass eben in der dritten Reihe geparkt wird. Das sollte Sie allerdings nicht davon abhalten, der Stadt trotzdem einen Besuch abzustatten. Fahren Sie zuerst einmal Richtung Zentrum. Früher oder später kommen Sie in die Nähe des Plaza del Castillo. Die Umgebung dieses Platzes ist mittlerweile verkehrsberuhigt. Sie werden aber merken, wenn Sie im Herzen PAMPLONAS angekommen sind. Das war jetzt noch einfach. Weitaus schwieriger ist die Parkplatzsuche. Meist haben wir in der Nähe der Arena noch ein Plätzchen gefunden. Vielleicht klappt das auch bei Ihnen.

Sie stehen jetzt in der Nähe des Zentrums. Machen Sie noch einen kleinen Spaziergang, damit Sie morgen den Weg zum oben genannten Platz finden, denn von dort aus erreichen Sie alle Sehenswürdigkeiten der Stadt. Und denken Sie daran, dass Sie frühestens morgen Abend wieder wegfahren können, weil Sie bis dahin zugeparkt sein werden.

Von dem Plaza del Castillo kommen Sie über mehrere Treppen zur Altstadt mit ihrem geschäftigen Treiben. Schlendern Sie mit uns durch die engen Gassen, und schauen Sie ab und zu in einen der zahlreichen Läden. Wir haben hier schon die unmöglichsten Sachen erstanden: Von der Paella-Pfanne bis zur ledernen Weinflasche; vom Wollpullover bis zur Baskenmütze. Da unser Urlaub bald zu Ende sein wird, decken wir uns meist mit Mitbringseln für unsere daheimgebliebenen

In der Altstadt von Pamplona

Freunde ein. Ich erinnere mich noch lebhaft an die Blicke der Passanten, als ich vor einigen Jahren 4 Paella-Pfannen in unterschiedlichen Größen durch die Gassen schleppte. Um den Hals hingen mir neben der Kamera noch zwei der so häufig angebotenen Lederbeutel für Wein. Um mich nicht gänzlich der Lächerlichkeit preiszugeben, trug ich die drei Baskenmützen nicht auf dem Kopf, sondern in einer dezenten Plastiktüte unter dem rechten Arm.

Pamplona — Plaza del Castillo

Irgendwann kommen Sie auf Ihrer Altstadttour auch am imposanten Rathaus vorbei. Es ist fahnengeschmückt und fast immer polizeibewacht, Sie können es gar nicht verfehlen.

Pamplona — Giebel des Rathauses

Die Basken

Sie sind eines der großen Rätsel, die uns die Geschichte aufgibt. Sicher ist lediglich, dass Baskisch nicht zu den indogermanischen Sprachen zählt. Unsicher ist, zu welcher Sprachfamilie das Idiom überhaupt gezählt werden kann. Sogar die Römer merken schon, dass sie es hier mit einem Volk zu tun haben, das sich deutlich von seinen Nachbarn unterscheidet. Als Meister der Verwaltung fassen sie die baskischen Stämme als Einheit zusammen und geben dem Gebilde den Namen Novempopulanien. 600 Jahre später unterwerfen Stämme aus der Gegend von Huesca, die vor den Westgoten fliehen, dieses Novempopulanien und geben ihm den Namen Vasconia. Im Laufe der Zeit entwickeln sich die Sprachen nördlich und südlich der Pyrenäen in verschiedene Richtungen. Im Norden werden die Vaskonen zu Gaskonen, im Süden zu Basken.

Nachdem die Basken mit zur Niederlage Karls des Großen beitragen, verjagen sie 50 Jahre später erneut die Franken. Ihr Anführer ist Inigo Arista, der später König von Pamplona wird. Er macht es sich zur Aufgabe, die Mauren, die den größten Teil der Iberischen Halbinsel besetzt halten, zu bekämpfen. Damit hat er auch einigen Erfolg, doch im Laufe der Zeit wird die Geschichte des Baskenlandes immer mehr zur Geschichte Spaniens.

Das Bestreben nach Unabhängigkeit ist um so stärker geworden, je enger die Bindung zu Spanien wurde, und reicht bis in die Gegenwart. Ein lebendiger Beweis sind die Anschläge der ETA. Erst 1979 erhält der spanische Teil des Baskenlandes einen begrenzten Autonomiestatus.

Die kulturellen Unterschiede werden auch Ihnen auffallen, wenn Sie das Baskenland besuchen. „Typisch baskisch“ sind zum Beispiel die Glockenmauern statt der Glockentürme an den Kirchen, typisch auch das Pelota-Spiel mit den dazugehörenden Frontons — und natürlich die von mir so geliebten diskoidalen Stelen, deren Sinn ebenso im Dunkeln liegt, wie der Ursprung der baskischen Sprache.

Ach ja, die Polizei: Wir sind im Baskenland, die ETA ist immer präsent. Auf Brandmauern und Betonwänden haben Sie sicher schon die Slogans der Separatistenorganisation gelesen – und nicht verstanden. In meinem großen Bekanntenkreis ist mir bis heute niemand begegnet, der der baskischen Sprache auch nur ansatzweise mächtig wäre. Angst vor Anschlägen brauchen Sie allerdings nicht zu haben. Die Terrorakte richten sich nicht gegen Touristen, sondern gegen (zentral-)staatliche Institutionen.

Wenn Sie zurückgehen zur Arena, sehen Sie sicher direkt daneben auch das Denkmal, das die Stadtväter Ernest Hemingway gesetzt haben. Er hat in seinem Roman „Fiesta" das wichtigste Fest PAMPLONAS beschrieben: San Fermin. Jedes Jahr im Juni wird sieben Tage lang der Gedenktag des Stadtpatrons, des heiligen Firminius, gefeiert. Ein Spektakel, das Tausende von Schaulustigen anlockt. Musik, Tanz und Umzüge sind nur Beiwerk; im Mittelpunkt stehen die Stierkämpfe. Besonders aufsehenerregend ist das „Rennen mit den Stieren". Dabei werden die Stiere durch die Stadt zur Arena getrieben. Junge Männer, die glauben, ihren Mut beweisen zu müssen, rennen mit den Tieren durch die Gassen. Wer es geschafft hat, unverletzt von den Stieren überholt zu werden, kann sich eines wohlwollenden Blickes seiner angebeteten Señorita sicher sein, die hoffentlich weiß, was ihr Geliebter riskiert hat: Tote gab es dabei schon zu viele zu beklagen.

Behalten Sie bei Ihrem Stadtrundgang den Standort der Hemingway-Büste in Erinnerung. Auf der von dort aus abwärts führenden Straße müssen wir PAMPLONA verlassen. Die Zauberformel zum Entkommen aus dem Straßengewirr heißt „WA 30 Norte", eine Ringautobahn, die um die Stadt führt. Sie fahren dann über VILLAVA bis HUARTE, dann sehen Sie die Schilder „Francia N 135". Ab hier geht es wieder einmal in Richtung FRANKREICH. Ein bisschen müssen Sie aber schon aufpassen, dass Sie wirklich die N 135 erwischen, sonst kommen Sie zwar ebenfalls nach „FRANCIA", können allerdings mit meinen weiteren Beschreibungen nichts anfangen, weil Sie schon in HENDAYE am *Atlantik* sind, während ich noch in ST-JEAN-PIED-DE-PORT in den Bergen herumfahre.

Wenn Sie nach ZUBIRI kommen, sind Sie auf jeden Fall richtig. Nach dem Ort biegen wir rechts ab und erreichen den PUERTO ERRO. Mit 800 Metern Höhe gehört er zu den kleinen Pässen. Trotzdem haben Sie von hier oben eine schöne Aussicht. Sie merken aber auch, dass das Hochgebirge wieder in Sicht kommt. Wir machen hier erst einmal eine Brotzeit.

Weiter geht es dann nach ORREAGA. Der Name sagt Ihnen nichts? Wie wäre es dann mit RONCESVALLES? Sie erinnern sich: Karl der Große, Roland, die Niederlage? Nein?

Dann will ich Ihnen die wichtigsten Details in Erinnerung rufen: Im Jahre 778 rüstet sich Karl der Große zu einem Feldzug gegen die Araber. Er braucht dabei gar nicht sehr weit zu reiten, weil fast ganz SPANIEN bereits arabisch besetzt ist. Er überquert die PYRENÄEN und nimmt erst einmal PAMPLONA ein. Dort sind zwar keine Araber, es liegt aber gerade so schön am Weg. HUESCA kann Karl noch einnehmen, dann wird er an der Nordgrenze seines Reiches gebraucht. Auf dem Rückweg

Rolandsdenkmal am Ibañeta-Pass

kommt er wieder durch PAMPLONA, das er dabei schnell noch zerstört. Damit hat er sich die Sympathien der Basken endgültig verscherzt. Da er auch noch einen gefangenen Sultan in seinem Reisegepäck hat, bilden Basken und Araber ein Zweckbündnis und stellen ihm einen Hinterhalt in der Gegend des Ibañeta-Passes. Die Nachhut Karls, darunter ein Graf der BRETAGNE namens Hruotland (Roland), fällt dem Massaker zum Opfer. In der Sage klingt's übrigens ein wenig anders. Von hier aus hat Roland sein Schwert in Richtung Cirque de Gavarnie geschleudert und die berühmte Brèche de Roland geschlagen. In der nächsten Tour werden wir dem Helden nochmals begegnen.

Frisch gestärkt und von der schönen Aussicht beflügelt, fahren wir weiter nach Frankreich. Wenige Kilometer hinter Roncesvalles erreichen wir den Puerto de Ibañeta. Dort steht auf der rechten Seite, etwas abseits der Straße, ein Denkmal für „unseren" Roland.

Wie Sie sicher schon an den vielen Schildern gesehen haben, wurde auch dieser Pyrenäenübergang von den Jakobspilgern genutzt. Aus diesem Grund errichtete man an dieser Stelle eine Pilgerherberge, aber schon wenige Jahre später verlegte man sie nach Roncesvalles.

Die nächsten 30 Kilometer bis St-Jean-Pied-de-Port geht's bergab. Dass wir zwischendurch plötzlich nach Frankreich kommen, merken wir nur an den Straßenschildern.

St-Jean erreichen wir durch ein mächtiges Tor in der Stadtmauer. Da es schon spät ist und wir hier übernachten wollen, folgen wir an dem Mini-Kreisverkehr der Hauptstraße nach links und halten uns an die Schilder „Mauléon-Licharre". Ich denke, es ist nicht zu verfehlen!?

(080) WOMO-Stellplatz: St-Jean-Pied-de-Port

GPS: N 43° 09' 54.8" W 1° 13' 55.1" — Avenue du Jaï-Alaï
max. WOMOs: > 5 — mittlere Gebühr
Ausstattung / Lage: Ver- und Entsorgung, Mülleimer, Wertstoff-Behälter / am Ortsrand
Zufahrt: In St-Jean müssen Sie der Großrichtung Mauléon-Licharre folgen. Achten Sie bei den weiteren Kreiseln auf die Schilder zum Jaï-Alaï. Dort müssen Sie rechts abbiegen und können den Womo-Platz schon gleich sehen. Im Sommer sind in naher Umgebung weitere Plätze ausgewiesen.

Der Urlaub nähert sich langsam dem Ende, und wir wollen die letzten Tage noch genießen. Daher wollen wir heute Abend noch durch die Stadt spazieren und vielleicht auch eine Kleinigkeit essen.

Wir sind schon auf dem Rückweg, als wir an einem Kreisverkehr eine Menschenmenge sehen und laute Musik hören. Offensichtlich wird hier gefeiert. Das wäre noch der krönende Abschluss! – Und wie gefeiert wird! Mehrere Musikgruppen spielen baskische Weisen, die Straße wird zum Tanzboden. Es erscheint uns gerade so, als wollte Frankreich – insbesondere das BASKENLAND – sich gebührend von uns verabschieden. Wir machen es uns auf einer Treppe bequem, und zu vorgerückter Stunde wagen auch wir ein Tänzchen. Schließlich würde jetzt zu so später Stunde niemand mehr merken, wenn die Schitte nicht so ganz stimmig sind... Es ist schon weit nach Mitternacht, als wir zum Womo zurückgehen. Morgen haben wir noch etliche Kilometer vor uns, bevor wir an den *Atlantik* kommen und damit das Ende dieses Buches erreicht haben.

Nive-Brücke in St-Jean-Pied-de-Port

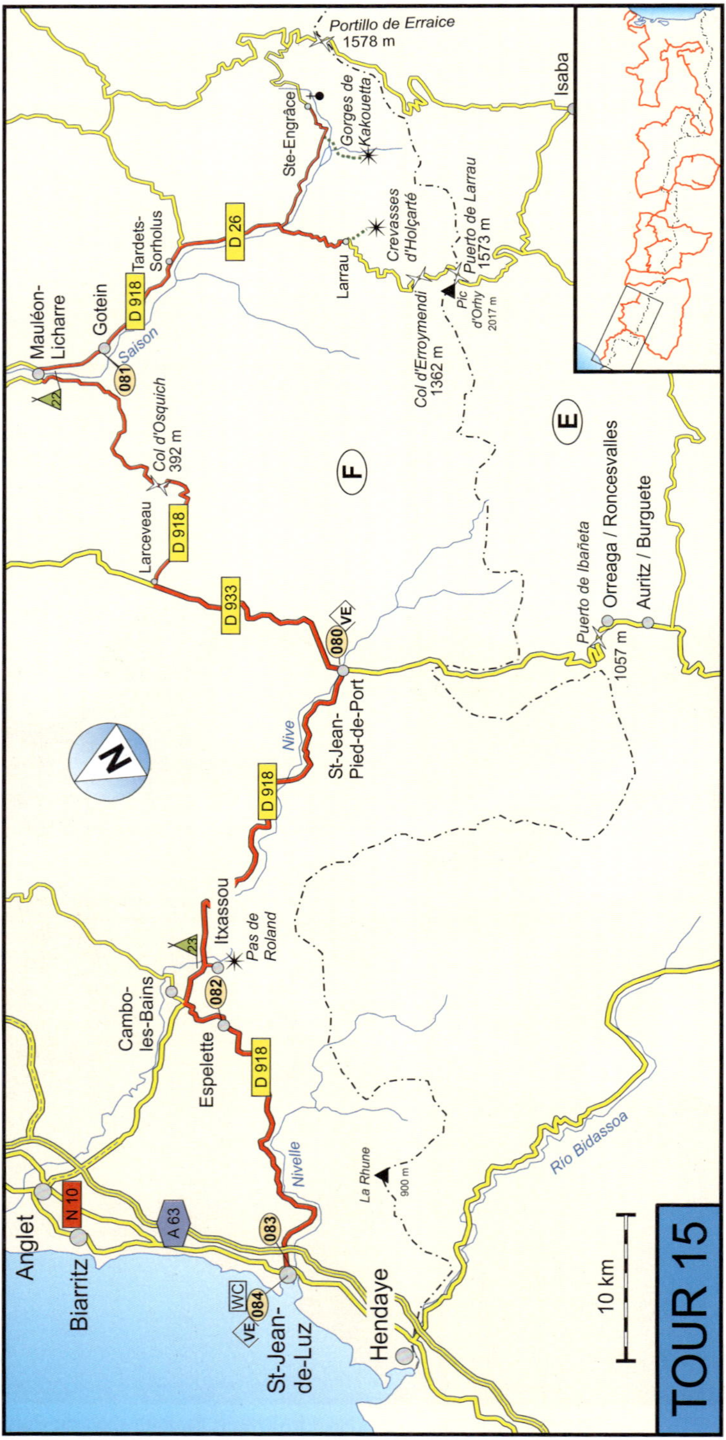
TOUR 15
10 km
Anglet
Biarritz
N 10
A 63
St-Jean-de-Luz
WC
VE
084
083
Hendaye
La Rhune
900 m
Nivelle
Rio Bidassoa
D 918
Espelette
082
Cambo-les-Bains
23
Itxassou
Pas de Roland
St-Jean-Pied-de-Port
Nive
080
VE
D 933
Larceveau
D 918
Col d'Osquich
392 m
081
22
Mauléon-Licharre
Gotein
Saison
D 918
Tardets-Sorholus
D 26
Ste-Engrâce
Gorges de Kakouetta
Portillo de Erraice
1578 m
Larrau
Crevasses d'Holçarté
Col d'Erroymendi
1362 m
Pic d'Orhy
2017 m
Puerto de Larrau
1573 m
Isaba
F
E
Puerto de Ibañeta
1057 m
Orreaga / Roncesvalles
Auritz / Burguete

TOUR 15 (227 km)

St-Jean-Pied-de-Port — Ste-Engrâce — Gorges de Kakouetta — Atlantik

Übernachten:	St-Jean-Pied-de-Port, Gotein, Espelette, St-Jean-de-Luz
Besichtigen:	St-Jean-Pied-de-Port, Ste-Engrâce, Gorges de Kakouetta und Holçarté, Pas de Roland
Campingplätze:	Uhaitza le Saison, L'Hirbernia
Wandern:	Gorges de Kakouetta, Crevasses d'Holçarté

Tock! Tock! Tock! Tock! Wenn Sie dieses Geräusch einmal gehört haben, erkennen Sie es immer wieder: Da wird Pelota gespielt. Bei diesem typischen baskischen Ballspiel wird ein kleiner Gummiball gegen eine senkrechte Wand geworfen. Ein Spieler der gegnerischen Mannschaft versucht, die zurückprallende Kugel aufzunehmen und erneut gegen die Wand zu werfen. Was ich hier so harmlos mit „Aufnehmen" und „Werfen" beschreibe, ist in Wirklichkeit eine einzige Bewegung. Die Spieler tragen dazu an einer Hand ein bogenförmiges Korbgeflecht, genannt Chistera. Damit wird der Ball, der mit enormer Geschwindigkeit ankommt, gefangen – ohne ihn dabei abzubremsen. Er rollt dann durch den Bogen des Korbgeflechts und wird mit einer entsprechenden Wurfbewegung wieder zur Mauer, dem sogenannten Fronton, zurückgeschleudert. Frontons finden Sie in den meisten baskischen Orten.

Pelota-Spieler in St-Jean

Dieses Geräusch haben wir heute morgen bei einem Spaziergang entlang der Stadtmauer gehört und sitzen jetzt schon über eine Stunde im Stadion und schauen einem Trainingsspiel zu. Doch es wird Zeit, zum Womo zurückzugehen. Für uns! Wir kennen St-Jean-Pied-de-Port schon von früheren Besuchen. Sie müssen jedoch unbedingt noch über eine der *Nive*-Brücken in die Altstadt gehen. Werfen Sie vor allen Dingen einen Blick von der Pont Neuf auf die Vieux Pont und die benachbarte Kirche Notre Dame. Vergessen Sie auch nicht, auf den Resten der Stadtmauer zu spazieren.

Sie sind wieder startklar? Dann sollte ich Ihnen jetzt den weiteren Verlauf der Tour erklären, vielleicht möchten Sie Ihre Route etwas umstellen? Wir wollen zuerst zur Kirche Ste-Engrâce, um uns diskoidale Stelen anzusehen. Die interessieren mich besonders, weil ich vor einigen Jahren noch keinen blassen Schimmer hatte, dass es dieses Wort überhaupt gibt. Danach besichtigen wir zwei Schluchten, deren landschaftlichen Reiz ich im oberen Viertel der gesamten Pyrenäentour ansiedeln möchte. Wenn Sie sich allerdings weder für Kirchenarchitektur noch für diskoidale Stelen erwärmen können und auch für zwei Wanderungen nur die kalte Schulter übrig haben, dann sollten Sie bis zur Seite 201 weiterblättern, denn da kommen wir von unserem kleinen Abstecher zum Ausgangsort St-Jean zurück. Bis dann?

Wir verlassen St-Jean in Richtung Mauléon-Licharre. Von unserem Stellplatz aus ist das ganz einfach zu finden: Zur Durchgangsstraße fahren, rechts abbiegen und dann immer den Schildern folgen. Der Col d'Osquich, den wir dabei überqueren, kann uns mit seinen 392 Metern nur ein müdes Lächeln abgewinnen. Wir haben schon größere Höhenunterschiede bewältigt.

Vor Mauléon ist allerdings erhöhte Aufmerksamkeit geboten: Gleich am Ortseingang müssen wir rechts abbiegen. Ab jetzt lassen wir uns von den Schildern nach Tardets-Sorholus leiten. Kurz hinter Mauléon kommen wir an einem Campingplatz vorbei und anschließend nach Gotein, wo es einen Stellplatz gibt.

(C22) WOMO-Campingplatz-Tipp: Uhaitza le Saison ***

GPS: N 43° 12' 28.5" W 0° 53' 49.9" Route de Libarrenx
Öffnungszeiten: März - November
Ausstattung / Lage: Ver- und Entsorgung, sehr schattig, Laden, Spielplatz / nächster Ort 1000 m, direkt am Fluss gelegen
Zufahrt: Direkt an der D 918 ist der Campingplatz auf der rechten Seite ausgeschildert.
E-Mail: camping.uhaitza@wanadoo.fr
Internet: www.camping-uhaitza.com (englische Textversion)

(081) WOMO-Stellplatz: Gotein

GPS: N 43° 11' 27.6" W 0° 54' 13.1"
max. WOMOs: 2 - 3 gebührenfrei
Ausstattung / Lage: Mülleimer, Wertstoff-Behälter, Spielplatz / am Ortsrand
Zufahrt: Parkplatz am Ortseingang auf der rechten Seite.

Die Straßen werden enger und enger, schlechter und schlechter. Kein Wunder, wir fahren weiter und weiter in eine Sackgasse – zumindest wir mit unseren Womos. Von Ste-Engrâce aus geht zwar theoretisch noch ein Weg weiter, den möchte ich Ihnen aber nicht zumuten, schließlich sollen Sie Ihre Pyrenäentour in guter Erinnerung behalten. Da mache ich mich in den letzten Tagen doch nicht unbeliebt! Die Parkmöglichkeiten an der Kirche sind beschränkt, ich weiß wirklich nicht, wo ich Sie hinlotsen soll. Sie werden es merken, wenn Sie an die letzte Abzweigung vor der Kirche kommen. Entscheiden Sie selbst, ob Sie hier bereits parken möchten, es gibt da ein paar Möglichkeiten, oder ob Sie noch 500 Meter weiterfahren und sich dem Risiko aussetzen wollen, unter erschwerten Bedingungen zu wenden. Ab hier fahren wir nämlich wieder zurück.

Ich muss gestehen, dass ich bis zur Kirche gefahren bin.

Diskoidale Stelen in Ste-Engrâce

Ein kurz vor unserem Ziel entgegenkommender Lastwagenfahrer war so freundlich, wieder rückwärts in seine Parklücke zu fahren, um mich passieren zu lassen. Da ich es auf genau diese Lücke abgesehen hatte und ein Vorbeifahren nicht möglich war, veranstalteten wir unter reger Anteilnahme und Einweisungen der Besucher einer nebenan liegenden Kneipe einen „Tanz für Womo und LKW“. Überlegen Sie sich Ihre Entscheidung gut!

Kapitell in Ste-Engrâce

STE-ENGRÂCE ist also erreicht. Wir beginnen mit unserer Besichtigung im Kircheninneren. Dort sollten Sie vor allem die romanischen Kapitelle beachten. Sie sind sehr kunstvoll gestaltet und alle verschieden in der Darstellung.

Aber wo sind die diskoidalen Stelen? Um sie zu sehen, müssen Sie die Kirche wieder verlassen und gleich nach links durch einen Torbogen gehen. Über den Ursprung dieser Steinscheiben, die uns im BASKENLAND oft begegnen, weiß man wenig. Vielleicht waren es Grabsteine, vielleicht aber auch nicht! Beeindruckend sind sie auf jeden Fall. Sie weisen durchweg schöne Ornamente auf. Immer wieder kommt das baskische Kreuz darin vor.

Diskoidale Stele

Zwei Wanderungen hatte ich Ihnen noch zu Beginn der Tour vorausgesagt. Das Versprechen will ich auch einhalten. Die erste führt uns zu den Schluchten von KAKOUETTA, wenige Kilometer von hier entfernt. Dass Sie jetzt zurück nach TARDETS bzw. MAULÉON müssen, habe ich ja bereits erwähnt. Achten Sie dann links auf die Hinweisschilder. Zwei größere Parkbuchten sind am Straßenrand zu finden. Von jeder kommen Sie in 10 Minuten zum Eingang der Schlucht. Vergessen Sie Ihre festen Schuhe nicht! Eintrittskarten gibt's in der Bar nebenan, ein kühles Getränk oder ein Eis am Ende der Wanderung ebenfalls.

WOMO-Wandertipp: Schluchten von Kakouetta

Wir beginnen an der bereits erwähnten Bar. Die erste Viertelstunde ist noch nicht besonders eindrucksvoll. Nach der Überquerung des Uhaïtxa folgen jedoch die Impressionen Schlag auf Schlag. Die sich gegenüberliegenden Felswände sind an manchen Stellen nur 3 Meter voneinander entfernt. Dafür hat der Fluss sich bis zu einer Tiefe von 200 Metern in das Kalkgestein gegraben.

Gorges de Kakouetta

Hier hat sich ein Miniatur-Klima mit der dazugehörigen Vegetation gebildet. Stellenweise glauben wir, durch tropischen Regenwald zu wandern. Wasser rieselt über Farne in die Schlucht, Moose bedecken die Felswände. Wo sind die Papageien?

Zum Ende der Schlucht hin wird der Weg etwas beschwerlicher. Über Felsen klettern wir schließlich zu einer Höhle und kommen dort zu dem Punkt, an dem wir umkehren müssen. Leicht erholungsbedürftig erreichen wir schließlich den Ausgangspunkt unserer Exkursion und damit die Gaststätte. Hier können wir Eishunger und Durst stillen und uns überlegen, ob wir auch noch die Schlucht von Holçarté besichtigen wollen. Wir wollen! Ich möchte Sie jedoch schon vorwarnen: Kakouetta ist dagegen ein Kinderspiel!

Auf der Rückfahrt behalten wir die Richtung nach Tardets bei, bis wir die D 26 erreichen. Dann biegen wir links ab und sehen bald schon die Schilder „Crevasses d'Holçarté". In der Nähe einer Gaststätte finden Sie Parkplätze. Sie können auch etwas später links in einen Waldweg einbiegen und dort parken. Die Holzbrücke, vor der ich noch in älteren Auflagen gewarnt hatte, wurde mittlerweile erneuert. Allerdings kann es im Sommer passieren, dass der Waldparkplatz überfüllt ist. In der näheren Umgebung gibt es aber noch mehrere Möglichkeiten, Ihr Fahrzeug abzustellen. Schließlich wollen wir ein Stück auf dem GR 10 entlang wandern, das soll doch nicht an Parkplätzen scheitern.

WOMO-Wandertipp: Crevasses d'Holçarté

Wir machen uns gerade zur Wanderung fertig. Zufällig treffen wir am Ausgangspunkt noch ein Kölner Ehepaar, das ebenfalls auf dem Weg in die Schlucht ist. Mit vier Personen macht das Wandern wesentlich mehr Spaß als zu zweit.

Die Orientierung nach der Brücke ist einfach. Folgen Sie nur den Markierungen des GR 10, einem der großen französischen Fernwanderwege, nach rechts. Mühsam geht es in der ersten Dreiviertelstunde nur bergauf. Nach einer Linkskurve kommt die Schlucht in Sicht. Der mittlerweile wesentlich flacher verlaufende Weg führt oberhalb des Olhadubi entlang und gipfelt in einer Hängebrücke, die in 170 Metern Höhe den Fluss überspannt. Selbst bei wenig Wind schwankt das Bauwerk schon. Da ich kein Freund von großen Höhendifferenzen bin, ist mir schon etwas bange, bevor ich die Holzplanken betrete. Bei jeder Windbö fühle ich mich als Abenteurer und komme mit einem erhöhten Selbstwertgefühl auf der anderen Seite an. Ich bin eindeutig die deutsche Ausgabe von Indiana Jones! Den

Rückweg verdränge ich jetzt erst einmal, und wir machen eine Brotzeit.

Ein kapitaler Bock leistet uns Gesellschaft, und Joachim kommt nicht zum Essen, weil alle Wanderer den Käfer auf seinem T-Shirt fotografieren wollen. Als Biologe weiß er natürlich, dass es sich um den Alpenbock (Rosalia alpina) handelt. Er ist europaweit als „streng geschützte Art" aufgelistet.

Unermüdliche Wanderer können von hier aus natürlich noch weitere Exkursionen unternehmen, wir kehren um. Der Rückweg ist schnell beschrieben: Hängebrücke, sanft abwärts längs der Schlucht und dann steil bergab bis zum Parkplatz. Kurz gesagt: Den selben Weg retour.

Falls Sie nach der Rückkehr immer noch nicht müde sind, sollten Sie außer diesem Womo-Führer noch einen Wanderführer mitnehmen, wenn Sie das nächste Mal die Pyrenäen besuchen. Uns reicht es jetzt für heute. Es geht zurück nach St-Jean-Pied-de-Port. Die Strecke brauche ich nicht groß zu beschreiben: Tardets — Mauléon — St-Jean. Sie kennen das ja schon von der Herfahrt.

So, hier wären wir also wieder und nehmen ab jetzt auch diejenigen mit, die unseren kleinen Abstecher nicht mitmachen wollten. Die Stadt verlassen wir in Richtung Bayonne und fahren, auf der gut ausgebauten D 918, an der *Nive* entlang, dem *Atlantik* entgegen.

Achten Sie nach etwa 30 Kilometern auf die Abfahrt nach Itxassou. Dort wollen wir den Pas de Roland besichtigen. Biegen Sie dazu an der ersten Abzweigung, an der der Ort ausgeschildert ist, von der D 918 nach links ab. Dann geht's gleich wieder scharf nach links. Wir fahren jetzt immer geradeaus weiter, bis auf der linken Seite eine Citroën-Werkstatt auftaucht. Ab hier geht es dann nach rechts Richtung Église. In der Nähe der Kirche finden Sie einen Parkplatz, der offiziell für Wohnmobile gesperrt ist, aber die knappe Stunde, die Sie hier verweilen, sollte toleriert werden. Meiner Meinung nach bezieht es sich lediglich auf Übernachtungen. Ein Schild zum Pas de Roland steht ganz in der Nähe.

Der Pas de Roland ist ein Loch in einem Felsen. Die Öffnung hat der Held mit seinem sagenumwobenen Schwert geschlagen, um seiner Gefolgschaft die Flucht vor den Mauren und Basken nach Norden zu ermöglichen. Der Authentizitätsbeweis ist ein Schuhabdruck Rolands in der Öffnung. Wie wir leicht erkennen können, lebte er auf großem Fuß. Natürlich können Sie einwenden, dass es auch möglich gewesen wäre, 5 Meter weiter links durch den Fluss zu fliehen. Aber da hät-

Pas de Roland

ten die Krieger sich nasse Füße geholt, sich womöglich gar erkältet – und wäre das eines Helden würdig?

Tief beeindruckt gehen wir zum Wohnmobil und fahren zurück. Diesmal geht es nach links ab, wenn wir den Parkplatz in Richtung Kirche verlassen. Nach einer imposanten Berg- und Talfahrt erreichen wir eine Vorfahrtsstraße, der wir nach rechts folgen, bis wir wieder auf der D 918 sind. Dort fahren wir links weiter in Richtung Cambo-les-Bains. Dabei passieren wir einen Campingplatz.

(23) WOMO-Campingplatz-Tipp:

Position: N 43° 20' 18.8" W 1° 24' 07.9"
Öffnungszeiten: 15.2. – 15.12.
Ausstattung / Lage: Ver- und Entsorgung, sehr schattig, Spielplatz, Pool / nächster Ort 1000 m
Zufahrt: Wenn Sie auf der D 918 nach Itxassou die große Tafel „Au revoir“ am Straßenrand sehen, fahren Sie noch einen knappen Kilometer weiter, dann ist der Campingplatz nach rechts ausgeschildert.
E-Mail: hiriberria@wanadoo.fr
Internet: www.hiriberria.com (englische Textversion)

Wir wollen weiter nach Espelette. In der Nähe von Cambo-les-Bains verlassen wir die Hauptrichtung Bayonne und folgen den Wegweisern nach St-Jean-de-Luz. So kommen Sie recht einfach zu unserem Ziel Espelette, der Heimat des Piment. Eine Umgehungsstraße führt um den Ort herum. Wir folgen ihr, bis an einem Kreisel gleichzeitig Itxassou (links) und Zentrum (rechts) ausgeschildert sind. Von dort aus gelangen wir schnell in den Ort und auf einen Stellplatz, der ebenfalls ausgeschildert ist.

(082) WOMO-Stellplatz: Espelette

GPS: N 43° 20' 19.5" W 1° 26' 52.0"
max. WOMOs: 5 mittlere Gebühr
Ausstattung / Lage: Mülleimer / am Ortsrand
Zufahrt: An dem oben genannten Kreisel gibt es eine eigene Abfahrt für den Stellplatz.
Sonstiges: Weitere geduldete Plätze liegen einige Meter weiter, der erlaubten Straßenführung folgend, noch vor der Markthalle.

Hier – in Espelette – stehen schöne baskische Häuser im Ortszentrum, die meisten davon mit Bünden von Piment an der Vorderfront. Sie wissen nicht, was Piment ist? Kein Problem. Ehe Sie anfangen zu googlen, will ich Ihnen schnell die Kurzversion liefern: Piment – auch bekannt unter der Bezeichnung Nelkenpfeffer – ist eine Pflanzenart aus der Familie der Myrtengewächse und gleichzeitig die Bezeichnung eines Gewürzes, das aus dieser Pflanzenart gewonnen wird. Verwendet werden die unreifen Früchte, welche ätherische Öle enthalten. Nicht selten wird das ätherische Pimentöl auch für die

Herstellung von Herrenparfüms verwandt. Sie können Piment also in irgendeiner Form sehen, riechen und schmecken. Probieren Sie es aus, und denken Sie dabei an mich und an ESPELETTE.

Ruhen Sie sich noch ein wenig aus, ehe es zum *Atlantik* und somit in eine fast ganz andere Welt geht. Hier fallen Sie wieder auf die Erde – sinnbildlich gesprochen –, denn hier verlassen wir die Höhen der PYRENÄEN.

Aber wir wollen weiter. Der Weg bis zum *Atlantik* ist jetzt ganz einfach zu finden. Hinweise auf Übernachtungsplätze möchte ich jedoch noch anbringen.

In ST-JEAN-DE-LUZ finden Sie gleich zwei, wobei der eine nun wirklich nicht empfehlenswert ist, und Sie sicherlich höchstens

(083) WOMO-Stellplatz: St-Jean-de-Luz I

GPS: N 43° 22' 30.2" W 1° 38' 19.6"
max. WOMOs: 3 - 4 gebührenfrei
Ausstattung / Lage: Mülleimer, Wertstoff-Behälter, Shuttle-Bus in der Saison / am Ortsrand
Zufahrt: Aus Richtung Ascain kommend, achten Sie am Ortseingang von St-Jean auf die Beschilderung zu einem Sportzentrum links der Straße. Davor steht eine Ampel, an der Sie links abbiegen. Dort sehen Sie viele Parkplätze, die mit einer Höhenbeschränkung versehen sind. Sie sehen weiterhin ein Holzhäuschen des Touristenbüros. Nebenan finden Sie 6 Parkplätze außerhalb der Schranken. Für große Wohnmobile kann das Rangieren schwierig werden. In den Schulferien wird allerdings das Parken auf der mit „Bus“ gekennzeichneten Spur zwischen Holzhäuschen und Wendeplatz geduldet. Hört sich komplizierter an als es ist. Sie sind jetzt recht weit vom Stadtzentrum entfernt. Dafür können Sie jedoch im Sommer einen kostenlosen Shuttle-Bus benutzen, der Sie alle 30 Minuten ins Zentrum und wieder zurück bringt. Der Fahrplan hängt am schon erwähnten Holzhäuschen.

(084) WOMO-Stellplatz: St-Jean-de-Luz II

GPS: N 42° 23' 11.3" W 1° 39' 31.7" Boulevard du Commandant Passicot
max. WOMOs: > 5 gebührenfrei
Ausstattung / Lage: Ver- und Entsorgung, Toiletten, Mülleimer / im Ort
Zufahrt: Fahren Sie in Richtung Zentrum bzw. Bahnhof (gare). Direkt daneben liegt der offizielle Stellplatz der Stadt. Er ist allerdings nur von Süden kommend zu erreichen, so dass Sie zuerst einmal daran vorbei fahren und sich dann eine geeignete Möglichkeit suchen müssen, um die Fahrtrichtung zu wechseln. Er ist der hässlichste Platz, den ich kenne, und auch nur für kleine Womos geeignet. Ich erwähne ihn nur deshalb, weil Sie hier ver- und entsorgen können.

dann „anlacht“, wenn Sie ver- und entsorgen möchten. Tipp: Fahren Sie erst zum Ver- und Entsorgen und dann zum „sorglosen“ Übernachten...

Und jetzt darf ich Sie auch aus der Obhut dieses Reiseführers entlassen. Mir bleibt nur noch, Ihnen eine gute Heimfahrt oder eine gute Weiterfahrt sowie viele weitere, unfallfreie

Wohnmobil-Touren zu wünschen.

Sollten Ihnen die Touren und der Reiseführer gefallen haben, so empfehlen Sie mich bitte weiter – sollte dies nicht der Fall sein, so bitte ich Sie, zu schweigen und/oder mir mitzuteilen, was ich hätte besser oder anders machen können. Meine Adresse habe ich Ihnen ja bereits am Anfang verraten. Selbstverständlich bin ich auch für positive Rückmeldungen zu haben und dankbar. Nicht zuletzt freue ich mich, wenn Sie mir Veränderungen bezüglich der Stellplätze verraten.

Mit Piment geschmücktes Haus in Espelette

Adressen

Ein paar Anschriften brauchen Sie bereits, bevor Sie Ihre Reise überhaupt antreten. Von den amtlichen Fremdenverkehrsämtern erhalten Sie viel nützliches Informationsmaterial. Da wären also für die Pyrenäen zuständig:

Atout France
Postfach 100 128
60001 Frankfurt
Zeppelinallee 37
60325 Frankfurt/Main
Tel. 0900 / 157 00 25
Fax 0900 / 159 90 61
www.franceguide.com
info.de@franceguide.com

Spanisches Fremdenverkehrsamt
Lizenburgerstr. 99
10707 Berlin
Tel. 030/8826543
www.spain.info/de/TourSpain
berlin@tourspain.es

Spanisches Fremdenverkehrsamt
Grafenberger Allee 100
40237 Düsseldorf
Tel. 0211/6803985
Fax 0211/6803985
www.spain.info/de/TourSpain
dusseldorf@tourspain.es

Spanisches Fremdenverkehrsamt
Myliusstr. 14
60323 Frankfurt/Main
Tel. 069/725038
Fax 069/725055
www.spain.info/de/TourSpain
frankfurt@tourspain.es

Spanisches Fremdenverkehrsamt
Schubertstr. 10
80336 München
Tel. 089/5307460

Fax 089/53074620
www.spain.info/de/TourSpain
munich@tourspain.es

in Österreich

Atout France Österreich
Lugeck 1 - 2
1010 Wien
Tel. 0900 25 00 15
Fax 01 / 503 28 72
www.franceguide.com
info.at@franceguide.com

Spanisches Fremdenverkehrsamt
Walfischgasse 8/14
1010 Wien
Tel. +43 0810242408
www.spain.info/at/tourspain.es
viena@tourspain.es

und in der Schweiz

Atout France Zürich
Postfach 33 76
Rennweg 42
8021 Zürich
Tel. 044 217 46 00
Fax 044 217 46 17
www.franceguide.com
info.ch@franceguide.com

Spanisches Fremdenverkehrsamt
Seefeldstr. 19
8008 Zürich
Tel. 44/2536050
Fax 44/2526204
www.spain.info/ch/tourspain
zurich@tourspain.es

Wenn Sie in den Pyrenäen größere Probleme haben, wie zum Beispiel einen Unfall, Diebstahl oder auch den Verlust der Dokumente, helfen Ihnen die diplomatischen Vertretungen gern und unbürokratisch weiter. Deutsche Konsulate gibt es in Bordeaux, Perpignan, Toulouse, Barcelona, Bilbao, San Sebastián und Andorra la Vella.

Deutsches Generalkonsulat
377, Boulevard du Président Wilson
33200 Bordeaux-Caudéran
Tel. 05.56.17.12.22
Fax 05.56.42.32.65
info@bordeaux.diplo.de

Deutsches Honorarkonsulat
24 rue de Metz
31000 Toulouse
Tel. 05.61.52.35.56
Fax 05.61.52.35.56
toulouse@hk-diplo.de

Deutsches Honorarkonsulat Perpignan
Naturopôle, bât. E , 3, boulevard de Clairfont
66350 Toulouges,
Tel. 07.86.77.06.57
Fax 04.68.92.36.51
perpignan@hk-diplo.de

Generalkonsulat der Bundesrepublik Deutschland
Passeig de Gracia 111
08008 Barcelona
Tel. 93 292 10 00
Fax 93 292 10 02
info@barcelona.diplo.de

Deutsches Honorarkonsulat
C. San Vicente, 8, Edificio Albia, planta 13
48001 Bilbao
Tel. 94 423 85 85
Fax 94 424 39 76
bilbao@hk-diplo.de

Deutsches Honorarkonsulat San Sebastián
Zikuñaga Bailara 57 G
20120 Hernani
Tel. 943 33 55 08
Fax 943 33 55 11
san-sebastian@hk-diplo.de

Deutsches Honorarkonsulat
Avinguda Meritxell, n° 75
500 Andorra la Vella
Tel. 874 900

Fax 874 918
andorra-la-vella@hk-diplo.de

Für Österreicher und Schweizer gelten folgende Adressen:

Österreichisches Konsulat
86, Cours Balguerie-Stuttenberg
33300 Bordeaux
Tel. 05.56.00.00.70
Fax 05.57.87.60.30
consulatautriche.bordeaux@borie-manoux.fr

Österreichisches Konsulat
13, Rue André Villet
31031 Toulouse CEDEX 4
Tel. 05.61.20.82.50
Fax 05.62.16.13.62
toulouse-hk@wanadoo.fr

Österreichisches Generalkonsulat
Marià Cubí, 7, 1°, 2a
08006 Barcelona
Tel. 93 368 60 03
Fax 93 415 16 25
barcelona@consuladodeaustria.com

Österreichisches Generalkonsulat
Calle Club, 8-bajo
48930 Las Arenas/Areeta (Bilbao)
Tel. 94 464 07 63
Fax 94 463 74 32
cons.austria.bilbao@corzac.com

Schweizerisches Konsulat
Espace consulaire, 2, Place de la Bourse
33076 Bordeaux Cedex
Tel. 05. 56. 79. 44. 44
Fax 05. 57. 84. 54. 82
bordeaux@honorarvertretung.ch

Schweizerisches Konsulat
36, Allée de Bellefontaine
31100 Toulouse
Tel. 05.61.40.45.33
Fax 05.61.41.07.15
toulouse@honorarvertretung.ch

Generalkonsulat der Schweiz
Gran Via de Carlos III, 94
08028 Barcelona
Tel. 93 409 06 50
Fax 93 490 65 98
bar.vertretung@eda.admin.ch

Konsulat der Schweiz
Calle de Telésforo Aranzadi, 3-3° B
48008 Bilbao
Tel. 94 470 43 60
Fax 94 470 44 84
bilbao@honorarvertretung.ch

Konsulat der Schweiz
Carrer Prat de la Creu 88-89
Andorra la Vella
Tel. 871 385
Fax 871 332
andorra@honorarvertretung.ch

Ärztliche Hilfe

Ein Thema, an das man nicht gerne denkt. Trotzdem kann es vorkommen, dass Sie oder ein Familienmitglied im Urlaub erkranken oder wegen eines Unfalles ärztliche Hilfe erforderlich ist.

Wenn Sie Mitglied einer gesetzlichen Krankenkasse sind, brauchen Sie die Europäische Krankenversicherungskarte (European Health Insurance Card - EHIC), die Sie bei Ihrer Krankenversicherung kostenlos erhalten.

Als Privatversicherter erhalten Sie – ebenso wie in Deutschland – eine ausführliche Arztrechnung, die Sie bei Ihrer Versicherung einreichen.

Tipps:

» *Beim ADAC können Sie, ebenso wie bei den lokalen Fremdenverkehrsämtern (Office de Tourisme oder Syndicat d'Initiative), eine Liste deutschsprechender Ärzte in Ihrem Urlaubsgebiet anfordern. Wenn Sie der französischen oder spanischen Sprache nicht mächtig sind, können Sie sich mit den Medizinern oft auch in Englisch verständigen.*

» *Den ADAC-Arzt in München erreichen Sie unter der Telefonnummer 0049/89 22 22 22.*

» *Überlegen Sie sich, ob Sie überhaupt einen Arzt brauchen. Auch die Apotheker können Ihnen in vielen Fällen weiterhelfen. Sie sprechen oft auch Englisch. Der Weg in eine „Pharmacie“ ist nach einem Arztbesuch sowieso meist nötig.*

Autohilfsdienste

Ich wünsche Ihnen zwar, dass Sie sich in Ihrem Urlaub nicht über eine Panne ärgern müssen, aber passieren kann ja bekanntlich immer etwas. Sie können das Risiko mindern, wenn Sie vor Ihrer Reise das Womo noch einmal zur Inspektion in die Werkstatt fahren. Nehmen Sie bei dieser Gelegenheit auch gleich die neueste Ausgabe des internationalen Kundendienstverzeichnisses Ihrer Automarke mit.

Tipps:

» *Auf den französischen Autobahnen werden die Pannendienste ebenso gerufen wie bei uns, nämlich über die Notrufsäulen. Ansonsten wenden Sie sich an die „Police Sécours“, die Sie an jeder Telefonzelle über die Notrufnummer 17 erreichen. Unter der Nummer 04.72.17.12.22 können Sie rund um die Uhr über „AIT-FIPA Assistance“ in Deutsch einen Pannenhilfsdienst herbeirufen.*

» *Holen Sie sich vor der Abreise bei Ihrem Automobilclub oder bei Ihrer Versicherung einen (Auslands-)Schutzbrief. Damit werden nicht nur die Kosten für Pannenhilfen bis zu einem gewissen Grad übernommen, er bietet auch andere Leistungen, wie zum Beispiel Krankenrücktransport, Verzollung bei Totalschaden, Ersatzteilversand und ähnliches. Vom ADAC wissen wir, dass für Fahrzeuge, die bestimmte Maße überschreiten, eine kostenlose Zusatzpolice abgeschlossen werden muss. Dabei sind bestimmte Kosten, die aufgrund einer Sonderbehandlung wegen der übergroßen Maße anfallen können, begrenzt oder ausgeschlossen. Erkundigen Sie sich danach!*

Einreiseformalitäten

Sie benötigen einen Reisepass oder den Personalausweis, Ihren Führerschein und den Fahrzeugschein. Obwohl nur in Andorra Kontrollen an den Grenzen durchgeführt werden, sollten Sie diese Papiere bei sich haben. Eine Überprüfung kann nämlich jederzeit und überall vorkommen: „Schönen guten Tag, Verekehrskontrolle! Ihre Papiere bitte!“

Tipps:

» *Die Grüne Versicherungskarte ist zwar nicht vorgeschrieben, Sie sollten sie jedoch mitnehmen. Wenn Sie mit der Polizei zu tun haben, etwa nach einem Unfall, wird der Beamte erfahrungsgemäß zuerst danach fragen.*

» *Machen Sie von den wichtigen Seiten aller Dokumente Fotokopien und bewahren Sie diese getrennt von den Originalen auf. Falls Ihnen Papiere abhandenkommen, haben Sie damit wenigstens einen Notbehelf.*

Fahrzeug

Das Auto spielt bei Ihrem Urlaub eine der Hauptrollen. Schließlich wollen Sie nicht nur, wie viele andere Touristen auch, damit in Ihr Urlaubsgebiet fahren, sondern auch noch darin wohnen. Deshalb ist es doppelt wichtig, dass Sie sich auf Ihr rollendes Heim verlassen können.

Tipps:

» *Bringen Sie Ihr Womo vor der Fahrt noch einmal zur Inspektion.*

» *Die Zweitbatterie fristet irgendwo in einem Stauraum ein einsames Dasein. Vergessen Sie nicht, auch dort – wenn nötig – den Füllstand zu überprüfen.*

» *Besorgen Sie sich Reservebirnen, Ersatzsicherungen, einen Keilriemen und — wenn Sie keinen Selbstzünder fahren — Zündkerzen. Natürlich können Sie das alles auch in Frankreich kaufen. Aber was machen Sie Sonntagmorgens in einer abgelegenen Gegend mit gerissenem Keilriemen?*

» *Denken Sie ebenso an einen Reservekanister (nicht nur bei Streik!) und an ein bis zwei Liter Motorenöl.*

» *Ihr Womo hat nicht nur vier oder sechs Reifen, sondern fünf oder sieben. Ein Ersatzreifen ist völlig nutzlos, wenn er nicht einsatzbereit ist. Auch den mal überprüfen.*

Freies Camping

Als Wohnmobilneuling oder -mieter werden Sie von verschiedenen Veröffentlichungen in Zeitschriften oder von Tabellen der Automobilclubs mehr oder weniger verunsichert Ihre Reise antreten. In diesem Land ist eine Übernachtung außerhalb eines Campingplatzes gestattet, in jenem Land gerade noch toleriert, dort kommt nur ein Campingplatzaufenthalt in Frage, hier muss man lediglich den Grundstückseigentümer fragen. Der Trend — das muss leider gesagt werden — geht dahin, die Wohnmobile auf die Campingplätze zu verbannen. Die Gründe hierfür sind vielfältiger Art:

- *Die ständig wachsenden Zulassungszahlen der Womos machen die Präsenz der Fahrzeuge mittlerweile unübersehbar. Wo vor Jahren noch einsam ein Wohnmobil am*

- *Strand stand, werden mittlerweile Wagenburgen gebaut und rufen — verständlicherweise — den Unmut der Anwohner hervor. (Lesen Sie hierzu auch das Kapitel „Stellplätze“).*
- *Es darf auch nicht verschwiegen werden, dass das Verhalten der Wohnmobilfahrer mit dazu beigetragen hat, dass Verbote erlassen wurden. Eine sich ständig vergrößernde Pfütze unter einem Fahrzeug, wird auch von einem wohlwollenden Nachbarn naserümpfend kritisiert werden — und das mit Recht!*

In Frankreich, Spanien und Andorra werden eine oder mehrere Übernachtungen im Womo außerhalb von Campingplätzen — nach unserer Erfahrung — fast immer toleriert. Hierbei ist jedoch noch etwas anzumerken: In der Hauptsaison werden Sie mit Sicherheit Schwierigkeiten heraufbeschwören, wenn Sie an einem überfüllten Strandparkplatz Ihr Vorzelt oder Sonnensegel aufbauen und tagelang Parkplätze blockieren, während Mütter und Väter samt Kindern und mittelschwerem Gepäck mit hängender Zunge von weit her an Ihnen vorbeiziehen. Es gehört also schon etwas Fingerspitzengefühl dazu, einen Standplatz zu finden. Wenn Sie längere Zeit mit aufgebautem Vorzelt und mit Tisch und Stühlen im Freien an einem Ort bleiben wollen (man nennt das amtlich „campingähnliches Leben“) empfiehlt sich auf jeden Fall der Campingplatz. Nehmen Sie sich bitte auch auf der letzten Seite das Kapitel „Zum Schluss“ meines Verlegers zu Herzen.

Fremdenverkehrsbüros

Obwohl diese Einrichtungen ein bisschen nach „Pauschalreisen“ klingen, möchte ich ihnen doch ein eigenes Stichwort widmen. Bereits Monate vor Ihrer Tour können Sie sich bei den Französischen und Spanischen Verkehrsbüros in Deutschland Unterlagen zuschicken lassen. Neben einer Menge Werbematerial erhalten Sie auch Hinweise auf aktuelle lokale Veranstaltungen, die Ihnen kein Reiseführer liefern kann. Die Adressen finden Sie weiter vorne unter dem Stichwort „Adressen“. In jedem größeren Ort finden Sie auch ein „Office de Tourisme“ oder ein „Syndicat d'Initiative“, wo man Sie gern über lokale Ereignisse informiert. Das wird in Frankreich auch gerne mit OTSI abgekürzt. Oft sind diese Behörden im Bürgermeisteramt untergebracht.

Geschichte

Ich will Sie hier keineswegs mit historischen Details und einer endlosen Reihe von Herrschern langweilen, aber da Sie in Ihrem Urlaub auf Schritt und Tritt mit der Geschichte konfrontiert werden, möchte ich Ihnen wenigstens die wichtigsten Fakten aufschreiben. Da die Pyrenäen von vielen Völkern besiedelt wurden, habe ich anschließend noch eine kurze Übersicht über die wichtigsten Volksgruppen angehängt.

Von ganz, ganz früher bis 500 n. Chr.

Griechen, Karthager und Römer machen sich nacheinander auf der iberischen Halbinsel breit. Die Römer dringen dann bis in die Gebiete nördlich der Pyrenäen vor. Die Westgoten besiedeln große Teile von Gallien.

500 bis 1000 n. Chr.

Die Franken kommen und vertreiben die Westgoten über die Pyrenäen nach Süden. Nach und nach erhöht sich der Einfluss des Christentums. Im 8. Jahrhundert erobern die Mauren die iberische Halbinsel, werden von den Franken jedoch an den Pyrenäen gebremst. Karl der Große wagt sich gar bis Spanien hinein, hat dabei jedoch keinen Erfolg. Beim Rückzug wird in der Nähe von Roncesvalles seine Nachhut vernichtend geschlagen. Einige Jahre später wird ein weiterer Vorstoß gewagt, der diesmal gelingt. Katalonien wird dem fränkischen Reich einverleibt.

1000 bis 1500 n. Chr.

Unter dem Namen Reconquista ging die Rückeroberung der iberischen Halbinsel durch die Spanier in die Geschichtsbücher ein. Das Königreich Aragón wirft die Mauren aus Zaragoza und weitet sich durch Heirat auf Katalonien und Roussillon aus. Zu Beginn des 13. Jahrhunderts ruft der Papst zu einem Kreuzzug gegen die Katharer auf. Mehr darüber können Sie weiter unten lesen. Die Katharer werden geschlagen und gleich auch noch, da man schon mal hier ist, die mit ihnen sympathisierenden Okzitanier und Katalanen geschwächt. Vertraglich wird anschließend geregelt, dass alle Gebiete nördlich der Corbières an die französische Krone fallen, die im Gegenzug keine Ansprüche auf Katalonien und das Roussillon stellt.

Während sich Frankreich und England im Hundertjährigen Krieg das Leben schwer machen, wütet im Mittelmeerraum die Pest und sorgt auch im friedlichen Languedoc für zahlreiche Todesopfer. Südlich der Pyrenäen übernimmt ein Kastilier den aragonischen Thron, was den Katalanen überhaupt nicht recht ist. Es kommt zur Rebellion. Frankreich unterstützt den Kastilier, erhält dafür die Cerdagne und das Roussillon. Durch eine Heirat werden Kastilien und Aragón schließlich vereint, der Zwist mit den Katalanen wird beigelegt. Mit der Rückgabe des Roussillon und der Cerdagne hofft Karl VIII. die Spanier davon abhalten zu können, sich in seinen Krieg mit Italien einzumischen.

1500 bis heute

Spanien erweitert seinen Einfluss und besetzt das Königreich Navarra. 1640 reicht die spanische Vorherrschaft den Katalanen endgültig, und sie erklären sich für unabhängig. Vorsichtshalber bittet man die Franzosen um Unterstützung, falls es zu bewaffneten Auseinandersetzungen kommen sollte. Die bleiben natürlich nicht aus. Im Pyrenäenfrieden werden die Grenzen wieder einmal neu definiert. Die Pyrenäen bilden von jetzt an die natürliche Grenze zwischen Frankreich und Spanien.

Nach der Französischen Revolution geht die Besetzerei weiter. Napoleon marschiert in Madrid ein, danach werden die Franzosen von den Engländern wieder aus Spanien verjagt. 1923 wird in Spanien eine Militärdiktatur errichtet. Elf Jahre später versuchen die Katalanen einmal mehr ihre Unabhängigkeit zu erkämpfen, die Bewegung wird jedoch niedergeschlagen. General Franco kommt nach dem Spanischen Bürgerkrieg an die Macht. Nördlich der Pyrenäen hält die deutsche Wehrmacht Frankreich besetzt. Die Résistance profitiert von den unwegsamen Regionen in den Pyrenäen. Viele fliehen über die Berge nach Portugal. Nach dem Tod Francos geht Spanien seinen Weg in die Demokratie. 1977 wird Katalonien endlich weitgehend autonom und offiziell zweisprachig, zwei Jahre später erhält das Baskenland den selben Status.

Haustiere

Viele Wohnmobilfahrer unter uns reisen – wie wir – mit ihrem Hund, einige wenige nehmen die Katze oder gar den Vogel mit. Damit Sie bei eventuellen Kontrollen nicht in Schwierigkeiten geraten, lassen Sie uns Ihnen ein paar wenige Informationen geben, die sich vorwiegend auf das Mitführen von Hunden beziehen.

Hunde sind – wie prinzipiell in ganz Frankreich – auch in den Pyrenäen kein Problem.

Dennoch sind einige wichtige Dinge zu beachten:

Tipps:

- » *Ein EU-Pass, der von einem Tierarzt ausgefüllt sein muss und die Identifizierung sowie die gültigen Impfungen bescheinigt, sind mitzuführen. Dies impliziert, dass Ihr vierbeiniger Freund gechipt und gegen Tollwut geimpft sein muss. Das Gleiche gilt für Katzen und Frettchen.*
- » *Die Einfuhr bestimmter Kampfhunde ist verboten, sofern sie nicht in einem vom Internationalen Hundeverband zugelassenen Stammbuch eingetragen sind.*
- » *Für manche „Kampfhunde" gilt ein Verbot bezüglich der*

Mitnahme in öffentlichen Verkehrsmitteln oder Gebäuden sowie Leinen- und Maulkorbpflicht.

Zwar existieren einige Hunde-Verbots-Schilder, doch die meisten Franzosen ignorieren diese erfolgreich. Auch der Leinenzwang wird recht locker gehandhabt.

Kartenmaterial

Für die Anreise und zur Groborientierung leistet eine Übersichtskarte von Frankreich im Maßstab 1:1 Mio. oder 1:800 000 gute Dienste. Zur Erkundung der Pyrenäen sind jedoch die Michelin-Karten im Maßstab 1:200 000 unentbehrlich. Sehr gut ist auch die Karte „Pyrenäen" aus dem Reise Know-How-Verlag. Diese Karte ist beim WOMO-Verlag erhältlich.

Unser Tipp: Sie kaufen sich gleich den kompletten „Michelin Atlas Routier France" für knapp 20 Euro im Buchhandel, beim Zeitschriftenhändler oder in einem der großen Supermärkte Frankreichs. Uns war er nicht nur auf den zahlreichen Frankreichfahrten eine nicht mehr wegzudenkende Hilfe sondern beinahe ein Freund, besonders dann, wenn das Navi versagte.

Kinder

Für Kinder ist ein Urlaub mit dem Wohnmobil ideal. Die Umgebung ist vertraut, Mama und Papa sind stets in der Nähe, und es ist genügend Platz im Auto, um die Lieblingsspielsachen unterzubringen. Während der Fahrt können die Kleinen malen, puzzeln — oder auch schlafen. Ganz wie es beliebt. Wenn die Kinder mal „müssen" (immer ganz dringend!), brauchen Mami oder Papi nicht erst lange nach einer Toilette zu suchen. Das Klo ist in den meisten Fällen an Bord und kann auch mitten in der Stadt bei einem kurzen Halt am Straßenrand benutzt werden. Natürlich verläuft ein Urlaub mit Kindern anders als ohne. Das fängt schon bei der Anreise an: Nehmen Sie sich keine zu großen Etappen vor. Sowohl Sie als auch Ihre Kinder werden dann viel entspannter den Urlaub beginnen.

Tipps:

» *Sorgen Sie für ausreichendes Beschäftigungsmaterial für die Fahrt. Je nach Alter Ihrer Kinder sind das Schmusetiere, Malutensilien, CDs, Spiele, Puzzles oder Bücher.*

» *Denken Sie an die empfindliche Haut Ihrer Lieben. Sonnenhut und T-Shirt dürfen nicht fehlen.*

» *Suchen Sie vor dem Urlaub noch einmal Ihren Kinderarzt auf und sagen Sie ihm, wohin Sie fahren und wie lange Sie bleiben wollen. Er stellt Ihnen dann gern eine Liste mit*

Medikamenten für den Notfall zusammen.

» *Lesen Sie unter dem Stichwort „Packliste", unter dem Abschnitt „Kinder", was Sie sonst noch brauchen.*

Kleidung

An Ostern sahen wir schon die ersten mutigen Schwimmer im *Mittelmeer*, im Hochsommer erlebten wir schon Schneegestöber am Pas de la Casa. Packen Sie also auf jeden Fall die Badehose ein. Vergessen Sie aber auch nicht den dicken Pullover. Nein, so einfach mache ich es mir nicht. Tatsache ist, dass Sie in den Bergen immer mit einem plötzlichen Wetterumschwung rechnen müssen. Der kann Sie sowohl von einer Stunde auf die andere überraschen, der kann aber auch auftreten, wenn Sie über einen Pass fahren. Wo eben noch die Sonne schien, kann es leicht passieren, dass Sie abwärts durch die Wolken fahren und plötzlich im Regen stehen. Nehmen Sie also wirklich für alle Witterungen etwas mit, dafür nicht so viel von einer Sorte. Mehr als ein oder zwei Regentage sind im Sommer schon die Ausnahme. Ein eiskalter Wind wird Sie auch nicht lange belästigen — falls doch, fahren Sie einfach weiter. Seien Sie lieber optimistisch und packen Sie hauptsächlich leichte Sommerkleidung ein.

Lebensmittel

Zwei bis drei Tage sind wir in der Regel unterwegs, bis wir in den Pyrenäen ankommen, und ich muss gestehen, dass wir auch zu denen gehören, die am Wochenende losfahren. Wir sollten also von zu Hause soviel Verpflegung mitnehmen, dass wir bis Montag nicht verhungern. Natürlich ist das übertrieben, denn es gibt ja noch die Restaurants. Aber das ist ein anderes Kapitel (siehe „Restaurants").

Tipps:

» *Kommen Sie ja nicht auf die Idee, etwas das mit Fisch zu tun hat, mit in die Pyrenäen zu nehmen! Die Auslagen in den Fischgeschäften (sogar die Fischtheken in Supermärkten) sind ein Augenschmaus und strotzen vor Frische.*

» *Das Angebot an Fleisch ist in etwa mit unserem zu vergleichen. Lamm- und Hammelfleisch wird allerdings wesentlich häufiger angeboten, als in Deutschland.*

» *Mit den französischen und spanischen Würsten konnte ich mich bisher nicht anfreunden und unterlasse daher jede Stellungnahme. Lassen Sie sich überraschen!*

» *Beim Käse ist es genau umgekehrt: Ich habe noch keinen*

gefunden, der mir nicht schmeckt. Schwelgen Sie in der riesigen Auswahl und probieren Sie sich durch. Am Ende Ihres Urlaubs haben Sie bestimmt einige Lieblingssorten. Merken Sie sich die Namen für den nächsten Urlaub.

Literatur

Ein Buch, das Sie bei Ihrem Womo-Urlaub in den PYRENÄEN brauchen, haben Sie bereits vor sich liegen. Natürlich kann ich nicht auf alle Interessengebiete eingehen und möchte Ihnen im Folgenden noch zu einigen Büchern raten, die wir auf unseren Reisen immer wieder gern mitnehmen.

Ein „Muss" für alle Kunstfreunde, die sich näher mit den Kirchen, den Museen und sonstigen kulturhistorischen Sehenswürdigkeiten auseinandersetzen wollen:

Julia Droste-Hennings, Thorsten Droste — Frankreich , der Südwesten, DuMont Kunst-Reiseführer, DuMont Reiseverlag, Köln

Danach kommt auf meiner persönlichen „Bestenliste", weil es schön locker geschrieben ist:

Klaus Simon — Languedoc, Roussillon, Reihe „Richtig Reisen", DuMont Reiseverlag, Köln

Für alle Wanderfreunde (und damit wir endlich den DuMont Verlag hinter uns kriegen):

Susanne Lipps — Pyrenäen, Reihe „DuMon aktiv Wandern", DuMont Reiseverlag, Köln

Mehr zum Wandern – auch über den WOMO-Verlag zu beziehen:

Rother Wanderführer – Pyrenäen, Band 1 – 4, Bergverlag Rother, München

Jetzt noch Literatur pur (aber trotzdem, oder gerade deshalb, amüsant zu lesen):

Kurt Tucholsky — Ein Pyrenäenbuch, Insel Verlag, Berlin

Die folgenden Bücher zeichnen sich hauptsächlich durch schöne Bilder aus. Sie sind in FRANKREICH in vielen Buchhandlungen und Souvenirläden erhältlich:

Michèle Aué — Das Land der Katharer, MSM, Vic-en-Bigorre

Antoine Lebègue — Bekanntschaft mit den Pyrenäen, Éditions Sud-Ouest, Bordeaux

Georges Pialloux — Bekanntschaft mit dem Baskenland, Éditions Sud-Ouest, Bordeaux

Damit Sie auch alles verstehen:

Langenscheidts Universal-Sprachführer Französisch, Langenscheidt, Berlin und München

Langenscheidts Universal-Sprachführer Spanisch, Langenscheidt, Berlin und München

Im WOMO-Verlag erhältlich:

Kauderwelsch Sprachführer – Französisch Wort für Wort, Reise Know-How Verlag, Bielefeld

Kauderwelsch Sprachführer – Spanisch Wort für Wort, Reise Know-How Verlag, Bielefeld

Medikamente

Lesen Sie hierzu auch unter „Ärztliche Hilfe“ nach. Arzneimittel, die Sie regelmäßig einnehmen müssen, brauchen Sie natürlich auch im Urlaub. Lassen Sie sich von Ihrem Arzt die nötige Menge verschreiben. Die folgenden Tipps verstehen Sie bitte nur als Anregung, Sie sollen schließlich keine komplette Apotheke mit sich führen.

Tipps:

» *Ihr „Arztkoffer“, den Sie an Bord haben, ist der Erste-Hilfe-Koffer. Gehen Sie damit zu einer Apotheke und lassen Sie den Inhalt überprüfen. Verschiedene Teile sind nur begrenzt haltbar. Nebenbei wird eventuell verbrauchtes Material wieder aufgefüllt.*

» *Am häufigsten reagieren die Verdauungsorgane auf die geänderten Ess- und Lebensgewohnheiten im Urlaub. Gegen Durchfall helfen, ganz unproblematisch, Kohletabletten. Was Sie bei Verstopfung brauchen, kann Ihnen Ihr Apotheker sagen.*

» *Wenn Sie mit Kindern unterwegs sind, lesen Sie im Kapitel „Kinder“ nach, was Sie brauchen.*

» *Denken Sie auch daran, dass jemand reisekrank werden könnte. Nicht jedem PKW-Mitfahrer bekommt das Fahrgefühl im Wohnmobil.*

» *Zum Schluss noch 3 Mittel, die Sie immer dabeihaben sollten:*
1. Zedan oder ein ähnliches Mittel auf Zedernöl-Basis gegen Mückenstiche
2. Einen Insektenstift „zur Beseitigung des Juckreizes nach Insektenstichen“, wenn 1. versagt hat.
3. Sonnenöl oder -creme

Packliste

Eine Kopiervorlage der Packliste zum Abhaken finden Sie im Service-Teil.

Radfahren

Sie müssen schon ein hartgesottener Radfahrer sein, wenn Sie Ihr Zweirad mit in die PYRENÄEN nehmen wollen. Wir sehen zwar auf allen Pässen Radfahrer, ich glaube jedoch nicht, dass das Radfahren der Erholung dient. Es ist vielmehr hartes Training für Radsportler. Lassen Sie ihr Bike also zu Hause, wenn Sie kein Hochleistungssportler sind.

Reisezeit / Klima

Bereits in der Einleitung zu diesem Reiseführer hatte ich angesprochen, dass ein Womo-Urlaub, so wie ich ihn mir vorstelle, nur in der Zeit von Ostern bis Herbst durchführbar ist. Unbestritten sind die Pyrenäen ein erstklassiges Skigebiet mit allem, was an nötiger Infrastruktur dazugehört. Nur — Rundreisen sind im Winter nicht möglich. Fast alle Pässe sind gesperrt (einige sogar bis in den Mai hinein), und Sie werden eventuell schon Schwierigkeiten haben, zu einem Parkplatz am Skilift zu kommen.

Da Sie während Ihrer Pyrenäentour eine Höhendifferenz von gut 3000 Meter überwinden, ist es auch sehr schwer, etwas über das typische Klima zu schreiben. Am *Mittelmeer* und am *Atlantik* werden Sie mit hoher Wahrscheinlichkeit kein schlechtes Wetter haben. Die Gegend mit der stärksten Sonneneinstrahlung Frankreichs liegt übrigens in der Cerdagne, in der Nähe von Font-Romeu. Zum kältesten Punkt unserer Reise kämen Sie, wenn Sie die Straße zum Pic du Midi de Bigorre hochfahren könnten.

Zu viele Gegensätze zwischen Nord- und Südpyrenäen, zwischen dem atlantisch beeinflussten Westen und dem mediterranen Osten gibt es, um eine eindeutige Aussage zum Klima zu machen. Vielleicht helfen Ihnen einige Erfahrungswerte weiter. Meine erste Erinnerung an Pyrenäenurlaube ist: heiß! Bei dem Gedanken an Passüberquerungen kommt noch „windig" dazu. Bei einer Urlaubsdauer von drei bis vier Wochen hatten wir durchschnittlich zwei- oder dreimal Regentage.

Restaurants

So vielfältig wie die Landschaften, die Kulturkreise, die Sprachen und die Klimaregionen in den Pyrenäen sind, so vielfältig ist auch die Speisekarte in den Restaurants. Lassen Sie mich versuchen, die kulinarischen Besonderheiten entlang unserer Tour zu beschreiben.

Wir beginnen am *Mittelmeer,* und da sollte natürlich der Fisch im Mittelpunkt stehen. Das tut er auch, aber er kommt in der Regel nicht aus dem überfischten und verschmutzten *Mittelmeer*, sondern aus dem *Atlantik*. Trotzdem sind 500 Kilometer keine Entfernung, er ist frisch. Tradition hat hier allerdings die Zubereitung, und davon sollten Sie sich überraschen lassen.

Jetzt verlassen wir die Küste und kommen in die Berge. Das Essen wird hier deftiger, fettreicher. Knoblauch ist Pflichtbestandteil, und in katalanischen Gebieten gehört auch Olivenöl zum guten Essen dazu. Lamm- und Rindfleisch finden Sie auf jeder Speisekarte.

In den Zentralpyrenäen waren die Leute froh, wenn sie überhaupt etwas zu Essen hatten, eine besondere landschaftlich geprägte Küche konnte sich hier nicht entwickeln. Wildgerichte und Geflügel bestimmen neben Lachsen und Forellen den Speisezettel.

Im Baskenland begegnen wir wieder dem Meer. Fischgerichte haben einen hohen Stellenwert. Die baskische Fischsuppe Ttoro sollten Sie auf jeden Fall einmal probieren. Scharf gewürzt wird hier allemal, kosten Sie eine Piperade, ein baskisches Omelette.

Wenn Sie ein Restaurant gefunden haben, müssen Sie auch die Speisekarte lesen können. Die wichtigsten französischen Ausdrücke habe ich hier für Sie zusammengestellt. (Wenn Sie sich in einem spanischen Restaurant auf mich verlassen wollten, würden Sie vermutlich verhungern.)

Fische

anchois .... Sardelle
anguille .... Aal
brème .... Brasse
cabillaud .... Kabeljau
carpe .... Karpfen
congre .... Meeraal
dorade .... Brassen
equille .... Sandaal
hareng .... Hering
lieu noir .... Seelachs
lotte de mer .... Seeteufel
loup de mer .... Seebarsch
maquereau .... Makrele
merlan .... Wittling, Merlan
merlu .... Seehecht
perche .... Barsch
plie .... Scholle
raie .... Rochen
sandre .... Zander
saumon .... Lachs
sole .... Seezunge
thon .... Thunfisch
truite .... Forelle
turbot .... Steinbutt

Sonstige Meerestiere

araignée .... Seespinne
bouquet .... Seekrebs
coque .... Herzmuschel
coquille St-Jacques .... Jakobsmuschel
crabe .... Krabbe
crevette .... Garnelen
ecrevisse .... Flusskrebs
grenouille .... Frosch
homard .... Hummer
huîtres .... Austern
langouste .... Languste
moules .... Miesmuscheln
poulpe .... Krake
praire .... Venusmuschel
seiche/calamar .... Tintenfisch
tourteau .... Taschenkrebs

Fleisch

agneau .... Lamm
bifteck .... Beefsteak
boeuf .... Rind
cervelle .... Hirn
côtelette .... Kotelett
escalope .... Schnitzel
foie .... Leber
langue .... Zunge
lapin .... Kaninchen
lièvre .... Hase
mouton .... Hammel
porc .... Schwein
sanglier .... Wildschwein
saucisses .... Würstchen
veau .... Kalb

Geflügel

canard .... Ente
coq .... Hahn
dinde .... Pute
faisan .... Fasan
oie .... Gans
poulet .... Huhn

Gemüse/Obst

ail .... Knoblauch
concombre .... Gurke
lentilles .... Linsen
pomme .... Apfel

pomme de terre .... Kartoffel

Getränke

cidre .... Apfelwein
bière .... Bier
eau minérale .... Mineralwasser
vin .... Wein
- blanc .... Weißwein
- de table .... Tischwein
- du pays .... Landwein
- rouge .... Rotwein

Sprache

Zuerst die gute Nachricht: Mit ein paar Brocken Französisch und Spanisch werden Sie in Ihrem Urlaub nicht verhungern. Auf englische oder gar deutsche Sprachkenntnisse können Sie jedoch nur in ausgesprochenen Touristenorten hoffen. Und die kommen in den PYRENÄEN äußerst selten vor. Mein Tipp: Kaufen Sie sich einen kleinen Sprachführer (ein Wörterbuch nützt wenig!) für die Sprache, von der Sie absolut keine Ahnung haben.

Die schlechte Nachricht: Auch wenn Sie gut Spanisch und Französisch sprechen, können Sie sich zwar verständlich machen, ob Sie jedoch die Einheimischen verstehen, sei dahingestellt. Nein, ich rede nicht von Dialektfärbungen, ich rede von Sprachen!

Auch wenn das Okzitanische (Langue d'Oc — daher die Landschaftsbezeichnung LANGUEDOC), dem wir als erstes begegnen, noch einigermaßen französisch klingt, machen wir die ersten schlechten Erfahrungen beim Überschreiten der spanischen Grenze. Hier spricht man katalanisch — aus Überzeugung. Und das soll durchaus nicht abwertend klingen. Über Jahrhunderte hinweg wurde diese Sprache und die gesamte Kultur unterdrückt. Gönnen wir den Katalanen ihre Identität. Für uns wird es allerdings nicht leichter, uns verständlich zu machen. Wo können Sie in Deutschland schon Katalanisch lernen? Glücklicherweise verstehen die meisten Katalanen Spanisch (wenn sie wollen), und da haben Sie ja Ihren Sprachführer dabei, wenn Sie nicht sowieso der Sprache mächtig sind.

In ANDORRA wurde die katalanische Sprache noch nie unterdrückt. Mittlerweile können Sie sich allerdings dort in fast jeder erdenklichen Sprache verständlich machen. Sofern Sie etwas kaufen wollen, dürfen Sie Ihre Wünsche gern auf Isländisch oder einem seltenen thailändischen Dialekt vortragen.

Eine weitere linguistische Besonderheit stellt das ARAN-TAL dar. Es ist das einzige Gebiet SPANIENS, das nördlich des Pyrenäenhauptkammes liegt. Entsprechend schlecht war die Verbindung zum Mutterland, was sich natürlich auch auf die Sprache auswirkte. Der Dialekt, der dort gesprochen wird, ist mit dem Gascognischen näher verwandt als mit dem Spanischen.

Schließlich kommen wir am Ende unserer Touren ins BASKENLAND, und dort wird es vollends chaotisch. Sie begegnen dort einem Idiom, das nicht einmal der indogermanischen Sprachfamilie angehört, also mit den meisten europäischen Sprachen absolut nichts gemeinsam hat. Aber keine Angst: So sehr es zu wünschen bleibt, dass diese Sprache nicht ausstirbt, so sicher ist es auch, dass jeder Baske entweder Spanisch oder Französisch spricht.

Die wichtigsten Wörter habe ich Ihnen hier zusammengestellt:

Deutsch	**Französisch**	**Spanisch**
Ja/Nein	Oui/Non	Si/No
Guten Tag	Bonjour	Buenos dias
Guten Abend	Bonsoir	Buenos tardes
Auf Wiedersehen	Au revoir	Adios
Bitte	S'il vous plaît	Por favor
Danke	Merci	Gracias
Verzeihung	Pardon	Perdon

Da die Franzosen und Spanier sehr höfliche Leute sind, sollten Sie jedem dieser Ausdrücke entweder Monsieur/ Madame oder Señor/Señora folgen lassen. Wenn Ihnen in FRANKREICH beim Wandern auf einsamen Wegen jemand entgegenkommt und schlicht und einfach „bonjour" sagt, können Sie mit ziemlicher Sicherheit davon ausgehen, dass Sie einem Ausländer begegnet sind. In SPANIEN ist bei dieser Gelegenheit das Wort „hola" ohne weiteren Zusatz genau das Richtige. Die Bedeutung liegt irgendwo zwischen „Hallo" und „Guten Tag".

Stellplätze

Bevor ich dieses Buch schrieb, habe ich mir lange überlegt, ob ich überhaupt schöne Stellplätze veröffentlichen soll oder nicht. Da Sie das Buch jetzt in Ihrer Hand halten, wissen Sie, wie ich mich entschieden habe. Ich möchte Sie an dieser Stelle jedoch noch einmal bitten, weiterzufahren, wenn bereits zwei Wohnmobile auf einem „inoffiziellen Platz" stehen. Ansonsten kann es sehr schnell zu Verboten kommen, die uns alle treffen!

Es gibt unzählige Übernachtungsplätze. Schlimmstenfalls stehen Sie eben eine Nacht nicht ganz so idyllisch, wie Sie sich das vorgestellt hatten, haben dafür aber die Gewissheit, auch in einigen Jahren noch in den PYRENÄEN frei stehen zu können. In diesem Zusammenhang verweise ich auf Parkplätze oder Marktplätze in den Dörfern oder möchte Sie auf Sportplätze hinweisen, wo Sie so gut wie immer ein Parkplatz finden werden. Sie können von dort aus einen wunderschönen Abend in den Gasthäusern der betreffenden Gemeinde verbringen und werden kaum das Auge des Gesetzes auf sich aufmerksam machen.

Tipps:

» *Das Schild „camping interdit" hat seinen Grund, und sei es nur der, dass im betreffenden Ort schlechte Erfahrungen mit Campern gemacht wurden. Reden Sie sich nicht damit heraus, dass Sie ja „eigentlich nicht campen". Respektieren Sie das Verbot.*

» *Die Verwaltungen und die Polizei sind auch in den PYRENÄEN Ihre Freunde und Helfer. Fragen Sie, wo Sie eine oder zwei Nächte im Womo verbringen können. Meist werden Sie auf sehr schöne Plätze verwiesen. Und was ich schon gemerkt habe: Eine Polizeistreife kommt dann auch mal nachts vorbei und überzeugt sich davon, dass noch alles in Ordnung ist. Gerne auch mal abends auf ein Gläschen Wein.*

» *Wenn sie mehr als 2 oder 3 Tage an einem Ort bleiben wollen, empfehle ich Ihnen, auf einen Campingplatz auszuweichen. Viele Orte in den PYRENÄEN verfügen über einen „Camping municipal", einen gemeindeeigenen Campingplatz, auf dem Sie für wenig Geld, unterkommen können. Weitere Campingplätze entnehmen Sie den aktuellen Campingführern.*

» *Als „alter Hase" wissen Sie, wo Sie stehen können, und wo nicht. Ich kann Ihnen versichern, dass Sie in den PYRENÄEN — besonders außerhalb der Saison — viele Stellplätze finden werden, von denen Sie nicht enttäuscht sein werden.*

» *Es gibt in den PYRENÄEN — wie überall — regionale Unterschiede. In Touristengebieten wie der Gegend um CARCASSONNE und ANDORRA, der Gegend um LOURDES und GAVARNIE ist es natürlich schwerer, einen Standplatz zu finden, als in den ZENTRALPYRENÄEN. Glücklicherweise geht die Entwicklung dahin, dass man uns Wohnmobilisten nicht mehr rigoros aussperrt, sondern im Gegenteil versucht, offizielle Plätze zu schaffen, auf denen wir 24 oder 48 Stunden bleiben können. Die wachsende Zahl von Ver- und Entsorgungsstationen in der Region gibt Anlass zur Hoffnung.*

» *Einen ganz einfachen Ratschlag möchte ich Ihnen nicht*

vorenthalten: Falls Sie innerhalb eines Ortes nächtigen, schlüpfen Sie ganz kurz in die Rolle eines Anwohners: Würden Sie (als Anwohner) sich über Sie (als Womo-Fahrer) ärgern? Falls ja, stehen Sie offensichtlich falsch hier. Ich selbst versuche immer so zu stehen, dass ich möglichst keine „Nachbarn" habe.

Straßenverhältnisse

Die Pyrenäen sind ein schroffes Gebirge und bei weitem nicht so gut erschlossen wie die Alpen. Das gilt natürlich auch für die Straßen. Ein gehöriges Stück Arbeit am Lenkrad bleibt Ihnen nicht erspart. Gut ausgebaute Umgehungsstraßen und „schnelle" Tunnel gibt es selten. In der Regel muss die Passstraße bemüht werden, um den Gebirgskamm in Nord-Süd-Richtung zu überqueren. Das hat jedoch nicht nur Auswirkungen auf Ihre Armmuskulatur, sondern vor allem auf Ihre Zeitplanung!

Obwohl wir schon oft die Pyrenäen bereisten, machen wir immer noch regelmäßig den Fehler, unsere Etappen zu großzügig zu bemessen. Für eine Strecke von 100 Kilometern, die Sie zu Hause in einer guten Stunde zurücklegen würden, brauchen Sie in den Pyrenäen vielleicht einen ganzen Tag. Strecken, auf denen Sie mit einer Durchschnittsgeschwindigkeit von 20 oder 30 km/h rechnen können sind durchaus an der Tagesordnung.

Vor einigen Jahren wurde uns auf einer winzigen Straße eine Kaffeepause von etwas über einer Stunde Dauer beschert, weil ein LKW Material für einen Hausbau anlieferte. Die einzige Straße im Dorf war blockiert, der Kies musste auf die Straße gekippt werden, weil der Lastwagen keine Rangiermöglichkeit hatte. Dann wurde unter Beteiligung des gesamten Dorfes die Ladung mittels Schubkarren zur Seite geschafft, um dem LKW überhaupt das Wenden zu ermöglichen. Etwa 20 Fahrzeuge hatten sich während dieser Zeit am Ort des Geschehens angesammelt. Die meisten Fahrer stiegen aus und gingen spazieren, hielten ein Schwätzchen mit dem LKW-Fahrer oder gaben den Schaufelnden hilfreiche Tipps, legten sogar manchmal selbst Hand an. Von Hektik war kein bisschen zu spüren!

Die meisten hier beschriebenen Straßen sind für alle Wohnmobile befahrbar. Wenn die Straßen gar zu eng werden, weise ich darauf hin und zeige Ihnen auch Ausweichrouten auf. Auch, wenn für bestimmte Straßen Einschränkungen für die Fahrzeughöhe oder das Gesamtgewicht bestehen, die für Womo-Fahrer relevant sind, habe ich darauf hingewiesen. Ich selbst bin mit einem Wohnmobil von 6,70 m Länge unterwegs, oft noch durch einen Motorradhalter um 70 cm verlängert, und hatte bei den beschriebenen Touren keine Probleme.

Tourismus

Eingangs habe ich bereits erwähnt, dass die Pyrenäen im Sommer stellenweise stark von Touristen frequentiert werden. Der Massentourismus beschränkt sich jedoch auf bestimmte Orte und Regionen. Der größte Teil des Gebirges ist nach wie vor den Individualisten vorbehalten. Wenn Sie es irgendwie einrichten können, besuchen Sie die Pyrenäen nicht im Juli oder August.

Verkehrszeichen

Die Verkehrszeichen sind natürlich mit unseren identisch. Die französischsprachigen Zusätze habe ich hier erklärt:

Accès interdit .... Einfahrt verboten
Camping-car .... Womo
Carrefour .... Große Kreuzung
Cédez le passage .... Vorfahrt gewähren
Chantier .... Baustelle
Déviation .... Umleitung
Feux .... Ampel
Hauteur limitée .... Höhenbeschränkung
Passage à niveau .... Bahnübergang
Ralentissez! .... Langsam fahren!
Rappel .... Erinnerungshinweis
Sens unique .... Einbahnstraße
Stationnement interdit .... Halteverbot
Véhicules lents serrez à droite .... Langsame Fahrzeuge
.... rechts fahren!
Vent latéral .... Seitenwind
Vitesse contrôlée .... Geschwindigkeit wird überwacht
Vous n'avez pas la priorité .... Sie haben keine Vorfahrt

Wanderungen

Zum Wandern haben Sie in den Pyrenäen reichlich Gelegenheit. Sie können auf dem Fernwanderweg GR 10 vom *Mittelmeer* bis zum *Atlantik* laufen. Das soll allerdings nicht das Thema dieses Buches sein. In den bereits erwähnten Michelin-Karten sind die Fernwanderwege eingezeichnet, und es bleibt Ihnen überlassen, welchen Abschnitt Sie sich erwandern wollen. Ein paar Kurzwanderungen sind bei den Tourenvorschlägen mit einbezogen. Im Kapitel „Literatur" sind Wanderführer erwähnt, den Sie natürlich zu Rate ziehen sollen, wenn Sie ein ausdauernderer Wanderer sind als ich es bin.

Service-Teil

Auf den folgenden Seiten habe ich einige Daten zusammengetragen, die Ihnen als Wohnmobilfahrer die Planung der Tour erleichtern soll.

Feste, Umzüge und sonstige lokale Veranstaltungen sind hier aufgeführt, wenn sie überregionale Bedeutung haben. Wenn Sie sich dem Trubel aussetzen wollen, ist Ihnen die folgende Übersicht sicherlich dienlich. Ansonsten betrachten Sie sie — wie wir — als Warnung vor chaotischen Verkehrsverhältnissen.

Feste entlang der Route

In den gesamten Pyrenäen

Es gibt kein Dorf, das nicht sein lokales Fest feiert. Meist wird es zu Ehren des Ortsheiligen ausgerichtet, beginnt mit einer Messe und nimmt im Laufe des Tages zunehmend weltlichere Formen an. Solche Veranstaltungen können Sie am besten einer Lokalzeitung entnehmen, oder achten Sie auf ausgehängte Plakate. Auch die Verkehrsämter können Ihnen da Tipps geben.

Tour 2

Carcassonne: Verschiedene Festlichkeiten im Juli und August.

Tour 3

Perpignan: Falls Sie zufällig an Karfreitag in der Nähe sein sollten, lohnt auf jeden Fall ein Abstecher nach Perpignan. Dort findet die „Procession des Pénitents de la Sanch“ statt. Ein beeindruckendes Schauspiel, bei dem verhüllte Männer mit hohen schwarzen Kapuzen durch die Stadt ziehen.

Tour 4

Prades: Casals-Festival in St-Michel-de-Cuxa Ende Juli, Anfang August.

Tour 5

Andorra: Farbenprächtige Wallfahrt nach Meritxell am 8. September.

Tour 6

Foix: „Mittelalterliche Tage“ vom 2. Juniwochenende bis Ende August

Tour 10

Lourdes: Kirchenmusikfestival von Karfreitag bis zum Sonntag nach Ostern. Täglich Prozessionen und Gottesdienste.

Tour 12

Gavarnie: Theaterfest am Cirque de Gavarnie in der dritten Juliwoche.

Tour 13

Pamplona: San Fermines in der zweiten Juliwoche.

Tour 15

St-Jean-de-Luz: Fest des St-Jean mit vielen Einzelveranstaltungen am 24. Juni.

St-Jean-de-Luz: Thunfischfest in der ersten Juliwoche.

Baskische Küste: Musikfeste in vielen Küstenorten in der ersten Septemberhälfte.

Feiertage in Frankreich, Spanien und Andorra

Frankreich:

Neujahr
Ostermontag
1. Mai
8. Mai
Christi Himmelfahrt
Pfingstmontag
14. Juli
15. August
1. November
11. November
Erster Weihnachtstag

Spanien:

Neujahr
6. Januar
19. März
Gründonnerstag
Karfreitag
Ostermontag
1. Mai
Christi Himmelfahrt
Fronleichnam
24. Juni
29. Juni
25. Juli
15. August
12. Oktober
1. November
8. Dezember
Erster Weihnachtstag

Andorra:

Neujahr
6. Januar
Rosenmontag
19. März
Karfreitag
Ostermontag
1. Mai
Christi Himmelfahrt
15. Mai
Pfingstmontag
Fronleichnam
29. Juni
15. August
16. August
8. September
1. November
8. Dezember
21. Dezember
Erster Weihnachtstag
Zweiter Weihnachtstag

PACKLISTE

Dokumente und Wertsachen

O Ausweise
O Führerscheine
O Kfz-Schein
O Schutzbrief
O Grüne Versicherungskarte
O Krankenkarte
O Impfausweis
O Impfausweis Haustier
O Bargeld
O EC-Karten
O Kreditkarten
O Angelkarte/Jahres-fischereischein
O ADAC Mitgliedskarte

Kleidung

O Unterwäsche
O Schlafwäsche
O Hemden/Blusen
O T-Shirts/Pullis
O Jacke/Mantel
O Rock/Hose/Kleid
O Mütze/Sonnenhut
O Sandalen/Schuhe
O Wanderschuhe
O Gummistiefel
O Badesachen
O Regenbekleidung

Bad

O Handtücher/Lappen
O Seife/Duschgel
O Shampoo
O Deo
O Haarbürste/Kamm
O Fön
O Zahnbürsten/ -pasta
O Zahnbecher
O Rasierzeug
O Körpercreme
O Sonnenmilch/ -öl/ -creme
O Maniküretui
O Handspiegel
O Schminkutensilien
O Fettstift
O Papiertaschentücher
O Tampons

Toilette/Wassertank

O Spezialpapier
O Toilettenchemie
O Zusatz für den Frisch-/Abwassertank

Kinder

O Kindersitze
O Fahrradsitze
O Spielsachen
O Spiele
O Schmusetiere
O Kinderbücher
O Malsachen
O CDs

Küche

O Spüllappen
O Spülmittel
O Geschirrtücher
O Küchenrollen
O Flaschenöffner
O Korkenzieher
O Dosenöffner
O Schere
O Streichholz
O Töpfe
O Pfannen
O Tassen / Gläser
O Teller
O Besteck
O Schüssel
O Sieb
O Kochlöffel
O Schneebesen
O Suppenlöffel
O Soßenlöffel
O Tee-/Kaffeefilter

- O Tee-/Kaffeekanne
- O Gewürze
- O Salz
- O Zucker/Süßstoff
- O Zwiebeln
- O Knoblauch
- O Tee
- O Kaffee
- O Milch
- O Kakao
- O Getränke
- O Fertiggerichte
- O Nudeln
- O Püree
- O Reis
- O Würstchen
- O Suppen
- O Eier
- O Marmelade
- O Butter, Margarine
- O Joghurt
- O Müsli

Haushalt

- O Nähzeug
- O Sicherheitsnadeln
- O Waschmittel
- O Wäscheleine
- O Wäscheklammern
- O Klebeband
- O Müllbeutel
- O Schmutzwäschetüte
- O Kerzen

Unterhaltung

- O Spiele
- O Bücher
- O Kreuzworträtselheft
- O CD-Player, CDs

Papiere

- O Straßenkarten
- O Wanderkarten
- O WOMO-Führer
- O Reiseführer
- O Sprachführer
- O Adressenliste
- O Schreibzeug

Bett

- O Betttücher
- O Kissen/Decken

Apotheke

- O Persönliche Medikamente
- O Schmerztabletten
- O Durchfalltabletten
- O Mittel gegen Stiche
- O Antiseptisches Puder
- O Wundsalbe
- O Heftpflaster
- O Fieberzäpfchen
- O Fieberthermometer
- O Hustensaft
- O Grippemittel
- O Verhütungsmittel

Sonstiges

- O Handy/Autoladekabel
- O Fotoapparat
- O Videaokamera
- O Speicherkarten
- O Akkus
- O 12-Volt-Ladegerät
- O Fernglas
- O Taschenlampe
- O Uhr / Wecker
- O Navi
- O Sonnenbrille
- O Kompass
- O Regenschirm
- O Rucksäcke
- O Decke/Matte
- O Campingmöbel
- O Schlauchboot
- O Grill/Holzkohle
- O Werkzeugkasten
- O Fahrräder/Luftpumpe
- O WOMO-Knackerschreck
- O Mitbringsel für evtl. Einladungen

Zum Schluss:

IN EIGENER SACHE – ODER DER SACHE ALLER!?

Urlaub mit dem Wohnmobil ist etwas ganz Besonderes. Man kann die Freiheit genießen, ist ungebunden, dennoch immer zu Hause, lebt mitten in der Natur – wo man für sein Verhalten völlig selbstverantwortlich ist!

Seit nunmehr 27 Jahren geben wir Ihnen mit unseren Reiseführern eine Anleitung für diese Art Urlaub mit auf den Weg. Außer den umfangreich recherchierten Touren haben wir viele Tipps allgemeiner Art zusammengestellt, unter ihnen auch solche, die einem WOMO-Urlauber eigentlich selbstverständlich sein sollten. Weil wir als Wohnmobiler die Natur in ihrer ganzen Schönheit und Vielfalt hautnah erleben dürfen, haben wir auch besondere Pflichten ihr gegenüber, die wir nicht auf andere abwälzen können.

Jährlich erhalten wir viele Zuschriften, Grüße von Lesern, die mit unseren Reiseführern einen schönen Urlaub verbracht haben und sich herzlich bei uns bedanken. Wir erhalten Hinweise über Veränderungen an den beschriebenen Touren, die von uns bei der Aktualisierung der Reiseführer Berücksichtigung finden.

Aber: Wir erhalten auch Zuschriften über das Verhalten von Wohnmobilurlaubern, die sich egoistisch, rücksichts- und verantwortungslos der Natur und ihren Mitmenschen, nachfolgenden Urlaubern und Einheimischen gegenüber verhalten.

In diesen Briefen geht es um die Themen Müllbeseitigung sowie Abwasser- und Toilettenentsorgung. Es soll immer noch Wohnmobilurlauber geben, die ihre Campingtoilette nicht benutzen, dafür lieber den nächsten Busch mit Häufchen und Toilettenpapier „schmücken“, die den Abwassertank nicht als Tank benutzen, sondern das Abwasser unter das WOMO trielen lassen, die ihren Müll neben dem Wohnmobil liegenlassen und davondüsen, alles frei nach dem Motto: „Nach mir die Sintflut!“

Liebe Leser!

Wir möchten Sie im Namen der gesamten WOMO-Familie bitten: Helfen Sie aktiv mit, diese Schweinereien zu unterbinden! Jeder Wohnmobilurlauber trägt eine große Verantwortung, und sein Verhalten muss dieser Verantwortung gerecht werden. Bestimmt hat mancher, dem Sie auf Ihrer Tour begegnen und der sich unwürdig verhält, das gleiche Büchlein in der Hand wie Sie. Er weiß zumindest jetzt, worum es geht. Sprechen Sie ihn an und weisen Sie ihn auf sein Fehlverhalten hin. Der nächste freut sich, wenn er den Stellplatz sauber vorfindet, denn auch er hat sich seinen Urlaub verdient!

Vor allem aber: Wir erhöhen damit die Chance, dass uns unsere über alles geliebte Wohnmobil-Freiheit noch lange erhalten bleibt.

Helfen Sie mit, den Ruf der Sippe zu retten! Verhindern Sie, dass einzelne ihn noch weiter in den Schmutz ziehen!

Wir danken Ihnen im Namen aller WOMO-Freunde

Ihr WOMO-Verlag

Stichworte

Der WOMO®-Pfannenknecht

ist die saubere Alternative zum Holzkohlengrill.

* Kein tropfendes Fett,
* Holz statt Holzkohle,
* vielfältige Benutzung –
* vom Kartoffelpuffer bis zur Gemüsepfanne.

Massive Kunstschmiedearbeit, campinggerecht zerlegbar, Qualitäts-Eisenpfanne von Rösle, bequeme Handhabung im Freien, einfachste Reinigung.

Nur 49,90 € – und nur bei WOMO!

Der WOMO®-Aufkleber

WOMO® fan
www.womo.de

* passt mit 45 cm Breite auch auf Ihr Wohnmobil.
* ist das weit sichtbare Symbol für alle WOMO-Freunde.

Nur 2,90 € – und nur bei WOMO!

Der WOMO®-Knackerschreck

* ist die universelle und **sofort sichtbare Einbruchssperre**.
* Wird einfach in die beiden Türarmlehnen eingehängt, zusammengeschoben und abgeschlossen. (tagsüber unter Einbeziehung des Lenkrades, nachts direkt, somit ist Notstart möglich).
* Passend für Ducato, Peugeot, MB Sprinter sowie VW (LT & T4).
* Krallen aus 10 mm starkem Edelstahl, d. h. nahezu unverwüstlich.

Ab 44,90 € – und nur bei WOMO!

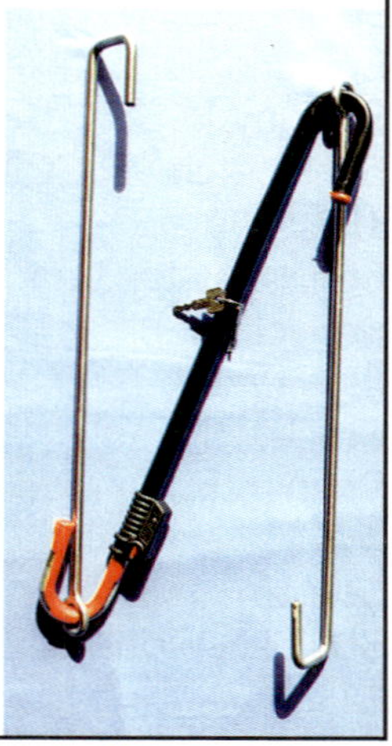

Info-Blatt für das WOMO-Buch: Pyrenäen '12

(ausgefüllt erhalte ich 10% Info-Honorar auf Buchbestellungen direkt beim Verlag)

Lokalität: Seite: Datum:
(Stellplatz, Campingplatz, Wandertour, Gaststätte, usw.)
unverändert gesperrt/geschlossen folgende Änderungen:

Lokalität: Seite: Datum:
(Stellplatz, Campingplatz, Wandertour, Gaststätte, usw.)
unverändert gesperrt/geschlossen folgende Änderungen:

Lokalität: Seite: Datum:
(Stellplatz, Campingplatz, Wandertour, Gaststätte, usw.)
unverändert gesperrt/geschlossen folgende Änderungen:

Lokalität: Seite: Datum:
(Stellplatz, Campingplatz, Wandertour, Gaststätte, usw.)
unverändert gesperrt/geschlossen folgende Änderungen:

Lokalität: Seite: Datum:
(Stellplatz, Campingplatz, Wandertour, Gaststätte, usw.)
unverändert gesperrt/geschlossen folgende Änderungen:

Lokalität: Seite: Datum:
(Stellplatz, Campingplatz, Wandertour, Gaststätte, usw.)
unverändert gesperrt/geschlossen folgende Änderungen:

Meine Adresse und Tel.-Nummer:
(nur komplett ausgefüllte, zeitnah eingesandte Infoblätter können berücksichtigt werden)

Info-Blatt für das WOMO-Buch: Pyrenäen '12

(ausgefüllt erhalte ich 10% Info-Honorar auf Buchbestellungen direkt beim Verlag)

Lokalität: Seite: Datum:

(Stellplatz, Campingplatz, Wandertour, Gaststätte, usw.)

Lokalität: Seite: Datum:

(Stellplatz, Campingplatz, Wandertour, Gaststätte, usw.)

Lokalität: Seite: Datum:

(Stellplatz, Campingplatz, Wandertour, Gaststätte, usw.)

Lokalität: Seite: Datum:

(Stellplatz, Campingplatz, Wandertour, Gaststätte, usw.)

Lokalität: Seite: Datum:

(Stellplatz, Campingplatz, Wandertour, Gaststätte, usw.)

Lokalität: Seite: Datum:

(Stellplatz, Campingplatz, Wandertour, Gaststätte, usw.)

Meine sonstigen Tipps und Verbesserungswünsche:

Wir bestellen zur sofortigen Lieferung: (Alle Preise in € [D], Preisänderungen vorbehalten)

- ❑ Wohnmobil Handbuch .... 19,90 €
- ❑ Wohnmobil Kochbuch .... 12,90 €
- ❑ Multimedia im Wohnmobil .... 9,90 €
- ❑ Heitere WOMO-Geschichten ...... 6,90 €
- ❑ Gordische Lüge – WOMO-Krimi . 9,90 €
- ❑ WOMO-Aufkleber "WOMO-fan" .. 2,90 €
- ❑ WOMO-Pfannenknecht .... 49,90 €
- ❑ WOMO-Knackerschreck ab ...... 44,90 €
  Fahrzeugmarke/Bj.: ________________

WOMO-Reiseführer: Mit dem WOMO ins/durch/nach....

- ❑ Allgäu .... 17,90 €
- ❑ Auvergne .... 17,90 €
- ❑ Baltikum (Est-/Lettland/Litauen) 18,90 €
- ❑ Bayern (Nordost) .... 19,90 €
- ❑ Belgien & Luxemburg .... 17,90 €
- ❑ Bretagne .... 18,90 €
- ❑ Burgund .... 17,90 €
- ❑ Dänemark .... 17,90 €
- ❑ Elsass .... 18,90 €
- ❑ Finnland .... 18,90 €
- ❑ Franz. Atlantikküste (Nord) .... 17,90 €
- ❑ Franz. Atlantikküste (Süd) .... 17,90 €
- ❑ Griechenland .... 19,90 €
- ❑ Hunsrück/Mosel/Eifel .... 19,90 €
- ❑ Irland .... 18,90 €
- ❑ Island .... 17,90 €
- ❑ Korsika .... 17,90 €
- ❑ Kreta .... 14,90 €
- ❑ Kroatien (Dalmatien) .... 17,90 €
- ❑ Languedoc/Roussillon .... 18,90 €
- ❑ Loire-Tal/Paris .... 17,90 €
- ❑ Marokko .... 18,90 €
- ❑ Neuseeland .... 19,90 €
- ❑ Niederlande .... 19,90 €
- ❑ Normandie .... 17,90 €
- ❑ Norwegen (Nord) .... 19,90 €
- ❑ Norwegen (Süd) .... 19,90 €
- ❑ Österreich (Ost) .... 19,90 €
- ❑ Österreich (West) .... 17,90 €
- ❑ Ostfriesland .... 19,90 €
- ❑ Peloponnes .... 17,90 €
- ❑ Pfalz .... 17,90 €
- ❑ Piemont/Ligurien .... 19,90 €
- ❑ Polen (Nord/Masuren) .... 17,90 €
- ❑ Polen (Süd/Schlesien) .... 17,90 €
- ❑ Portugal .... 17,90 €
- ❑ Provence & Côte d'Azur (Ost) .... 18,90 €
- ❑ Provence & Côte d'Azur (West) . 17,90 €
- ❑ Pyrenäen .... 17,90 €
- ❑ Sardinien .... 19,90 €
- ❑ Schleswig-Holstein .... 19,90 €
- ❑ Schottland .... 17,90 €
- ❑ Schwabenländle .... 17,90 €
- ❑ Schwarzwald .... 17,90 €
- ❑ Schweden (Nord) .... 18,90 €
- ❑ Schweden (Süd) .... 17,90 €
- ❑ Sizilien .... 17,90 €
- ❑ Slowenien .... 17,90 €
- ❑ Spanien (Nord/Atlantik) .... 17,90 €
- ❑ Spanien (Ost/Katalonien) .... 17,90 €
- ❑ Spanien (Süd/Andalusien) .... 17,90 €
- ❑ Süditalien (Osthälfte) .... 17,90 €
- ❑ Süditalien (Westhälfte) .... 17,90 €
- ❑ Süd-Tirol .... 17,90 €
- ❑ Thüringen .... 19,90 €
- ❑ Toskana & Elba .... 19,90 €
- ❑ Trentino/Gardasee .... 17,90 €
- ❑ Tschechien .... 18,90 €
- ❑ Tunesien .... 17,90 €
- ❑ Türkei (West) .... 18,90 €
- ❑ Umbrien & Marken mit Adria ..... 17,90 €
- ❑ Ungarn .... 17,90 €

.... und jährlich werden's mehr!